环境保护

一种法经济学的思路

huanjingbaohu

yizhong fajingjixue de silu

王紫零　著

知识产权出版社

全国百佳图书出版单位

图书在版编目（CIP）数据

环境保护：一种法经济学的思路／王紫零著. —北京：知识产权出版社，2015.10

ISBN 978-7-5130-3544-6

Ⅰ. ① 环…　Ⅱ. ① 王…　Ⅲ. ① 环境保护法—研究

Ⅳ. ① D912.604

中国版本图书馆 CIP 数据核字（2015）第 120587 号

责任编辑：齐梓伊　　　　　　　　责任出版：刘译文

执行编辑：俞　楠

环境保护——一种法经济学的思路

王紫零　著

出版发行：	知识产权出版社 有限责任公司	网　　　址：	http：//www.ipph.cn
社　　址：	北京市海淀区马甸南村 1 号	天猫旗舰店：	http：//zscqcbs.tmall.com
责编电话：	010-82000860 转 8176	责 编 邮 箱：	qiziyi2004@qq.com
发行电话：	010-82000860 转 8101/8102	发 行 传 真：	010-82000893/82005070/82000270
印　　刷：	北京科信印刷有限公司	经　　销：	各大网上书店、新华书店及相关专业书店
开　　本：	720mm×1000mm　1/16	印　　张：	18
版　　次：	2015 年 10 月第 1 版	印　　次：	2015 年 10 月第 1 次印刷
字　　数：	340 千字	定　　价：	48.00 元

ISBN 978-7-5130-3544-6

目录

第三编　对策篇

引 言

环境问题不仅是一个法律问题，也是一个经济问题。将环境与资源作为一种经济要素，纳入市场管理的范畴，运用现代市场经济理论引导环境作为一种资源进入市场运行轨道，使人们对环境问题的认识增添了法经济分析的视角。这不仅能够帮助我们更好地理解环境法中的很多问题，也能帮助我们更有效率地解决这些问题。

主流法经济学以"个人理性"及"资源稀缺性"为认识论基础，以实现经济意义上的"效率"和"均衡"作为核心衡量标准，将传统法律主张的各个部分"翻译"或转换成经济学语言，其目的在于寻求解决法律问题的"科学"答案，优化法律资源配置，促进法制建设。笔者从法经济学的角度对环境保护作法律经济学的理论与实践分析，运用法经济学中的各种理论作为有力工具来揭示环保的科学、有效的规律，缓解经济增长与环境保护之间的尖锐矛盾冲突，协调各种利益关系，为环境保护的科学性、高效性和可持续性提供新的思路和方法借鉴。

基于资源的稀缺性，法律目的在很大程度上与经济主旨一致，都是为了更好地分配资源，设计最佳方案，达到最好的效率状态，实现帕累托最优。因此，如何能在社会供给和社会需求之间寻找均衡，实现资源的优化配置和使用，也是经济学和环保法领域共同面临的问题。

在环境保护以及资源利用问题上，如果能转换研究路径，从经济学的视角着眼，以一种更加微观的角度进行制度规范上的建议，会更加符合客观经济规律，在制度的可行性和可操作性上也会达到一种理念的刷新。

法律经济学的研究方法应用在环保领域，改变了传统环境管理单一方式消极和滞后的一面，给环境保护事业带来了新的生机，并实现了环境保护与经济发展的双赢。

第一编 | 理论篇

第一章　环境问题的法经济学研究动因

第一节　研究方法的运用

相对于民法学、刑法学而言，环境法学是一个年轻的法学学科，而对于我国环境法学的研究现状，北京大学汪劲教授曾说："目前的环境法学研究除了套用较为成型的法学学科之中人人皆知的基本原理以外，很少能够创立自己特有的研究范式和分析范畴，更不用说在分工协作的基础上发展出不但贴着环境法牌号更重要的是具备环境法实质的方法论。对此，我以为，要想成为一门能够向学者、现实证明存在之正当性和必要性的自主学科，关键是要有'过人之处'——必须发展出独一无二的理论内核、研究范式和思考进路。"①

人们普遍认为，法学所要解决的基本问题是公平和正义，或者说是合法性问题，而经济学所要解决的是经济效益问题，即如何才能有效地利用自然资源，最大限度地增加社会财富总量，实现利益最大化。从表面上来看，这两个学科有独自的研究领域，但随着政府干预的加强，在国家和法律直接参与资源和产品分配的情况下，法学家不仅要考虑法律的正义性、合法性，而且还要考虑法律的效益性。美国一位法学家就曾指出："一个没学过经济的法律人……很可能成为公众的敌人，孤立地谈论法律问题被认为是迂腐的表现。"

由于传统的法学研究方法存在不注重"效率分析"和"产值最大化"等缺陷，而环境法本身又具有内在的经济属性，所以我们选择更符合实际需要的法经济学对环境法进行分析。法经济学是法学和经济学的一种新的研究方法，学者称之为"法律的经济学分析"，其中经济学是方法，法律是研究对象。将经济学运用于许多非市场领域，包括环境资源领域，使法学研究的视野不再局限于公平正义的权衡、选择，从而为法学理念的重新定位开辟了一条法学与经济相结合的新

---

① 汪劲："中国环境法学研究的现状和问题"，载《法律科学》2005 年第 4 期，第 32 页。

途径，为我们提供了一种全新的、广阔的、全方位的视角。

环境法的核心问题在于社会发展所需"经济利益"与人类生存所需"环境利益"的平衡与协调。但环境行为与经济行为又具有特殊的密切联系，其往往是一个行为的两个方面，大量的环境行为，无论是正常的环境利用，还是有害的环境破坏，常常都是必需的经济行为。这就使得二者的协调殊为困难。传统环境法以分离的眼光，将二者看作两个相互独立的事物，以此为前提预设，通过单纯的利益衡量作出取舍进行制度设计，单靠大幅增加环保资金投入等单维的、线性的措施解决我国的环境问题，其结果必然不是"扬此抑彼"就是"抑此扬彼"，难以实现真正的协调。因此，尽管"可持续发展"思想提出已久，但在具体法律制度中仍然难以真正贯彻，导致环境法律制度的低效。更理性的选择应该是运用经济学的理论对制度进行改进，提高环境法律效率。

以经济学的眼光来看，良好的环境本身也可被视为一种产品，环境保护可被视为一种产出产品的"经济活动"，环境保护法律制度则为一种规范特殊经济活动的"经济制度"，其同样需要接受以"效率"为核心的经济理论的检验。由此获得了一个观察二者的统一视角——"效率"，实现了环境利益与经济利益在理论假设中的真正合一。从"效率"角度出发，运用经济学理论对环境法律制度的观测、评判，本身即综合考虑了各种利益，其结果比传统法学单纯通过价值判断的评判更周全、更具实效。环境法"效率"的目的要求当前人类活动所造成的污染以及生态破坏应控制在一定的生态阈值之内，避免造成不可逆转的后果，同时使活动取得的受益除去污染的成本时为最大，从而实现"高增长、低污染"这种最有效率的经济发展模式。总的来说，环境保护与经济发展统一之下的财富最大化才是环境法的真正目的。[①]

著名的法律经济学家波斯纳认为：法律的正义性必须以经济上的可行性、合理性为基础。在一个资源稀缺的世界里，浪费资源是极不可取的。效益最大化成为一项制度安排的前提。

学科理论的创新首先取决于研究方法的创新。多学科运用在环保领域，多角度看待环境问题，多种途径解决环境问题。

对于一个新兴学科而言，范式的基本意义在于标明学术规范，形成问题意识，确定研究范围，提供论证进路：（1）范式在内容上包括一系列学科概念、原则体系、逻辑前提、推理形式、语言表述、讨论程序以及注释和引证规范等，

---

① 周若旻："环境问题的法律经济分析——法律经济学在环境法学上的应用"，载法律经济学网，http://www.law-economics.cn/list.asp? unid=2664。

且又须是较长一段时期经过历史的淘汰和试错机制而形成确定有序的学术规范，具有常规化和格式化的特征，并以此区别于其他科学形式。（2）范式作为发现问题、解释和解决问题的手段，对于问题的提出意义重大。如果没有范式，可能就不会这样提出问题，或者干脆就不提出问题。就学科研究而言，关于问题意义之理解的不同，在很大程度上乃是所采用"范式"不同的缘故。（3）一定的范式，总是要确定其研究客体的范围界限和本质属性。即只对容纳于范式之中的研究对象感兴趣，而拒绝对范式之外（并非不存在）的东西予以说明。大家在限定的范围内和共同认可的概念基础上讨论问题，便于取得最大共识，实现智识上的进步。（4）任何学科范式都总是与某种独特的思维模式、推理方式、论证进路相关联。应用新的研究范式论证有关问题，不仅在形式上明显有别于旧范式，而且在事实上也可能针对新情况，面对新问题，提出新结论。

它既非单一的经济学方法，也非单一的法学方法，不仅是一种新颖独特的方法模式，而且还是一种价值、一种价值模式、一种重新发现能够给人类存在赋予意义的合理的精神基础。

经济法律学，又称经济分析法学，主要是20世纪20年代制度经济学派、30年代法律现实主义运动的产物。在20世纪六七十年代，"法经济学"或"法和经济学"这一门交叉学科在西方国家日趋成熟。在美国，1973年芝加哥大学法学院教授理查德·波斯纳（他曾长期担任美国联邦第七巡回区上诉法院的法官）撰写的《法律的经济分析》一书标志着经济分析法学的完全独立。这门学科的特征是：用经济学的准则和价值观判断研究法律问题，淡化法的正义标准而推重法的经济效益，重视对法律机制进行经济分析，强调促进法的经济效益和选择最优效益；将经济学，尤其是微观经济学的研究直接运用于法学和法律制度的研究，将效益观引入法学研究领域，将效益作为评价法律制度和法律措施的一个基本标准；其核心概念是"效益"，即以最少的资源消耗取得同样多的效果或用同样多的资源消耗取得较大的效果，这里的"资源"包括通常意义上的自然资源、社会资源和法律权利等人为资源。1992年诺贝尔经济学奖获得者、美国经济学家贝克尔（Gary S. Becker）认为，人所进行的一切活动，其目的只有一个，那就是追求效用最大化；经济学研究的领域已经扩大到研究人类的全部行为以及与之有关的全部决定。因此他把法学、社会学、政治学、教育学等其他人文科学研究的课题统统纳入经济学研究领域，主张对立法、执法和司法进行经济分析。美国著名的芝加哥经济学派认为，对包括环境问题在内的社会问题应采取自由市场的方法，并且呼吁在法律和经济分析中协同行动。美国政府采纳了该学派的许多主张，通过了与经济分析有关的一系列行政命令。例如，里根政府寻求增加管理和预算署（the Office of Management and Budget's，OMB's）在跨机关协调中的作用，要求在政府机关活动中加强经济分析；里根总统第 12291 号行政令要求所有的政府机关为拟议中的规则制备一个规章影响分析。该规章影响分析必须包括经济分析，证明实施该规章所带来的经济利益将超过其成本，并且选择使成本最小化的替代方案。该行政令还授予管理和预算署对制定规章的广泛的监督和控制权。在上述理论和一些政府的鼓励、推动下，在环境资源法中采用越来越多的经济手段以调整人们开发、利用、保护和改善环境资源的活动，是顺理成章的事情。

值得指出的是，早在亚当·斯密时就已将效益观引入法律领域，由于在工业化时代对效用比较（balancing of utility）原则和汉德公式的不适当运用及效用比较原则和汉德公式本身的缺点，在环境保护时代经济法律学曾经受到广泛、激烈的抨击和批评，被指责为"只注重生产经济效益、轻视环境生态效益"的功利主义哲学和现实主义运动的代表。汉德是美国的一名法官，他提出的法律准则即汉德公式是：只有当事故损失（L）乘以事故发生的可能性（P），超过被告为预防事故可能采取措施的负担（B），即 LP>B 时，被告才承担过失侵权责任。但是，如果抛弃工业化时代效用比较原则的糟粕，引入新的环境效益观，效用比较原则仍有合理的价值。正如波斯纳教授所指出的："法律经济学和功利主义有密切的关系，然而正当地运用经济学澄清价值冲突和说明如何以最有效率的方式达到既定的社会目标应不涉及功利主义在哲学上的功过之争。"

一些学者和法官指出，经济发展和环境保护很难说哪方面更加重要，在具体场合和案例中的协调和平衡是必要的，而效用比较方法则为环境案例的司法判决提供了一个较易量化、较具可操作性的工具。目前，法律经济学在环境资源法领域的运用主要表现在"效用比较"方法、降低交易成本（指尽量降低当事人达成并执行协议的费用）、降低机会成本（指采用某一方案而使放弃其他方案所必须失去的好处降到最少）等方面。"效用比较"是衡量价值的一种方法，它将生产者生产活动的社会经济效用或价值与其污染的受害者的受损害的社会经济效用或价值相比较，如果前者大，则该生产活动不应为法律所禁止或取缔；在引入环境效益的概念后，"效用比较"方法可以达到环境资源利用的最大效益。例如，1975 年哈里逊诉印第安纳汽车粉碎机案（哈里逊案）中，原告要求法院禁止被告的汽车粉碎场引起空气和噪声污染的活动并要求赔偿。第七巡回区上诉法院运用效用比较原则，在考虑了企业的经济贡献和环境利益（回收废旧汽车对改善环境和节约自然资源的贡献）后，拒绝了原告的请求；并根据"受益者为受害者补偿"的公平原则，在允许被告继续生产后，同意原告有权从被告或社会处获得补偿。在 1983 年美国全国奥本协会诉欧派县高级法院案（莫罗湖案）中，原告以保护莫罗湖生态环境为理由反对洛杉矶市水电局继续截取莫罗湖水以供市政公用，这反映了市政用水这种价值与保护莫罗湖的生态环境这种价值的矛盾。法院运用效用比较方法，以"历史和当前的必要性"即加州人口和经济发展的必要性为理由，确认了州政府的截水权和用水权。该判决被一些学者认为是"公共托管原则发展史上的一个里程碑"。另外，用集体行动的环境集团诉讼和简便的公民诉讼来降低诉讼成本，通过环境影响评价来选择最佳的行为方案，在行政诉讼之前通过贯彻穷尽行政救济原则以充分利用行政效率，通过排污权交易以较少的成本控制污染等，也可以节约费用、提高效益。概括起来，法律经济学在环境资源法的价值和贡献主要体现在以下四个方面：第一，环境伦理学、政治学、社会学、历史学、人类学的理论和方法普遍存在定量分析的缺陷，经济法律学的定量分析方法和价值填补了这个空缺。第二，传统法学往往忽略法律制度和法律措施在经济上的效益，经济法律学的实证分析方法和价值，能够对具体法律规则、判例进行实证分析，填补这一空缺。第三，因循理性、抽象的思维方式的法学难以满足包括经济利益在内的时代要求，而注重经济效益的经济分析法学却在传统的正义和效益之间找到结合点，为环境资源法的分析提供了一个新的标准即效益。第四，经济法律学虽然有功利主义、实用主义的嫌疑，但经济法律学的理智运用，有利于抓住隐藏在法律问题后面的真正价值，并为环境资源法的发展和评价提供新的思想路线和分析手段。①

　　从法经济学自 20 世纪 60 年代产生至今的学科发展，可以发现，法经济学经历了一个从一种法学研究方法的创新，到一系列法律的经济分析原理和观点为世人认同和重视，再到法经济学在全部法律领域中推广应用进而成为法学研究之主流话语的过程。在某种意义上，法经济学实际上掀起了一场法学研究范式的持久性革命。在这场"革命"中，传统的法律概念、法律规范、法律原则和法律关系乃至于全部法学理论都面临或正在被重新阐释；旧的法律体系的整体构架和法律部门的划分标准面临挑战，法律的制定、实施过程也被赋予经济性解释，提出了制度优化和效率性改进的方案。法律制度由此不仅在事实上，而且在"学术理解"上成为社会资源配置的核心。从国内立法司法的成本效益分析到国际反垄断法、国际经济金融规制体系的创新，法经济学所到之处，都引起了相应研究领域学术和知识的重大革新，给法学理论和部门法研究的新进展带来深刻启示，并展现出对法治实践课题的独特分析思路及其广阔应用前景。

---

　　① ［美］波斯纳：《法律之经济分析》，唐豫民译，台湾商务印书馆 1987 年版；［美］泰坦伯格：《排污权交易》，三联书店 1992 年版。

第二节　环境问题产生的经济根源

从经济分析的角度来看，环境问题主要是一个经济问题。环境问题是外部不经济性的产物，要解决环境问题，必须从环境问题的根源入手，通过一系列政策、措施，将外部不经济性内部化，而环境经济政策就是将外部不经济性内部化的最为有效的途径。

人类现在对环境的破坏几乎全部和经济有关，一部分是为了获取经济利益在经济行为中造成的。环境退化主要是各种不适当的经济活动的产物，机制失灵是环境资源退化和发展不可持续的原因。另外，环境保护的成效也与经济行为有关。企业的环境保护活动在很大程度上由企业的经济利益或利润所决定。

一、企业追求高利润、环保意识薄弱

当前，我国正处在计划经济向市场经济转型时期，同时又是社会主义初级阶段，经济发展多以粗放型为主。企业大多只顾追求利润而对环保问题毫不关心、置之度外，甚至为追求高额利润不惜以牺牲环境为代价，环保意识无从谈起。

二、地方官员为追求政绩，重经济发展，轻环境保护

各级地方政府作为一级利益主体，为追求利益最大化，往往采取行政手段，实施地方保护，而对跨界生态环境鲜有重视。对坚持和完善各级政府环境目标责任制，完善环境综合整治目标管理体系，将环境质量改善幅度、污染物排放总量削减率等指标纳入考核评估等方面意识不够。地方政府为追求短期政绩而急功近利，甚至为求经济发展不惜以牺牲环境为代价的问题还很严重。

三、深层的经济学上的原因分析

（一）环境资源的产权不明晰引起环境污染

在经济学中，供人们使用的产品分为私人产品与公共产品。一个私人产品只能被消费一次，如果消费者 a 消费了它，其他人就不能再利用它来消费了。但是，公共产品可以多次消费，消费者 a 对它的消费并不阻止其他消费者对它的利用。这也就是我们常说的"公有地悲剧"理论，"公有地"作为一项公共资源或财产同时有许多拥有者，他们中的每一个都有使用权，但没有权力阻止其他人使用，从而造成资源过度使用和枯竭。1986 年，美国学者哈丁在他的《公有地悲

剧》一文中设置了这样一个场景：一群牧民一同在一块公共草场放牧。一个牧民想多养一些羊以增加个人收益，虽然他明知草场上羊的数量已经太多了，再增加羊的数目，将使草场的质量下降。牧民将如何取舍？如果每个人都从自己的私利出发，肯定会选择多养羊获取收益，因为草场退化的代价由大家负担。每一位牧民都如此思考时，"公有地悲剧"就上演了——草场持续退化，直至无法养羊，最终导致所有牧民破产。这也是博弈论中"囚徒困境"的典型范例。其实"公有地悲剧"准确的表述应该是"未受规范的公有地之悲剧"，这里的"公有地"是对所有公共物品的泛指。如河流、大气层、海洋及许多的森林和山地等环境资源被认为是公共物品，其产权非私人所有，产权没有明确的规定，它们的使用具有非竞争性和非排他性。企业和消费者都可以把废气排放到大气中，把废水排放到公共拥有的河流中，把工业垃圾及生活垃圾堆放在公有的场地，森林被人们过度砍伐。结果是环境被污染、生态被破坏。

（二）环境准公共物品属性产生的外部性

诺思的外部性理论认为，当个体或企业行为所引起的自身成本不等于社会成本，自身收益不等于社会收益时，将存在外部性。环境作为一种公共物品，具有显著的外部性。

外部性是指一个经济主体的行为对另一个经济主体的福利所产生的影响并没有通过市场价格反映出来。实现帕累托最优要求私人边际净收益等于社会边际净收益，但外部性的存在意味着私人边际净收益与社会边际净收益存在差异，因而不能获得资源配置效率最优。环境污染具有很强的负外部性，污染者所承担的成本远远小于社会承担的成本，仅受自身成本约束的污染者终将使环境污染超过环境的耐受值。在市场机制条件下，作为理性经济人假设的个体或企业不会自觉地解决负外部性问题。[①] 企业污染环境正是负外部性的典型事例，在排污过程中，企业私人成本小于社会成本，造成企业存在增加产量和排放污染的动机。无论是正外部性还是负外部性，都会影响环境资源的优化配置，从而使环境污染问题更加严重。

（三）环境整体性特征导致市场失灵

从经济学的角度来看，环境污染是一种典型"市场失灵"的表现。"环境"

---

① 许为义："企业环保设施市场化运营瓶颈的经济博弈分析"，载《中国人口、资源与环境》2004年第1期，第118~121页。

作为一种公共产品，具有效用的不可分割性、消费的非竞争性和受益的非排他性。①

这些特征使得人人都想成为"免费搭车者"——只想享用或利用而不想出资提供或承担成本，于是以等价交换为基础的市场机制在此不起作用。再者，作为环境行为主体的人的短视性及机会主义倾向驱使人类只顾眼前利益，不顾长远利益，或只顾局部利益，不顾全局利益，从而以牺牲环境来求得经济增长。另外，由于环境具有明显的整体性特征，所以在环境保护方面，单个企业通过自身的投资防治污染往往是不经济的。正因为如此，中小企业由于在治理污染方面缺少规模收益，所以其治理污染的能力会因无法实现规模收益而弱化，这是中小企业成为重要的环境污染源的原因之一。可想而知，假如仅采用市场资源配置的方式进行环境供应，"市场失灵"将不可避免。这正是在经济发展中产生环境污染问题的根本原因。

第三节　环境问题的"市场失灵"

正常运行的市场机制是资源在不同用途之间和不同时间序列上有效配置的机制。然而，在众多环境资源的实际使用中，面临的却是不完全或不健全的市场，以至资源价格信号失真而使市场不能有效运作，导致"市场失灵"。市场失灵是环境退化的重要根源。

一、环境资源无产权或产权不安全

根据现代经济学原理，市场机制正常运作的基本前提是要具有明确定义的、专一的、安全的、可转移的并涵盖所有资源、产品和服务的产权。因为明确定义的产权是保证人们有效地利用和交易资源，以及对资源进行投资和管理的起码条件。否则将引致利益纠纷，抑制人们对资源进行投资、保存和管理的积极性。

如果产权随时可能被剥夺，那么，定义再明确、再具有专一性的产权也毫无意义；同时，如果产权不能转移，则所有者就不可能有长期投资的动机和热情；相反，却可能实施以高贴现率来利用资源的短期行为，其直接后果将是环境资源存量与生态容量的衰竭以及环境质量的下降。可见，明确定义和安全的产权是资源有效配置的基础，是实现可持续发展的重要前提。

---

① 文启湘、何文君："看得见的手范式的悖论及悖论困境——试论公共物品的供给模式及其选择"，载《社会科学战线》2001年第3期，第15~21页。

二、环境资源无价格

在现实经济活动中，许多环境资源的市场尚未发育起来，资源市场处于"缺位"状态；环境资源的价格为零，因而被过度使用，日益稀缺。一般来说，自然环境中的"资源"是有限的，它是否会对人类活动的扩展起限制作用，取决于其是否具有反映自身真实成本的价格。如果有完全的价格信息存在，则其替代物的规模、科学技术进步就会不断拓展，从而能不断满足人们的需求；反之，就会逐步枯竭，影响到人们的持续性利用。

三、外部效应

经济学意义上的成本是生产过程中使用的资源价值。根据社会成本的原理，这个价值是用该资源在另一种最佳用途上的收益来表示的。但谁来决定哪一种资源要使用，以及它们的机会成本呢？这就可看出社会成本和私人成本的区别了。私人成本测度的是对生产者来说，某种可用资源的另一种最佳用途，它通常用企业使用的资源的市场价格来表示。社会成本则是某资源对整个社会的另一种最佳用途。以社会的角度来看，私人成本和社会成本的差异是导致市场失灵的原因。当社会成本要素没有作为私人企业计算其盈亏的一部分时，就存在着经济活动的"外部效应"。不管外部效应是有利的还是有害的，从社会的角度来看，都会导致社会资源配置的错误。

另外，共同财富资源是另一个明显的例子，说明政府市场管理的必要性。私人生产活动总是倾向于过度利用共同财富资源。每一个新进入行业的生产者，不但能通过增加产品总量来得到自己的收益，而且也能通过减少其他同类生产者的产量来得到自己的收益。这种状态导致的结果对所有生产者都是灾难性的。甚至可能出现这样的情况：大批新生产者进入利用共同财富资源的行业，使产品总量呈现下降的趋势，从广义上来说，环境也是一种人类赖以生存和发展的共同财富，如果放任私人按自由市场的规则去追逐私利，同样也会使人们过度利用环境条件，造成严重的环境污染，使人们生存环境日益恶化，因此，政府应制定出相应的微观经济政策，使外部效应内在化，比如使用税收或补贴，或者把环境质量作为一种财产，每一个在环境中生活的社会成员和企业都拥有这种财产权，一旦某人或企业污染了环境，就可视作侵犯了他人财产所有权，被损害者自然就有权向法院提出起诉和要求赔偿。这种法律行为可能使污染环境者支付大笔费用，从而促使每个人或企业在作出经营决策的同时，考虑如何保护环境，采用消除污染的设备和措施，以免支付大量不必要的赔偿费用。

传统的微观经济学在谈到外部经济效应时，是把它作为市场机制失灵的一个原因，外部性，不论是正的外部性，还是负的外部性，都扭曲了经济利益关系，导致资源的不合理分配，引致环境退化。

四、垄断

存在经济垄断的领域市场会失灵，只要存在垄断，价格必然有利于垄断者，产量不会达到最低成本时的规模经济状态，从而难以引导资源趋于有效配置，市场竞争受到限制，市场经济的效率受损。

现代经济学认为，完全竞争市场比垄断更能保证生产资源的有效利用。但是，在有些情况下，垄断又能产生规模经济，因而又有其存在的合理性，是一种难以完全避免的现象。比较明显的例子是公用事业，比如煤气、电话、电力、自来水等，它们的共同特点是经营规模很大，因而固定成本很高，但生产的边际成本却很小。这种产品或服务的性质特点，决定了它们比较适宜于完全竞争经营。

五、公共产品

公共产品是指由政府部门生产的，并由社会全体成员共同享用的物品和服务。公共产品的特点是，它的消费是非排他性的，即不能排除个人从公共产品中得到好处。在原则上所有社会居民都得为公共产品付钱，即缴纳税款。他们按照一定的纳税款，其数额并不和他们从公共产品得到的效用成比例。

公共产品消费在一定条件下具有非竞争性。公共产品因为具有集体的性质，因此在一定限度内增加公共产品的消费者数量并不需要增加公共产品的生产。在一定条件下增加公共产品的消费人数并不需要减少其他消费品的生产。

事实上，每个人主观上是不愿意为集体消费的公共产品支付费用的，个人就像一个"免费搭车者"，只希望享受公共产品带来的好处，而不愿意为它支付费用。

六、信息不对称

在现实中的买卖双方并不能得到完全的市场信息，他们只能得到有限的信息，并且他们不是不付出代价就自然了解这些信息的，而是必须付出代价去获得尽可能全面的信息。因此市场机制的作用并不如古典经济学所设想的那么灵验。市场经济中的生产者应根据消费者的偏好去生产才能使自己获利，生产者如何获取消费者偏好的信息呢？而对于购买者来说，看到商品的价格并不意味着一定了解这种商品的质量。市场上通常实行按质论价，但在不少情况下，价高质次仍然存在，因而买卖双方对商品的信息并不完全对称，这给市场的有效运转造成很大问题。

第四节 环境问题的"政府失灵"

萨缪尔森曾经给"政府失灵"下过一个定义：当国家行动不能改善经济效率或当政府把收入再分配给不恰当的人时，政府失灵就产生了。在环境问题日益严重的今天，有关政府部门投入了大量的时间和精力来处理环境问题，但仍然不甚理想，"政府失灵"现象非常严重。环境保护是属于政府责任中的一种，现阶段我国环境问题的日益严重，充分说明了在环境保护领域，现有的规章制度和政策办法无法鼓励政府去有效的承担环境保护责任，在环境保护领域存在着相当程度的"政府失灵"。

一、政府"经济人"假设与政府环境责任

西方主流经济学以完全不同的假定来讨论个人在经济市场和政治市场中的活动以及相应的决策过程，认为在经济市场上，个人受利己主义支配追求自身利益最大化；而在政治市场上，个人的动机和目标是利他主义的。所以提出政策建议的方向大多集中在：加强环境执法部门的执法权力、理顺中央政府和地方政府的关系、加强环境监控能力。应该说这些建议从某些方面来说的确是会对增强环境保护力度起到一定的作用。

二、现实生活中的"政府失灵"现象

近些年来，虽然政府不断的推出相关环境保护政策和法律法规，但是环境质量非但没有改善，在某些方面反而有所下降，对于社会的危害也越来越严重。但是因为自身角色和利益的冲突，政府非但没有用心治理环境甚至利用手中的公权力肆意破坏环境。如浙江省金华市市委、市政府曾出台《关于进一步优化市区经济发展环境的若干意见》的红头文件，对于环保部门的环境保护执法进行严格限制。又如2010年年末，为完成国家"十一五"规划的节能减排任务陕西省晋城市居民用电一个月被停电14天；安徽省全椒县全县进行拉闸限电；河北省枣强县实行"无差别限电"，每天供电4个小时。这些地方政府在为环境进行节能减

排的同时却让居民用柴油、蜡烛代替高效的电能的使用。综合现实中有关部门的所作所为我们可以对政府环境责任的缺陷进行如下总结：

（一）重视经济责任，轻视环境责任

在中央政府对地方政府的业绩考核和监查中比较重视地方政府的 GDP 增长，而不重视地方政府对环境保护所作出的努力。地方政府负责人的官职升迁的主要依据也是地方 GDP 的发展水平。根据公共选择学派的政府"经济人"假设，我们可以认为，在这种以"经济发展为中心"的地方政府激励机制下，地方政府的负责人，从自身官职升迁的角度出发，会优先考虑地方经济的发展。重视短期经济利益的产生，由此取得职位升迁的政治资本，博取上级领导的重视和欣赏。在环境立法和环境执法过程中如果遇到了与经济发展相矛盾和相抵触的情况，政府领导往往会通过牺牲环境的代价来换取经济的短期利益。

（二）重视企事业单位的环境义务，轻视政府环境义务

无论是在中央政府制定的环境保护的战略决策还是地方政府制定的具体环境政策，大部分的法律条款都是针对普通民众和企事业单位的环境责任追究，而对政府部门本身的环境部门追究则较少。作为制定环境保护政策的政府部门"经济人"而言，出于自身部门的利益考虑。当政府部门处于既当裁判员又当运动员的角色时（比如进行环境政策制定和环境问题治理的环境行政主管部门），当然不会对自己制定出非常严格的环境责任的政策。针对企事业等经济主体制定较为严格的法律，一方面可以让他们承担较多的环境责任，减轻自身环境责任压力；另一方面又可以进一步加强对企事业单位的实际影响力，扩大自身的权力和对社会资源的控制。重视政府环境权力，轻视政府环境义务。

政府有关部门在环境立法和环境保护监管过程中，主要强调政府力量的加强。将政府环境责任的缺失归结为政府权力的受制约，主张进一步加强政府对企业的监管，赋予政府对企业的暂停生产或直接关停的权限。在现有的环境法律中对于有关政府权力的运用规定比较详细具体，有关政府义务和承担责任的法律规定则比较原则、概括。政府部门出于自身的利益总是愿意扩大政府官员和政府部门的权力，而不愿意接受责任制约。在因为自身监管不力导致的环境污染面前，不愿意反思自身的管理水平，提高自身的环境责任感。反而利用自身的优势信息地位和政府公信力误导公众，要求进一步扩大权力。以此为借口，不断扩大自身对社会资源（权力）的占有。

（三）重视第一类政府责任，轻视第二类政府责任

从现有的环境保护法律和其他经济、文化政策手段来看，国务院环境保护行

政主管部门和其他依法有环境监督管理权的部门发起制定或修改的法律大多强调的是第一类政府环境责任强调政府相关部门对于环境保护的应该起到的责任。而对于第二类政府环境责任，特别是环境法律责任的追究基本上是空白。大多数环境法律没有对照有关政府环境职权和职责的法律条款，明确规定追究政府及政府官员环境法律责任的具体措施、程序和制度。

第五节　资源环境问题对经济的影响

一、资源环境问题对金融的影响

资源环境问题除了在实体经济层面与贸易、产业问题密切相关之外，在货币经济层面上与金融问题密切相关。资源环境问题引发了一系列金融问题。当前国内金融面临的问题，突出表现为流动性过剩、通胀压力、股市剧烈波动以及利率偏低等问题。我国资源环境问题与外汇储备持续攀升密切相关，而外汇储备持续攀升在国内金融市场上一个直接后果就是引致货币供应量的增加，由此带来通货膨胀、流动性过剩、股票市场波动、实际利率下降等一系列相关的金融问题。以利率为例，近来我国虽然不断上调利率，但考虑到通货膨胀因素，实际利率仍然为负，以一年期存款利率为例，扣除利息税后的名义利率为 3.16%，而 2013 年5~7 月通货膨胀率分别为 3.4%、4.4% 和 5.6%，相应的同期实际利率分别为-0.24%、-1.24% 和-2.44%。负利率推动了投资的增长，进一步助长了宏观经济趋热的势头，而由于流动性过剩的影响，又制约了国家借助利率政策调节投资的有效性。长期的低利率水平反过来又刺激了投资的不断增加，在我国当前经济增长仍以高资源消耗、高污染的粗放型模式为主的条件下，资源环境压力持续加大。

二、资源环境问题对外汇储备的影响

资源环境成本低以及相应的粗放型增长模式，一方面，推动了出口的持续增长，使我国长期保持巨额贸易顺差；另一方面，推动了国际产业向国内的转移，使我国在资本项目下也维持了长期的顺差格局。1994~2006 年期间，除了 1998年由于受到亚洲金融危机的影响，资本项目出现 63.2 亿美元的逆差外，其余年份经常项目和资本项目均出现顺差，且顺差额逐年增加，使得我国的外汇储备由当初的不足千亿美元急剧增加到 2007 年 6 月的 1.33 万亿美元，继续保持世界第一大外汇储备国的地位，国际收支长期失衡。资源环境成本扭曲通过产业与贸易的传导，成为导致我国国际收支长期失衡、外汇储备持续快速增加的重要原因之一。

三、资源环境问题对人民币汇率的影响

当前我国在国际金融市场上面临的问题，突出表现为人民币升值压力和国际游资冲击。根据国际金融理论，在外汇市场上，一国外汇储备增加，意味着对本币需求量的增加，从而将引起本币升值。因此，我国当前人民币升值的压力，与外汇储备的大幅增加紧密相关，从而间接地又与资源环境价格扭曲以及粗放型经济增长模式相关。人民币升值反过来又会降低中国产品的国际竞争力，抑制出口以及国际产业向中国转移，进而导致总产出的下降和国民收入的减少。此外，在当前全球流动性过剩的大背景下，国际游资到处寻求投机机会，由于中国外汇储备的持续大幅攀升，国际游资对人民币升值预期不断增强，游资通过各种渠道不断涌入中国，导致外汇储备的进一步攀升，加剧了我国国际收支失衡的状况，同时也加剧了国内流动性过剩，对我国经济发展造成巨大冲击。

四、资源环境问题对税收政策的影响

在我国，税收政策与资源环境问题日趋严重的现象也是密切相关的。

首先，我国长期以来实行鼓励出口的税收政策，主要是实施出口退税政策。所谓出口退税政策是指对出口商品已征收的国内税部分或全部退还给出口商的一种措施。出口退税政策进一步增强了我国出口产品尤其是"两高一资"型产品在国际市场上的竞争力，相应地推动了出口量持续扩大，从而加剧了我国的资源环境压力。

其次，在引进外资方面，我国各地各级政府相继出台了大量的优惠政策，尤其是中国政府在过去二十多年里一直对外商投资企业提供税收优惠，这不但包括25%的所得税税率（低于内资企业33%的税率），还包括诸如"三免两减半"的各种减免税措施，从而使我国成为全球投资洼地，吸引了大量的外资流入，而如前所述，这些外资主要集中在制造业尤其是"两高一资"相关产业，因此，外资的流入直接加剧了我国的资源环境问题。

最后，我国的资源与环境相关的税收政策体系尚不完善，例如资源税对资源价格的调节作用尚未充分发挥，而环境税收政策的缺失更是导致企业的环境成本转化为社会成本，难以对企业危害环境的行为形成有效约束。

尽管国家采取了取消和降低出口退税、开征或提高出口关税、实施出口许可证管理等一系列调控措施，但以钢铁等为代表的"两高一资"产品出口增速依然很快，2007年上半年钢材出口量增长97.7%，钢坯增长40.9%。总之，我国现行的一些税收政策，实质上加剧了我国资源需求压力和环境破坏程度。①

第六节　法律经济学开拓了对环境保护的新视野

传统的环境法学是纯粹的行政法律制度，难以在新型环境法律制度体系的建立上打开新的突破口。而法律经济学所使用的"效率"概念、"经济人"假设、"公共物品"理论、"外部性"理论等都为环境法学的研究提供了观察与解决问题的全新视角，对不断强化制度创新，推进环境立法改革，无疑具有重要意义。环境经济法律制度具体有以下几点优势：

一、全面导入效率观念

在价值界定上，将法律经济学的效率观念全面导入包括法律意识、法学理论、法律体系在内的法学领域中，其宗旨就是以价值极大化的方式分配和使用资源，所有的法律活动和全部法律制度都应以提高经济效益为目的。

二、开创了法学研究范式的变革

在研究方法上，开创了法学研究范式的变革，它用量化的、实证的分析，从逻辑与事实两方面对法律概念进行探究，分析评价法律制度及其功能和效果，并朝着实现经济效益的目标改革法律制度。

三、更加符合客观经济规律

在环境保护以及资源利用的问题上，如果能转换研究路径，从经济学的视角着眼，以一种更加微观的角度进行制度规范上的建议，会更加符合客观经济规律，在制度的可行性和可操作性上也会达到一种理念的刷新。

运用法经济学的优势还可以以经济效益为诱饵，避开环境法传统的民事赔偿、行政处罚和刑事制裁方式，将惩罚性规定变为激励机制，促使公民和法人按照法律引导的方向行事，变被动为主动，增强法律实施效果。既然经济规律是不

---

① 薛惠锋："中国资源环境问题与社会经济问题的作用机理"，载《环境保护》2008年第2期。

以人们意志为转移的，立法者就应当认识并利用经济规律。

四、调动污染者的积极性

环境经济法律制度的施行使污染者能够选择经济上的最有利的解决方式，或接受行政管制，或利用市场手段发展无外部性的生产方式，使污染者可以针对自身的特点选择不同的治污方式，改变了过去"一刀切"的环境直接行政管制下的治理者和被治理者严重对立的情况。在过去的几十年中，政府进行环保工作主要依靠行政手段，包括行政控制、行政命令以及一些财政支持等手段。

在发展市场经济、坚持依法治国、公民权利日益觉醒的情况下，政府管理仅仅依靠行政手段，已经越来越不能适应形势的需要。比如，政府过多地对违法排污企业采取"关闭"、"断水断电"等措施，很容易造成工人大量失业。而工人因政府的行政措施而失去工作岗位，往往将失业的原因归责于政府，从而与政府发生激烈的冲突，造成一些地方政府不能正常开展工作，甚至在一些地方出现严重的社会不稳定的问题。

鉴于这些教训，比较可行的办法，就是在政府的管理中，要善于把过去的以行政手段为主要办法转变到"综合运用法律、经济、技术和必要的行政办法来解决环境问题"。以经济手段为例，运用征收环境税、资源税的方法，就可以把那些技术条件落后、污染严重、资源浪费严重的企业，自然地从市场中挤出去，这样，企业因价格、税收等原因无法在市场上立足而倒闭，失业工人就不会把责任归于政府，也不会与政府发生尖锐的矛盾和冲突，也不会产生严重的社会不稳定问题。

五、实现环境保护和经济法发展的"双赢"

用可持续发展的眼光看待环境保护与经济发展，它们应当是并驾齐驱的。首先，可以有效积累环境保护所需资金。由于财政收入中来源于环境效益的资金本身就十分稀有，我国财政拨款用于环境治理的部分极其有限，因此，使用经济手段筹集资金再投入到环境治理当中无疑是有效的解决办法。其次，可以使企业主动节能减排。

排污收费、排污权交易、环境税收等方式迫使企业在创造经济价值的同时必须将污染所造成的成本计算在其中，促使企业进行技术更新，减少环境资源消耗，使产品更加绿色环保。

六、有利于环境政策与经济政策的协调

环境保护是我国的一项基本国策，但是改革开放后我国在激励经济发展的同

时忽略了环境政策的重要性。政府可以运用环境效益贷款、绿色资产上市等方式使企业从单纯地被动应付转变为主动地考虑环境问题，不再把环保支出视为不得已的成本，而是当做一种战略投资。从宏观角度看，既可以发展经济又可以推动环保产业的需求。

七、符合社会公平原则

环境经济法律制度可以使污染者负担污染支出，形成成本分摊，改变了由全社会共同分担污染的损害成本。

八、更富有弹性

由于环境经济法律制度的施行使得污染者的经济成本随着污染物的多少而变化，与直接行政管制下刚性较强的规范标准相比更容易被污染者所接受，有利于环境管理成本的降低。

第七节　新环保法的新要求

为了充分发挥环境经济政策的作用。新《环境保护法》规定了一系列环境经济政策，例如将修订前的《环境保护法》第 4 条"国家采取有利于环境保护的经济、技术政策和措施，使环境保护工作同经济建设和社会发展相协调"的表述，修改为"国家采取有利于节约和循环利用资源、保护和改善环境、促进人与自然和谐的经济、技术政策和措施，使经济社会发展与环境保护相协调"。如此一来，从"环境保护工作同经济建设和社会发展相协调"到"使经济社会发展与环境保护相协调"，这个看似变化不大的调整，反映了国家对环境与经济关系认识的深化，反映了发展理念的重要变化。

具体措施体现在以下几个方面：

1. 排污费和环境税。新《环境保护法》第 43 条规定，排放污染物的企业事业单位和其他生产经营者，应当按照国家有关规定缴纳排污费。排污费应当全部专项用于环境污染防治，任何单位和个人不得截留、挤占或者挪作他用。同时规定，依照法律规定征收环境保护税的，不再征收排污费。

据悉，财政部已将《环境税方案》上报至国务院，正在按程序审核中。未来环境税的主要实施路径是将排污费改为环境税，而且肯定会提高税率。环境税将率先对废水和废气两个税目征税，与此同时，对于已纳入环境税征税范围的污染物，不再征收相应的排污费。至于计税依据，即污染排放税以污染物的实际排放量为依据，对实际排放量难以确定的，根据纳税人的设备生产能力及实际产量等相关指标测算其排放量；碳税则以产生 CO_2 的煤、石油、天然气等化石燃料按照含碳量测算排放量为依据。

从国家目前释放的信号来看，提高排污费或者征收较高税率的环境税势在必行。

2. 积极的经济政策。新《环境保护法》第 22 条规定，企业事业单位和其他生产经营者，在污染物排放符合法定要求的基础上，进一步减少污染物排放的，人民政府应当依法采取财政、税收、价格、政府采购等方面的政策和措施予以鼓励和支持。第 23 条规定，企业事业单位和其他生产经营者，为改善环境，依照有关规定转产、搬迁、关闭的，人民政府应当予以支持。

目前，按照财政部、国家税务总局的有关规定，企业开展资源综合利用，可以享受减（免）增值税和企业所得税的优惠政策。政府还有环境保护专项资金等专项资金对企业污染防治项目进行支持。

按照新《环境保护法》的精神，超额完成减排任务的，会得到相应的经济和政策支持，后续将会出台相关的配套政策。

3. 环境污染责任保险。新《环境保护法》第 52 条规定，国家鼓励投保环境污染责任保险。

2013 年 1 月，环保部和中国保监会联合印发了《关于开展环境污染强制责任保险试点工作的指导意见》，指导各地在涉重金属企业和石油化工等高环境风险行业推进环境污染强制责任保险试点。指导意见对强制保险的责任范围、保额保费厘定、环境风险评估、环境事故理赔机制、信息公开等内容作了规定。

第二章 法经济学的研究范式及其在环境保护中的运用

目前学界将环境规制手段分为两类，即命令与控制和经济刺激。二者最根本的区别在于：命令与控制是直接或间接针对每一行为者限制其排放的数量；经济刺激则是直接或间接对于每一单位的排放所需支付的价额，由行为者自行决定其排放额。传统命令与控制的诸多弊端，如低效率、阻碍环保科技发展等，即学界通常所说的政府失灵，使得各国纷纷转向以经济刺激为手段的环境保护方式，以期在不影响环境质量的前提下，减小环境保护与经济发展的冲突。

第一节 法经济学的研究范式

一、法经济学内涵

法律经济学兴起于20世纪六七十年代的美国，是借助经济学原理和方法研究法律现象的边缘学科，是在国家经济职能扩张、法律效率意识复苏的背景下，法学与经济学相互渗透融合而成的交叉性、边缘性的新兴学科。

近代以来，随着学科的分化，人们普遍地认为，法学所要解决的基本问题是公平和正义，或者说是合法性问题，而经济学所要解决的是经济效益问题，即如何才能有效地利用自然资源，最大限度地增加社会财富总量，实现利益最大化。从表面上来看，这两个学科有独自的研究领域，但随着政府干预的加强，在国家和法律直接参与资源和产品分配的情况下，法学家不仅要考虑法律的正义性、合法性，而且还要考虑法律的效益性；与此同时，经济学家也不得不把法律看作从事经济活动的重要环境因素之一，这在客观上促进了法学和经济学的联姻。它要求法律制度尤其是经济法律制度的基本功能是为经济提供服务，每一种经济法律制度及其规范都有特定的功能和经济价值，而每一种经济现象的产生与发展，都需要法律为之确立规则，保驾护航，从而使公平与效益兼顾。"一项制度的安排是否优越，不取决于人们的价值判断，而取决于事实判断，特别是效率判断，即取决于成本和效益的比较。"

著名的法律经济学家波斯纳也认为，法律的正义性必须以经济上的可行性、合理性为基础。在一个资源稀缺的世界里，浪费资源是极不合理的。效益最大化成为一项制度安排的前提，在成本—效益分析的基础上，假定市场主体为理性人，即"使自我满足最大化的理性主体"，市场主体会根据经济学的原理来调整自己的市场行为。

二、法经济学的研究范式

法经济学究竟是一种方法还是一种学科理论，究竟是一种法学方法或学科理论，还是一种经济学方法或学科理论，至今仍无定论。因此必须从研究方法、学科理论、经济学范畴和法学范畴的不同角度分析，把握法经济学概念的内涵。

首先，从方法论角度定义法经济学，法经济学是法学和经济学的一种新的研究方法，学者称之为"法律的经济学分析"，法律经济学的基本范畴主要包括法律、经济学和交易成本，其中法律是法律经济学的研究对象，经济学是法律经济学的研究方法，而交易成本是法律经济学的核心概念。其次，作为学科理论的法经济学，学者称之为"法律和经济学"，是把经济学作为分析工具、把法律作为研究对象的一门法学与经济学的交叉学科，主要研究法律和法律制度的形成、结构、过程、效果、效率及未来的发展方向。美国的法律经济学家尼古拉斯·麦考罗和斯蒂文·G. 曼德姆则认为，"法和经济学是一门运用经济理论来分析法律和司法机构的构成、结构及对经济的影响"的学科。[1] 再次，作为经济学范畴的法经济学，学者称之为"法经济学"，将法经济学视为从属于经济学的一种研究方法或学科分支，强调法经济学学者在充分理解经济学理论的基础上运用真正的经济学分析工具与理论对法律问题进行探索并研究法律如何影响经济活动。最后，作为法学范畴的法经济学，学者称之为"经济分析法学"，重点研究的是法律规则，并据此规则改革和完善法律制度。[2] 我国台湾地区学者简资修先生认为，"法律之降级分析，又称为法与经济学，或若要强调法学研究的主体性则不妨称之为经济分析法学"。[3]

① ［美］库特主编：《新帕尔格雷夫经济学大辞典》（第1卷），经济学出版社1996年版，第499页。

② 魏建、周林彬主编：《法经济学》，中国人民大学出版社2008年版，第1~8页。

③ 简资修：《经济推理与法律》，北京大学出版社2006年版，第1页。

第二节　法经济学理论在环境法中的演进

环境资源问题虽然是一个相对年轻的领域，但它的许多研究方法、思路和基本概念在西方经济学中却可以追溯到古典经济学甚至经济学概念形成的初始阶段。西方经济学理论中的环境思想作为一个特定的研究对象的演变过程按时间维度可以划分为古典资源环境思想、新古典资源环境思想、近代资源环境理论和当代资源环境理论四个阶段。从贯穿这一思想的脉络的历史演变可以分析得出：资源环境与生态经济发展是密切相连的。并说明自古以来环境问题的解决不是排斥经济发展的，而是要遵循经济规律，利用市场机制，才能获得经济发展与环境保护的双赢。

一、古典经济学与资源环境思想

环境与经济学的相互关系是20世纪60年代随着能源、粮食、水、生态环境等问题的出现而发展起来的应用边缘经济学科。但是这一相对新兴学科的理论基础、思想起源可以追溯到古典经济学甚至经济学概念形成的初始阶段。

古典经济学主要围绕着土地等自然资源的产出率进行研究，在方法论上将劳动价值论作为分析的基础。在古典经济学家的视野中，所谓的自然资源主要是指土地和矿产资源，他们讨论的主要问题是：自然资源对经济增长有无限制。

（一）"悲观"的马尔萨斯《人口论》

自19世纪以来，人口迅猛增加与土地产出之间的矛盾越来越大，这一矛盾成为古典经济学家研究的主要问题，或者说自然资源的稀缺与经济发展间的关系成为古典经济学家研究的对象。稀缺论分为绝对稀缺论与相对稀缺论。绝对稀缺论的代表人物是马尔萨斯，马尔萨斯在《人口论》一书中认为，人口是以几何级数增长的，而受土地资源有限性和农业对土地依赖的影响，食物供给只能以算术级数增长，如果对人口增长不加限制，就会导致灾难。抑制人口增长可以依靠战争、瘟疫、饥荒等手段。

如果不正确认识和处理好资源、经济、人口以及社会发展之间的关系，人类将面临自我设置的"生存困境"。其人口理论显然过于偏激，但却引人深思！这种忧郁思想被人们称为"悲观的马尔萨斯"模型。

"悲观的马尔萨斯"模型也称为绝对自然资源稀缺理论。该理论假设可耕地存量有一个绝对界限，而整个经济体系又依赖于这种核心的自然资源，一旦社会经济的发展达到可耕地的绝对数量界限，持续的人口增长将形成对可耕地存量的压力，进而阻碍经济的正常发展。

（二）"乐观"的李嘉图的地租理论

相对稀缺论的代表人物是大卫·李嘉图。他不同于马尔萨斯的主要地方是看到了技术进步促进生产增长的积极作用。这种积极乐观的分析方法被称做"乐观的李嘉图"模型。

"乐观的李嘉图"模型又叫作相对自然资源稀缺理论。该理论否认可耕地存量有绝对界限，但认为可耕地在质量上逐步降低，其边际产出递减。相对于经济体系的需求来说，可耕地是相对稀缺的资源，可能会对经济增长造成暂时的影响，但不至于形成绝对意义上的制约。①

马尔萨斯和李嘉图理论的区别在于：马尔萨斯假设可耕地质量上没有差别；而李嘉图认为可耕地在质量上存在差别。两种理论的共同之处是假设无技术变化因素的影响；经济增长受到稀缺效应的制约。此外，在一定程度上，李嘉图的理论可被视为是对马尔萨斯绝对增长约束条件的放松。

（三）穆勒的静态经济论与自然和谐论

穆勒对马尔萨斯和李嘉图的资源稀缺观点全部进行了吸收，并从技术进步上加以发展和给予更合理的解释，形成了约翰·穆勒的静态经济论与自然和谐论，主要体现在《政治经济学原理》一书中，认为如果人类社会的产出超过自然所允许的限度，社会就会出现失衡。

在《政治经济学原理》中，约翰·穆勒比较清楚地表达了古典经济学派的观点：在长时期内，经济增长必然受到农业收益递减的影响，并引起利润下降、地租上升以及工资上升，最终将不可避免地进入停滞状态。

与其他古典经济学家不同的是：穆勒比较明确地注意到了技术进步对停滞趋势的阻碍作用；考虑了煤、铁等不可再生矿产资源对长期经济增长的限制；探讨了经济增长对环境质量的不良影响。

（四）杰文斯"矿产资源对经济增长的限制"理论

杰文斯在《煤炭问题：对有关国家的发展和我们煤矿资源可能耗竭问题的探讨》一书中，着重分析了矿产资源对经济增长的限制。他认为不可再生资源（特别是煤）被耗竭的可能性是制约工业化国家（如英国）经济增长的最大威胁。

---

① 刘邦瑜："论述环境与自然资源的稀缺性"，载道客巴巴，www.doc88.com。

二、新古典经济学与资源环境思想

20 世纪二三十年代，新古典经济学家观察到，古典经济学家对经济增长的种种悲观预测并没有成为现实。于是他们着重从市场机制角度对资源环境问题作了重新探讨。

新古典经济学理论把自然资源作为人类生产和消费过程中的投入品。由于自然资源是稀缺的，人们必须选择其用途。这样，自然资源的使用就被描述为一个最优化问题。环境恶化被视为所有单个经济人的选择加总的结果。经济人所关注的利益是生产和消费的增加，而不是环境质量改善后带来的享受。

（一）马歇尔的外部性理论

马歇尔于 1890 年发表的巨著《经济学原理》开创了新古典经济学，也就是当今的主流经济学。在《经济学原理》一书中，马歇尔首次提出了"外部经济"的概念。外部性理论主要以马歇尔的思想占统治地位，马歇尔否认绝对资源稀缺约束的可能性，认为经济上有用的自然资源的相对稀缺都能通过市场价格得到反映。

马歇尔的资源环境思想包括四个方面的内容：同意古典经济学家有关土地收益递减的分析，认为土地肥力的降低会引起农产品价格的上涨，但不认为这一稀缺效应会制约经济增长。在马歇尔看来，趋于上升的农产品价格将刺激农业组织结构发生变化，从而减弱土地收益递减规律对经济增长的限制。认为不可再生资源不存在收益递减规律。因为矿产资源的开采能力不仅与开采的投入和逐步加大的开采难度有关，而且与矿产资源的耗竭速度有关。如果开采初期就投入较多的劳动和资本以较快的速度开采，则同样储量的矿产只能持续较短的时间。因此，矿产资源的稀缺程度与价格之间的关系远较农产品复杂。认为自然环境的价值不容忽视。在人类生产的许多产品价值中，环境所提供的服务并未计算在内。认为自然资源稀缺可以通过价格机制得以反映，并通过市场供求关系的自发调节得到消除。

（二）巴尼特和莫尔斯的环境资源稀缺性理论

20 世纪 60 年代初，巴尼特和莫尔斯提出关于环境资源稀缺性的理论，认为只有作为经济过程原材料和能源供应者这一功能的环境资源才具有稀缺性。

传统经济学的一个重要假设前提是：环境资源是外生的、可以无限供给的、不存在稀缺性的资源，不进入经济系统分析过程，不进入生产函数和消费函数。

然而，环境资源稀缺性的出现和稀缺程度的迅速提高，证明这一传统经济学假设前提已经不能成立。

人们已经普遍认识到，稀缺的环境和自然资源具有三种重要的经济功能：提供了工业生产过程中所必需的原材料和能源，包括不可再生的和可再生的资源；可以吸收、容纳、降解生产和消费过程中排放的废弃物和污染物，这一功能常具有公共物品的特征；向人类社会提供自然服务，包括生产过程与环境之间物质和能量的直接物理交换和福利效益。

根据新古典经济学理论，与人类的需求相比较，资源永远都是相对稀缺的。在市场经济中，相对稀缺的资源通过价格机制进行分配。随着矿产资源开采量的增加，资源质量品级随之降低，开采难度也相应增大，为维持或提高原有产量，就必须投入更多的劳动和资本，开采的平均成本相应提高。但是在最优化的动态经济条件下，必然会刺激旨在提高开采效率的新技术、新发明的出现，促使人们寻找能够降低成本的替代品，或是对已有自然资源深加工、回收和更有效率的利用。因而在长时间内，不存在资源环境问题对经济增长的限制。新古典经济学家的这一基本观点可以看做是对"乐观的李嘉图"模型的进一步放松，并且在20世纪60年代以前一直被推崇为正统的资源环境经济思想。

（三）庇古的《福利经济学》

庇古在其代表作《福利经济学》《产业变动论》《财政学研究》中提出了"经济福利"的概念，主张国民收入均等化，且建立了效用基数论等。

针对新古典理论把环境问题简单地视为外部不经济，其政策重点也就是如何减少外部不经济。庇古提出内部化规则，也就是通过对外部不经济的制造者征税来纠正市场失灵。

然而，"福利经济学"之内部化规则并没有"解决"环境问题。内部化规则是一种补偿，通过补偿尽管可以纠正市场失灵，但补偿是事后的。也就是说，在补偿之前，环境已经被破坏了。

最优化方法不能用于自然资源，因为新古典经济学理论意义上的"最优化"是现在一代人对所有可利用资源的"最优化"选择，没有考虑下一代人的利益。或者说，下一代人并不能参与现在的选择。因此，从人类生命的延续性来看，现在一代人的"最优化"恰恰是对人类生命连续性的破坏。

（四）哈丁的"公有地悲剧"理论

美国加利福尼亚大学生物学家G.哈丁教授就人口资源关系等问题，于1968年撰写了一篇题为"公有地悲剧"的论文。"公有地悲剧"模型：一群牧民共享一片草场，草场是所有牧民所共有的牧场，而牛群则是牧民私人所有的。每个牧民的目的都是追求个人利益的最大化。因此，牧民个人都尽可能地增加牛的头数。每多增加一头牛，他就可以获得更多的收益。而草场有一定的承载量，当牛的数量超过这个极限以后，牛的增加就会给草场带来损害，但是这一损害不是由牧民个人承担的。因此，每一个理性的牧民都会尽量增加自己的牛而由全体牧民来承担成本。最终的结果必然是草场由于过度的放牧而毁灭。由此得出结论：当一个人使用公有资源时，减少了其他人对这种资源的享用。由于这种负外部性，公有资源往往被过度使用。古希腊哲学家亚里士多德指出，"许多人公有的东西总是被关心得最少的，因为所有人对自己东西的关心都大于其他人共同拥有的东西"。

尽管哈丁主要关注的是人口问题，但是他对于公有地的悲剧的描述让很多被环境问题困扰的学者产生了共鸣。在环境保护和自然资源管理方面也存在类似的公有地悲剧，因为环境资源由于不可分性往往导致产权难以界定或界定成本很高，往往属于公共物品，或具有一定的公共性，在市场配置中，由于市场经济的属性以及"经济人"的特性，任何人在环境成本承担上都体现为尽可能多地攫取和侵占公共环境资源，逃避环境成本。市场在环境资源的配置上便失灵了，这样一来就会导致"公有地悲剧"现象的出现。

公有地悲剧不仅表现为环境管理、环境资源问题，又表现为生态破坏与环境污染问题。这里的问题不是从公有地上拿走什么东西，而是放进什么东西——生活污水，或化学的、放射性的和高温的废水被排入水体；有毒有害的和危险的烟气被排入空气；喧嚣的广告污染着我们的视野；等等。理性的经济人发现废弃物排放前的净化成本比直接排入公共环境所分担的成本少。既然这对每个人是千真万确的，只要我们的行动仍然只是从一个个独立的、理性的、自由的个体出发，我们就会陷入一个"污染我们自己家园"的怪圈。

三、新制度经济学与资源环境思想

随着时代的发展和社会的进步，社会出现了新的特征，如人与生态环境的矛盾，人的关系产生了新的社会特点，这些是一般经济学所忽视的，进入20世纪60年代后，在西方各经济学派中，制度主义为我们认识环境、解决环境问题提供了一种新的思路。制度经济学方法比新古典方法分析的范围更广，包含的变量更多，更侧重于整体性和演化性。

（一）科斯的产权理论

科斯（Ronald H. Coase）是新制度经济学的奠基人，他因"发现和澄清了交易费用和财产权对经济的制度结构和运行的意义"而荣获了1991年度的诺贝尔经济学奖。科斯的产权观是通过明晰产权由市场来解决环境问题。①

科斯的环境产权论集中在以下几个方面：

第一，外部效应往往不是一方侵害另一方的单向问题，而是具有相互性。例如化工厂与居民区之间的环境纠纷，在没有明确化工厂是否具有污染排放权的情况下，一旦化工厂排放废水就对它征收污染税，这是不严肃的事情。因为，也许建化工厂在前，建居民区在后。在这种情况下，也许化工厂拥有污染排放权。要限制化工厂排放废水，也许不是政府向化工厂征税，而是居民区向化工厂"赎买"。

第二，在交易费用为零的情况下，庇古税根本没有必要。因为在这时，通过双方的自愿协商，就可以产生资源配置的最佳化结果。既然在产权明确界定的情况下，自愿协商同样可以达到最优污染水平，可以实现和庇古税一样的效果，那么政府又何必多管闲事呢？

第三，在交易费用不为零的情况下，解决外部效应的内部化问题要通过各种政策手段的成本——收益的权衡比较才能确定。也就是说，庇古税可能是有效的制度安排，也可能是低效的制度安排。

上述对庇古理论的批判就构成所谓的科斯定理：如果交易费用为零，无论权利如何界定，都可以通过市场交易和自愿协商达到资源的最优配置；如果交易费用不为零，制度安排与选择是重要的。也就是说，解决外部性问题可能可以用市场交易形式即自愿协商替代庇古税手段。

随着现代环境问题的日益加剧，市场经济国家开始积极探索实现外部性内部化的具体途径，科斯理论随之被投入到实际应用之中。排污权交易制度就是科斯理论在环境保护领域的一个具体运用。②

（二）诺斯的制度变迁理论

诺斯认为，新制度经济学保持了新古典经济学的稀缺和竞争等理论，修正了理性的假设，引入了时间维。制度变迁理论是新制度经济学的一个重要内容。其代表人物是诺斯，他强调，技术的革新固然为经济增长注入了活力，但人们如果没有制度创新和制度变迁的冲动，并通过一系列制度（包括产权制度、法律制度等）构建把技术创新的成果巩固下来，那么人类社会长期经济增长和社会发展是不可设想的。总之，诺斯认为，在决定一个国家经济增长和社会发展方面，制度

① 蠹虫儿："浅谈科斯的外部性理论"，载豆瓣读书，http：//book.douban.com/review/1227019。

② ［美］科斯（Coadse R.）、阿尔钦（Alchain A.）、诺斯（North D.）：《财产权利与制度变迁》，刘守英译，上海人民出版社 2004 年版。

具有决定性的作用。

诺斯是新经济史的先驱者、开拓者和抗议者，他开创性地运用新古典经济学和经济计量学来研究经济史问题。鉴于他建立了包括产权理论、国家理论和意识形态理论在内的"制度变迁理论"，1993 年获得诺贝尔经济学奖。他对经济学的贡献主要包括三个方面：用制度经济学的方法解释历史上的经济增长；重新论证了包括产权制度在内的制度的作用；将新古典经济学中没有涉及的内容——制度，作为内生变量运用到经济研究中，特别是将产权制度、意识形态、国家、伦理道德等作为经济演进和经济发展的变量，极大地发展了制度变迁理论。

诺斯制度变迁理论体现了新制度经济学具有超凡解释力的原因：放宽了新古典经济学的一系列假设，具有更强的解释力。新制度经济学引入制度因素分析修正了新古典经济学的缺陷，但其理论研究的立足点、出发点和归宿点都是新古典经济学。

（三）戴尔斯的排污权交易理论

制度主义者准确地认识到，市场体制是环境问题的根源。所谓"外部不经济"是市场体制不可避免的、系统性的产物，成本转移会持续地存在，对它的唯一限制是自然环境的生命维持功能的衰竭。也就是说，市场体制与维持人类生命的自然环境存在固有的矛盾，因此环境问题的最终解决要诉诸制度调整。

美国经济学家戴尔斯于 1968 年最先提出了排污权交易理论，并首先被美国联邦环保局（EPA）用于大气污染源及河流污染源管理。[①] 面对二氧化硫污染日益严重的现实，美国联邦环保局为解决通过新建企业发展经济与环保之间的矛盾，在实现《清洁空气法》所规定的空气质量目标时提出了排污权交易的设想，引入了"排放减少信用"这一概念，并围绕排放减少信用从 1977 年开始先后制定了一系列政策法规，允许不同工厂之间转让和交换排污削减量，这也为企业针对如何进行费用最小的污染削减提供了新的选择。而后，德国、英国、澳大利亚等国家相继实行了排污权交易的实践。排污权交易是当前受到各国关注的环境经济政策之一。

（四）热动力理论

随着"能源危机"、"矿产资源危机"等问题日益严重，许多生活在 20 世纪六七十年代的经济学家开始反思新古典资源环境思想。他们对资源的最优耗竭率问题、污染问题和环境保护问题作了比较深入的探讨，并对市场机制在资源环境

---

① 张宇："从市场机制角度谈排污权交易制度"，载《商品与质量》2012 年第 6 期。

方面的作用能力产生了怀疑。热动力理论则为一些经济学家思考经济过程与环境系统之间的依存关系提供了有益启示。

（1）最优耗竭率。在假设相对价格会自动反映自然资源稀缺程度的前提下，这一时期的经济学家试图确定自然资源的最优耗竭率。对于不可再生资源，着重分析了决定最优耗竭率的经济条件以及在不可再生资源的开采趋于最优耗竭率的过程中实际价格与最优价格的变化关系。对于可再生资源最优耗竭率的分析，则考虑了其他一些相关因素，如资源的再生率、开采程度和过程等。对于自然资源最优耗竭率的研究为确定影响自然资源存量的主要经济因素和优化利用的条件提供了分析的工具。

（2）污染问题。这一时期的经济学家沿袭了马歇尔和庇古的观点，把污染当做与最优资源利用无关的一个外部性问题来看待。他们认为由于价格机制不能有效地激励消除污染的经济行为，因而超出环境吸收能力形成的污染是不可避免的。如庇古主张对造成环境污染的行为征税，以便在价格中恰当地反映出这种行为的社会成本。科斯主张对产权进行界定，制约污染行为。激进经济学家则认为消除污染的前提是消灭资本主义的私人利润制度。另外，这一时期的经济学家还对直接或间接的污染管制政策作了大量探讨，引起了人们对环境吸收能力、公共物品、外部性、市场失灵以及自然系统保护等问题的关注。

热力理论强调保护环境的必要性来自于以下两个方面：一是强调经济行为造成的环境成本；二是强调生态系统和自然环境的不可替代功能。这一认识超出了单纯把自然环境作为经济过程物质和能量来源的观点。[①]

（五）"影子价格"理论

影子价格是一种资源价格，是一种理论价格。影子价格是从资源有限性出发，以资源充分合理分配并有效利用为核心，以最大经济效益为目标的一种测算价格，是对资源使用价值的定量分析。在估算环境功能的价值方面，"影子价格"理论发挥了不可估量的作用，并促进了大量关于消费、积累与环境质量之间最优选择的理论研究。

借鉴经济学中的影子收费思想，污水处理的投资建设，根据实测污水处理量的多少，由政府按约定支付一定的费用，通过这一收费机制或称影子价格机制大大刺激了私人部门对环保基础设施的投资。在1994年苏格兰城市污水处理厂案例中，共设计了4个影子价格来构成一组影子收费。

---

① 李慧凤：《资源、环境与发展》，中国地质大学出版社1998年版。

四、当代经济学理论与资源环境思想

20 世纪六七十年代的经济学家是对一些"微观"的资源环境问题，如资源耗竭、污染控制、环境保护进行研究；在相当长的一段时期内宏观经济学并没有把环境问题纳入其讨论范围。但是随着与经济增长相伴随的环境问题越来越严重，宏观经济理论与环境与经济之间的相互影响开始给予了越来越多的关注。20 世纪 80 年代以来的资源环境理论则着重揭示资源环境系统的"宏观"问题。它们从宏观的角度探索环境系统与经济系统之间的关系，揭示其相互影响的内在规律，并从宏观上提出协调环境与发展的战略措施。

（一）新增长理论

美国麻省理工学院教授梅多斯等人受民间国际研究机构罗马俱乐部的委托，就当前的增长趋势与未来人类困境的关系进行研究，经过两年多的研究，他们于 1972 年提交了一份名为《增长的极限》的研究报告。该报告建立了一个精心设计的以电子计算机模拟计算为基础的世界模型。模型包括决定全球经济增长和人类未来的五个基本因素：人口增长、粮食生产、工业发展、能源消耗和环境污染，并得出了如果世界人口、工业化、污染、粮食生产以及资源消耗按现在的增长趋势持续不变，这个星球上的经济增长就会在今后 100 年内某个时候达到极限，最可能的结果是人口和工业生产能力这两方面发生颇为突然的、无法控制的衰退或下降的可怕结论。《增长的极限》的发表，在全球范围内引起了关于人类增长前景的大讨论，也标志着环境问题开始正式纳入宏观经济理论模型的分析之中。随着人们对增长认识的不断深入，在 20 世纪 80 年代中后期提出了可持续发展战略的思想。1987 年世界环境与发展委员会在《我们共同的未来》报告中对可持续发展的定义是"既满足当代人的需要而又不损害后代人满足其需要的能力的发展"。这一思想很快被纳入宏观经济分析模型之中，使宏观环境经济分析有了新的发展。可持续发展战略也促使人们开始反思传统反映经济福利指标 GNP 的合理性。一些经济学家提出了如何建立把资源退化、环境破坏等影响因素包括在内的新的国民收入指标或者称为绿色国民收入指标的问题。随后，这一问题也开始逐步成为宏观环境经济分析的一部分。戴利在 1991 年发表的《避免不经济的增长》一文中提出了经济学家应该研究最优经济规模的观点，从新的角度探讨了环境与经济发展之间的关系。

（二）新贸易理论

经济全球化趋势使全球环境问题开始备受关注，在全球化进程中，贸易与环境的关系日益密切，并对世界经济发展格局有着重要的影响。对环境问题的宏观经济分析也逐步扩展到国际维度，如国际贸易与环境的相互影响、全球气候变暖以及全球环境问题的共同治理等问题都可以用新的宏观经济模型进行分析。与封闭经济模型不同，环境问题的国际维度分析主要涉及跨境与全球环境问题治理以及对外贸易与环境的关系这两个方面。另外，人们普遍认为在研究环境—贸易的相互影响时也应考虑地区差异、技术创新以及发展中国家的特性等因素。

近年来，国际贸易中出现了关税壁垒弱化和"绿色壁垒"强化的新趋势，由资源与环境问题引发的国际贸易争端与摩擦不断加剧，不仅影响了国际贸易的正常发展，也不利于全球环境保护。环境壁垒种类繁多，有绿色关税和市场准入、绿色技术标准、绿色环境标志、绿色包装制度、绿色卫生检疫制度等，其核心都是以保护环境为由限制贸易。

为了经济发展要追求最大限度的贸易自由，为了可持续发展的环保目标要限制或禁止某些国际贸易，两者之间存在强烈的冲突。亚历山大·基斯说："在国际贸易与环境保护的关系中存在着两个对立的趋势：一方面是为了环境保护控制某些国际贸易的愿望，另一方面是为了自由贸易取消所有贸易障碍的愿望。"两者的冲突主要体现在以下三个方面：一是贸易自由化与环境状况：自由贸易是否会导致环境恶化？二是贸易政策与环境保护：贸易政策是否有助于解决环境问题？三是多边环境协定（MEAs）中有关贸易的规则与WTO规则：孰先孰后？

国与国之间在履行国家环境义务、改善全球环境质量、保障国家资源供给、突破绿色贸易壁垒等方面的矛盾问题逐渐发展成为国家外交事务的热点和重要内容，如何处理好贸易自由化与环境保护的关系已经成为世界各国所关注的问题。

（三）博弈论

"博弈论"又称对策论、赛局理论，是两人在平等的对局中各自利用对方的策略变换自己的对抗策略，达到取胜的目的。是研究理性的决策主体之间发生冲突时的决策问题及均衡问题的理论，也是研究理性的决策者之间冲突及合作的理论。博弈论已经成为经济学的标准分析工具之一。博弈论主要研究公式化了的激励结构间的相互作用。是研究具有斗争或竞争性质现象的数学理论和方法。也是运筹学的一个重要学科。博弈论考虑游戏中的个体的预测行为和实际行为，并研究它们的优化策略。博弈论要解决的问题就是理性地处理事物之间、决策者之间错综复杂的竞争而又合作的利益关系。

利用博弈论的观点来审视环境保护与经济发展的关系，有利于我们制定出更加科学、合理、有效的环保政策法规，实现每一个"局中人"利益最大化，促进经济与环境和区域之间协调发展、人与自然和谐相处。

解决环境问题，需要全社会的合作，也就是各博弈方的合作。但是，这种合作能否进行下去，能否产生最大效益，关键在于"科学制定博弈规则，严格执行，公众裁判，全面实施"。因此，在制定环保政策措施、建立环境法制体系和环境经济政策体系的过程中，必须采用决策分析手段，认真分析作为决策主体的博弈各方，其行为发生直接作用时的决策以及这种决策的均衡问题；同时，要避免经常采用威胁策略，因为其他博弈方也会采用反威胁策略，导致各方利益受损。博弈论为正确协调、处理环境保护矛盾提供了积极、有效的方法和途径。

（四）产业组织理论

产业组织理论，在英国及其他欧洲国家又称产业经济学，是国际上公认的相对独立的应用经济学科，是国外经济学的核心课程之一，也是近年来经济学最活跃、成果最丰富的领域之一。

产业组织理论是从微观经济学中分化发展出来的一门相对独立的经济学科，微观经济学是它的理论基础。现代产业组织理论包括三个基本范畴：市场结构、市场行为、市场绩效，三个范畴和公共政策的联系便进一步规范了产业组织理论体系。该理论体系认为市场结构决定企业的市场行为，企业的市场行为决定市场绩效，市场结构又取决于特定情况下市场供求的基本环境，从而形成了较为完善的产业组织分析框架。

在西方，产业组织理论的发展不仅使自己的理论体系日臻完善，而且还影响了其他经济学科的产生与发展，如环境经济学就是在产业组织理论的基础上发展起来的，一些应用性微观经济学科如环保产业化、环境工程等也从产业经济学的发展中受益良多。

现代产业组织理论框架分析了环保产业的市场结构、市场行为与市场绩效。比如中国环保产业呈现出垄断与竞争并存的格局，市场集中度与产品差异化程度低，产品创新与技术创新能力弱，导致环保产业资源配置与产业利润率效率偏低，技术进步缓慢。针对中国环保产业组织的现状，提出了相应的产业组织政策。最后分析了对环保产业实行政府规制的必要性。

（五）环境价值评估理论

近年来，环境价值评估理论在环境经济学中受到越来越多的关注，环境价值评估是联系经济与环境的桥梁。环境价值评估是环境管理科学化的基础。

环境价值源于环境资源的稀缺性及对人的有用性，在涉及环境影响的费用效益分析中，在制定适当的环境标准、环境收费等政策时，都需要将环境损害或环境效益货币化。要评估环境价值，首先必须确认环境服务是有价值的。由于以前长期无偿使用环境（随意向大气、水体排放废气、废水等），确认环境有价成了评估其价值之前必须要解决的一个问题。

环境价值评估的主要方法包括意愿调查法、享乐价格法、旅行成本法、生产函数法等。尽管在理论与实践上还有不少争议，但其在环境决策中的作用显得越来越重要。另外，将环境评估纳入国民核算体系的绿色账户研究也是今后研究的重点之一。对环境价值进行经济评估具有重要的理论意义和实践意义。

（六）空间维度的环境分析理论

环境问题的空间维度常常被经济学家忽略，但现在人们逐渐发现关于这一领域的研究有大量工作可做，特别是跨学科背景下的研究。如结合自然科学、地理学、生态学的研究，在这些学科里，空间模型是普遍的。与空间有关的环境问题如非点源污染、土地使用、城市环境、交通运输与地理位置选择等领域将会成为研究重点。

（七）一般均衡分析理论

一般均衡分析理论是1874年法国经济学家瓦尔拉斯在他的《纯粹经济学要义》中提出的。瓦尔拉斯认为，整个经济体系处于均衡状态时，所有消费品和生产要素的价格将有一个确定的均衡值，它们的产出和供给，将有一个确定的均衡量。他还认为在"完全竞争"的均衡条件下，出售一切生产要素的总收入和出售一切消费品的总收入必将相等。这种经济理论应用在生态环境领域中最通常的做法是：环境保护领域使用很多的分析方法来描述、预测、分析某一问题的经济—环境特性。这些模型通常具有不同的技术结构（线性与非线性、静态或动态），模型的普遍性、精确性、现实性也各有侧重。由于环境问题之间往往是相互影响、相互关联的，譬如，在道路交通环境问题中，交通阻塞、事故、废气排放与噪声等就是相互联系在一起的。因此，在对环境问题进行全面综合考虑，以运用各种政策工具达到最优环境效果等方面，一般均衡分析方法将会发挥越来越重要的作用。

五、结语

综观西方经济学，资源环境发展观在西方学术界经历了如下的演变过程：古典经济学家肯定了资源环境对经济发展的制约作用，并以不同方式表达了他们对这一限制的忧虑与思考；新古典经济学家则以对市场经济的绝对信心否定了这一限制，但也不得不为如何摆脱这一限制作出各种各样的说明，并对摆脱这一限制的途径进行探讨。"二战"后20世纪50年代的经济学家把"发展"等同于经济增长和人均国民收入的提高；60年代的发展观把"发展"看做是经济增长加上结构变化，但是增长仍然是发展的主要目标；70年代和80年代中期的发展观更加强调增加就业、消除贫困和公平分配，经济增长本身被淡化了；80年代末90年代以来的发展观则强调可持续发展。

经济学家们越来越认识到环境问题对于发展努力获得成功的重要意义。因为解决各种环境问题关系到提高资源的生产率和改善穷人的生活状况。因此，在环境上获得可持续发展就与我们对经济发展的定义成为同义语了。

第三节　法经济学基本假设与环境法的结合

理论研究的任何问题，只能是在一定假设条件下的问题。因此，理论研究的抽象程度及其合理性在很大程度上取决于假设条件的正确确立。环境法学作为一门新兴的学科，很多问题仍处于假设状态，它提出的许多新的假设性的理论学说，对传统的法律制度和法学理论形成了强烈冲击，但是这些理论学说又缺少强有力的理论依托与可行的研究方法来支撑。因此，必要的假设性研究会对环境法学理论的发展产生巨大的推动作用。

一、关于环境主体的法经济学假设

一切法律活动都与主体有关，是主体行为的外在表现。人性假定是制度设计的前提，以人的理性选择假设为突破口，对理解、预测法律行为的特征和结果有十分重要的意义。

（一）环境主体人性的理性化假设

环境法上的主体通常叫做理性人，因为当代环境问题是理性经济人的产物。因为，从某种程度上来说，人都有自利性，追求自身利益，并对自己的行为有一定的价值判断，有趋利避害的本能和短暂经济意图，这样就造成环境污染和环境破坏，造成外部的不经济。生态意识就是针对理性经济人提出来的。在当今时代，为了实现可持续发展，人类不仅要求成为熟悉市场经济的理性经济人，而且要求成为具有生态意识的理性生态人。这种理性生态人具备两个特征：第一，他以生态学原则作为衡量与评价一切与环境问题有关的事物的标准；第二，他有足够的智慧制定既合法又符合生态学原理的策略以求得解决环境问题的最大环境—经济—社会综合效益。理性生态人在国际层次上可以指国家，在国家层次上可以指政府、企业、团体及个人。①

"理性经济人"是现代西方经济学的研究基础之一,"理性经济人"范式是经济学家处理问题时所共同遵循的基本前提、方法和逻辑。即假定人都是利己的,而且在面临两种以上选择时,总会选择对自己更有利的方案。这种假定应用在环境保护上对环境保护工作和环境与资源保护法学的研究是一种新的启示。

在"经济人"看来,人应该是自然的中心,自然是为人服务的,自然既是人的经济原材料,也是人的经济手段,人的经济需要是基本的需要,是天经地义的,人与自然的关系无非是一种利用与被利用、投入与产出的经济关系。② 受这种观念所支配的"经济人",只是站在个体的角度,无视生态伦理,千方百计设计低成本、高收益的赢利模式,竭尽全力掠夺"免费"的自然资源,非理性地向自然万物进行扩张,通过牺牲生态利益来换得一时的经济利益,殊不知这种行为模式会酿造一场可怕的生态危机,导致后代人应得的收益被提前透支,给整个社会的生态环境造成负面效应,可谓得不偿失。

可持续发展思想的兴起,使传统经济学理论中的"经济人"假定面临很大的挑战。现实也给这个假定提出了不足:一是人类的发展观、伦理观确实在发生变化,也在考虑后代的利用;二是人类经济发展的事实表明,经济人只考虑自身经济利益而不考虑社会、生态利益的发展道路是行不通的,并不能确保其所设想的持续经济增长。因此,把利益绝对化、极端化,忽视生态价值的"经济人"假设不利于构建环境友好型社会,更不利于资源的合理开发与利用。

主流经济学"理性经济人"假设在资源开发和利用上存在的上述缺陷,表明这假设研究范式应该予以变革。生活在环境友好型社会中的人们不应立足自身的视野,局限于个体价值的行为选择,做单纯追求自身经济利益最大化的"经济动物",而应该站在全局和长远的立场,树立三维效益观,实现经济、社会、生态三大效益的统一,使得总体社会成本和社会收益相匹配。这种研究范式的转变,能够为个人的意识理念以及行为模式提供一些参考。③

总之,未来的环境保护途径应更多地倾向于以"理性经济人"思维模式为基础的先进环保理念、科学环境法律法规的研究和运用,以及这些法律法规与经济学的协调有效结合。环境法上的人所具备的生态理性,不仅仅体现在法学上精密的制度设置,每一个生活在生态系统之中的人在日常行为中表达更多的是生态理性。

---

① 吴贤静:"生态人的理论蕴涵及其对环境法的意义",载《法学评论》2010年第4期。
② 陈南岳:"环境友好型社会的经济学思考",载《山东经济》2006年第4期,第23~24页。
③ 陆雪娣、张怡:"资源合理开发与利用的法律规制——以经济学理念在环保法领域的磨合与契合",载青岛市法学会,http://www.qdfxh.com/a/faxueyanjiu/2010/0126/83.html。

如果把人都看做是"理性经济人"而不是高尚的环保者，那么就能理性而理解地看待环境污染问题，并在此基础上制定理性而有效的利益引导方式，从而更好地解决环境污染问题。一切环境法律活动都要以资源的有效配置和利用为目的，立法、执法和守法的真正根据是以法律修辞掩盖着而不是阐明了的经济理由，市场经济规律天然地、内在地决定着法律逻辑，寻求法律的经济依归是法经济学的基本任务。

（二）有限理性假设

有限理性就是指人不能对稀缺的世界作出正确的反应。环境法上的人的根本特质是拥有生态理性，以生态环境自身为作出政策和判断行为的尺度，能够判断生态风险，计算生态利益，各主体都只是在努力实现自我利益最大化的理性经济人。然而，经济学上的有限理性告诉我们，理性并不意味着行为主体不犯错误。即便是在"信息完全性"的假设下，人的理性除了受自身生理方面的限制，还要受知识水平、社会文化背景等的影响。由于人类有限理性的缘故，使得具有有限理性的人所追求的最大化利益在复杂的环境中得不到保证。在环境问题中具体表现为：（1）现实生活是复杂的，尤其环境问题是一个复杂而综合性的结果，人们对环境的认识需要一个历史过程。在人们对环境没有足够的科学认识之前，其行为多半是非理性的。（2）世界是不断发展变化的，因而事物的属性和状态是不稳定的和不可确知的，人对环境资源的利用和破坏由于种种原因也处于不确定的状态。（3）人的头脑也是一种稀缺资源，受人自身生理和心理的限制，要穷尽所有的行为可能并预见所有的行为后果，实际上是办不到的；自然资源稀缺有限与人的头脑的稀缺有限相互作用，造成环境保护的困境。（4）人们在环境保护过程中要搜集信息、处理及计算、执行。这些行为本身都是有成本的，经济人肯定要考虑这些收益差，因此，客观的有限理性会造成环境问题和环境保护的不力。（5）即使人们已经认识到环境问题的严重性和重要性，受经济发展的约束，人们会选择"贫穷污染"模式，即在人口不断增加、人均消耗日益增长而经济发展水平和工业化水平都比较低的情况下，依赖环境又破坏环境，并由此陷入环境与经济相互促退的恶性循环。

正是由于以上的局限性，人类可能作出违背客观规律的行为，人与自然的对立随之产生。如人类在对"自己行为很可能导致生态平衡遭到破坏，而生态平衡的破坏会给人类带来严重的负面影响，甚至危及人类生存"的正确认识以前，会毫不犹豫地对自然界进行改造，无形中造成了对自然资源的掠夺性开发和对自然环境的严重污染等诸多引起人与自然对立的问题。这些问题会随着人的生态理性即人对自然认识的加深而尽量避免，或采取补救措施使两者之间的对立关系消除。也就是有限理性向生态理性、理性经济人向理性生态人的成功转化才能真正消除现实环境问题的根源。

因此，有限理性不仅可以应用在经济学领域，同样可以应用在复杂多变的环境保护中。只有这样，才可以利用经济学原理和人的经济特性引导人们合理、适度地使用自然资源，才能合法合理地应对个人在复杂性和不确定性面前的理性不足。

二、关于环境行为的法经济学假设

人的行为是法律调整的对象，法律对环境的保护最终是通过规范每一个现实存在的生态人的行为来实现的。

（一）稳定偏好的假设

偏好是微观经济学价值理论中的一个基础概念。偏好是主观的，也是相对的概念。偏好实际是潜藏在人们内心中的一种情感和倾向，它是非直观的，引起偏好的感性因素多于理性因素。美国法经济学家孙斯坦认为，"隐藏于行为选择背后的不是单个的东西，而是多个东西——志向、趣味、物理状态、对现存角色和规范的反应、价值、判断、感情、动力、信仰、奇思怪想等——毫无规则的集合，这些力量的相互作用将根据特定的情境产生特定的后果"。[①] 因此，我们或许可以说偏好是由社会情境构成的，而不是由社会情境引出的。换言之，偏好在很大程度上乃是情境的一项功能，也是占主导地位的规范的一项功能。也就是说，人们行动的常规性并不是命令或强制的结果，甚至常常也不是有意识地遵循法律的结果。这种遵循和坚持，实际上就是对牢固确立的习惯传统和稳定的秩序本身的稳定偏好。

中国古人就提出"天人合一"的思想，其中的"天"可以理解为我们现在的生存环境以及在这种环境中客观存在的某些规律。古时人们崇天，几乎不敢违背任何一条自然规律，即使是事实上不存在的东西，也正因为如此他们才没有现代人的生态环境问题，也正因为如此形成了一种原始的生态秩序。生态秩序，是指人与自然和谐共处的秩序。早在1984年，我国著名生态学家马世骏就提出了"社会—经济—自然复合生态系统"的理论，并进而提出了效率、公平性与可持续三者组成复合生态系统的生态序，认为高的生态序是实现可持续发展的充分而必要的条件，也是生态规划的主要目标。人与自然、人与非人生命体之间也像人

---

① 冯玉军："法律的经济分析的知识基础"，载中国理论法学研究信息网，http：//www. legal－theory. org/？ act＝view&id＝12713&mod＝info。

与人之间一样形成某种相互联系、相互影响的秩序状态，人与自然、人与非人生命体只有处于和谐共处状态和秩序时，人类社会才能得到可持续发展。人与自然和谐共处的生态秩序，是统治阶级和被统治阶级或管理阶层和被管理阶层或人与非人生命体都需要的共同秩序，环境资源法的目的不单纯是维护统治阶级、管理阶级的社会秩序或经济秩序，它还要维护人与非人生命体、人与自然和谐共处的生态秩序。①

正是这种生态环境上的稳定偏好，现实中很多地方有了宜居城市建设、生态城市建设、美丽城市甚至美丽中国的提法。正是这种稳定偏好的特性，让我们看到环境保护的前景和希望。

(二) 需求偏好的假设

个人需求偏好有自发性、随意性和以自我为中心的潜在价值取向，使稳定偏好偏离"常规"，成为理性经济人，追求经济利益、社会利益和环境利益的协调和最大化。

经济学传统上以个人主义和功利主义为其哲学基础，把人解释成利己主义的、追求自身利益最大化的经济人，在货币经济条件下就是追求个人"财富"的最大化。这种观念认为主体行动的唯一目标就是使行为人的物质财富（货币财富）最大化。

在人类对财富最大化的追求过程中，制度或法律作为一个重要变量影响着人们为其偏好所支付的成本，决定了人们在法律制度的约束下的行为选择。特别是当前经济不太发达，人们迫切渴望得到发展，在这种偏好的影响下，难免作出牺牲生态环境换取经济发展的行为，这样就不可避免地导致对公共环境、自然的侵蚀和破坏。

这时，对个人需求偏好要适时调整，就要运用法律规范调整个人偏好，使其符合人性化的发展要求。适度以环境法限制和矫正个人偏好，使其向爱护环境的稳定偏好方向发展，有机协调人与自然的冲突，也是实现人的全面发展的必然趋势。

纠正个人需求偏好要让环境法在人们的意识中占统治地位，让环保意识无形的、潜在的，深深植根于人们的风俗习惯之中。

法律系统存在的基本方式是为一定社会中的人们调整行为、形成合意、实现秩序提供可预测性的指针和自由的尺度。法律研究范式，精神或者法律理念最终作用于人的行为，依赖于在此研究范式之下的制度设计。

---

① 张录强："循环经济的生态学基础"，载《东岳论丛》2005 年第 3 期。

运用经济学上的稳定偏好与需求偏好，可以较好地处理发展与环境这一复杂关系。环境法学还可以运用制度约束，对人们的环保意识的偏好的形成和个体行为的选择与演化提出进一步的科学设计。

三、关于环境客体的法经济学假设

（一）资源稀缺性假设

经济学研究的起点始于资源的稀缺性。稀缺是一个相对的概念，它并不是指资源在绝对数量上的多寡，而是指相对于人们的无限多样、不断上升的需要来说。某些环境资源如煤、石油等在地球上的含量有限性和不可再生性与人类需求的无限性产生矛盾；森林、草原等环境资源再生能力的有限性与人类开发速度的不加节制产生矛盾；大气、水、海洋等环境容量的有限性与人类废弃物的迅猛增加产生矛盾；水、矿物等环境资源在理论上是不会耗尽的，但在一定社会经济科技水平的制约下，人类的利用能力是有限的；阳光、风等资源在总体上是足量的，但在特定的场合中又是相对稀缺的。

不同的时代、不同的社会经济发展阶段以及人类需求层次的变化，都会改变各类资源的相对稀缺程度，最稀缺的资源往往是经济学关注的重点，稀缺资源的有效配置便成为经济学研究的核心问题。资源的稀缺性其实是资源的供给和需求矛盾的归结，但这种矛盾也需要对资源合理开发与利用的法律规制：（1）生产要素中的资源要素相对价格提高，这种相对价格变化会引起法律制度变迁，其积极意义在于能提高短缺要素的配置效率；（2）科学技术的发展及其作用的局限性需要通过法律来消除经济行为带来的外部不经济，弥补科学技术的缺陷；（3）人们对良好资源的偏好能使法律保障从潜在的需要转化为一种现实需求。这就为社会以法律手段保障自然资源的永续利用提供了最基本的动因。

对于资源的供给与需求，实现帕累托最优可谓是一种理想状态，在这种状态下，人们所考察的经济已经不可能通过改变产品和资源的配置，在其他人的效用水平至少不下降的情况下，使任何人的效用水平有所提高。法律制度的均衡只能是一种相对的帕累托最优，是在目前可供选择的法律制度集合中效率最高的一种选择。资源合理开发与利用的均衡表现是资源供给与需求的平衡，因此应该从资源供给受限的现实和影响需求拓展的因素出发，而不应通过抑制需求来实现短暂的供求平衡。

（二）环境资源效用最大化假设

微观经济学从资源稀缺这个基本概念出发提出了资源效用最大化理论，认为所有个体的行为准则是设法对有限的资源进行组合，使资源的效用最大化，取得最大的收获，并由此来考察个体是否取得了最大收益。

地球资源总量是有限的，还有许多资源是不可再生的，不可替代的。如何以更小的资源投入获取最大的收益回报，是在当今资源紧缺环境下，必须思考的问题。

为解决这个问题，经济学给出了答案：资源配置和利用由自由竞争市场中的价格机制来解决。如何合理分配给各种不同用途，以生产出更多的满足人类欲望的"经济物品"，这就是资源配置。它属于微观经济学范畴。

由于自然环境和资源的多种属性，自然环境对于生态人来说有着不同的利益，这些不同利益表现为经济利益、生态利益、安全利益、美学利益、精神利益等。这些不同的利益基于自然环境和资源的属性，都是人之为人所必需的，所以每一种利益对于人类来说都是不可忽略的。然而，由于每一种利益的价值取向不同，在获取这些利益的过程中自然会产生一些冲突。这时，就需要理性的生态人基于生态理性对这些不同的利益进行辨识和衡平，比如，生存利益高于经济利益，自然界和环境的容量和承载力高于经济发展等，以实现经济利益、社会利益和环境利益协调基础上的最大化。

另外，对资源的开发利用必须本着对人类高度负责的精神，倍加珍惜，走"科技含量高、经济效益好、资源消耗低、环境污染少、资源优势得到充分发挥"的新型工业化道路。科学开发利用资源，大力发展循环经济，实现资源利用效益的最大化。

正是由于人的经济与理性特质，在个人财富增加的同时，环境资源财富在减少、枯竭。

所以，经济学这种解决方式并不能很好地解决资源配置和利用问题，且缺少公平。为了避免这一状况的继续，环境法律制度有必要通过法律杠杆来调整这个环境与个人之间的天平。另外，又要运用经济学中的效用最大化假设，运用经济学手段适当满足人的个人目标最大化需求。总的来说，就是要凭借市场制度来解决资源配置问题，依靠国家干预来解决资源利用问题，使得效率和公平可以得到较好的协调。

四、主客体信息沟通的法经济学假设

（一）不完全信息假设

按照信息经济学理论，基于人的有限理性和事物的属性或状态的复杂性与多变性，人们才有必要设计出各种社会规范（包括法律）来尽可能减轻不确定性的负面影响，并降低对风险的成本支付。博弈经济学理论认为完全信息博弈的基本假设是：所有参与人都知道博弈的基本结构、博弈的规则、博弈支付函数。在不完全信息博弈里，至少有一个参与人不知道其他参与人的支付函数。

当前的人与环境的关系刚好符合经济学中的不完全信息的假设。一方面，环境复杂，参与者众多，信息不完全，不确定性因素多，行业太多，分工太细。信息不完全不等于信息不够，信息太多和太少一样不理想。如到书店买书，考试画范围等，信息太多反而累人，关键是有用的信息。还有所谓的"信息悖论"：信息搜寻不可能达到最佳状态，因为在搜寻之前不可能知道信息价值。

信息不仅是不完全的，还是不对称的。又分两种情况：一是事前不对称，如买房、看电影等。二是事后不对称，如保险公司与投保人的关系，医生和病人的关系，许多买卖关系等。又如二手车市场、劣币驱逐良币、网上销售、国有企业亏损等。

另一方面，人对环境的认识能力是有限的，不可能无所不知。人类所生活的地球生态环境具有复杂性、多变性和不确定性，同时兼具脆弱性、自然变异的强烈特性，在理性经济人的自然效用最大化的前提之下，凭借现代化的科技信息知识，大规模地改造自然，在征服自然的过程中，由于人与自然的不完全信息沟通，造成人与自然关系的不和谐。市场经济由于具有盲目性和自利性，在运行中不可避免地存在环保和与环保有关的市场信息不能均等获取的问题，不能解决环保和与环保有关的市场信息混乱及信息不充分的问题。信息不充分必然导致环境保护市场发育不完善，使环境保护公众参与权和监督权难以充分地实现。

在不完全信息条件下，人们并不拥有完全信息，且信息的传播和接收都需花费代价，行动后果的不确定性、技术条件的局限性和组织结构的不完善性，对于任何决策者来说，都意味着非常高的成本。

在非对称信息条件下，社会关系各方当事人存在信息拥有量的差别，或者由于专业化使个人在其自身的专业领域比其他专业领域的个人了解更多的专业知识，从而决定各方处于信息优势者和信息劣势者的不同地位。非对称信息的产生使具有信息优势的市场参加者很自然地取得了比那些处于信息劣势的市场参加者更为有利的地位。而当市场活动中非对称信息的情况发生时，如下两种结果就不可避免了，一种是信息劣势者不得不使自己面临行为及其后果的"不利选择"；另一种是信息优势者容易作出侵权或垄断等"败德行为"。

企业一般不愿向社会公布自己的环境信息，而且觉得社会知道的越少越好，从而导致政府决策时缺乏很多信息。一方面，不同经济主体减少污染的成本各不相同，政府应让减污成本低的经济主体承担更多的减污任务，但政府通常并不知道谁的成本低。另一方面，政府也不知道人们愿意为减少污染付出多大代价，因而很难确定减污力度应该有多强。

在环境保护中，这种人与自然关系中的博弈参与者在获取信息及其在传递信息过程中所支付的成本，以及环境的破坏，按照经济学的说法应当是由信息的不完全性导致的。

在目前和今后的一段时间内，我国应作好以下四个方面的具体工作：

一是要发挥政府和民间中介机构在信息收集和沟通方面的桥梁作用。就环境信息权的保障来看，强调政府在环境信息方面的收集、传播和指导作用仍然是世界各国环境信息立法的共同点。如设在荷兰的欧洲环境局是欧洲共同体的一个信息和咨询机构，负责收集成员国的环境状况信息，为共同体的决策提供依据。在希腊，整合后的环境、土地使用规划和公共工程部，其一个重要的职责是在国内和国际上协调、收集和分发环境信息。与这些国家形成鲜明对比的是，我国的环境立法对环境信息权的保障既不全面，也不充分，如2002年的《环境影响评价法》第6条对与环境影响有关的信息共享和数据库建立问题仅作了原则性规定，对于环境影响评价信息的范围，收集程序和传播渠道等问题，则有待完善。

二是要建立企业的环境信息报告制度。企业是环境影响的重大"贡献"者，因此政府和公众全面、真实地了解其与环境保护有关的信息是非常必要的。基于此，一些国家对企业的环境信息报告或公布义务作出了专门或附带性的立法，如美国在《超级基金法》《有毒物质控制法》等法律中规定了企业的环境信息报告制度。1987年，美国联邦环境保护局开始要求中等以上公司报告有毒物品的年排放量。目前，我国的许多单行环境法律法规大都规定了企业的环境信息报告制度，如1996年修正的《矿产资源法》第21条规定："关闭矿山，必须提出矿山闭坑报告及有关采掘工程、不安全隐患、土地复垦利用、环境保护的资料，并按照国家规定报请审查批准。"但是从目前的立法规定来看，报告的对象是政府而不是企业的股东、债权人、消费者和公众。因此，除了环境污染事故应急信息之外，公众往往难以获知其他被报告的信息。

三是建立申报登记、标志和标识制度，我国在这方面的制度已经比较完善，如排污申报登记制度、环境保护设施运行变更申报登记制度等。但要使制度适应开放性市场经济的需要，还需进一步的创新和完善。

四是建立公众环境信息的查询和获取制度。在信息时代，环境信息除书面查阅方式不可或缺之外，由于市场经济强调效率，因此强调电子化的信息查阅方式更为重要。如1996年的美国《电子化信息公开法》要求各级行政机关采用电子化的信息公开方式，欧洲联盟也有类似的规定。我国江苏省在实行企业环境信息公开的基础上，正在进行乡镇政府及服务行业环境信息公开的试点工作。不过对于政府来说，虽然实施了政府上网工程，一些环境信息也得到了公开，但是对于具体的环境审批事项和一些涉及地方政治与经济利益的事项很难在互联网上觅获。另外，公众环境信息的获知渠道和程序也有待法制化。

一些国际协议作了对策性的规定，规定政府规范下的市场必须及时向市场主体平等地提供信息，实现信息的对称性，使他们能各自作出符合自身利益的理性判断。在与国际贸易有关的环境信息领域，如《技术性贸易壁垒协议》第 10 条规定了有关技术法规、标准及评审程序的信息问题。在专门的国际环境保护信息领域，如 1992 年《里约与环境发展宣言》原则 10 强调："在国家一级，每一个人都应能适当地获得公共当局所持有的关于环境的资料。"在危险化学品污染防治和其他国际环境保护领域，如 1989 年《控制危险废物越境转移及其处置巴塞尔公约》等国际条约中规定了信息交流和通报的机制。

为此，一些国家的环境基本法对环境信息权的保障作了原则性的规定，如2002 年《俄罗斯联邦环境保护法》第 3 条第 19 项规定："遵守每个人都有获得可靠的环境状况信息的权利，以及公民依法参与有关其享受良好环境权利的决策的权利。"在环境基本法的指引下，一些国家结合本国国情对环境信息权的保障进行了专门或附带性的立法。如德国 1994 年颁布了《环境信息法》，该法第 1 条规定："制定本法的目的是确保自由获取并传播由主管部门掌握的环境信息，规定获取环境信息的先决条件。"其后，该法规定了环境信息的应用范围，环境信息息的定义，环境信息权的宣告，环境信息获取申请和审批，环境信息的代表申请，环境信息权的限制，管理体制，环境信息权的经费保障，环境信息的公开报导等方面的内容。本书认为，在社会主义市场经济条件下，要履行或响应国际协议关于环境信息权保障的要求或呼吁信息的完全流通，可以使人更有可能作出正确的判断，避免很多社会问题的出现。政府、企业公开环境信息，是履行其社会责任的途径之一。

（二）机会主义假设

法经济学上的机会主义假设是指人们追求自身利益的动机是强烈而复杂的，往往借助于不正当手段投机取巧以谋取个人利益的行为倾向。经济学上的选择是从经济资源稀缺性出发的。要解决四大基本经济问题，人们需要处理好两个关系：一是各种欲望的轻重缓急；二是为了满足某种欲望所需付出的代价。选择是把既定目标与达到这一目标所需的代价联系起来权衡的经济行为。选择之后要产生机会成本，机会成本是指当把一定的经济资源用于生产某种产品时放弃的另一些产品生产上最大的收益。在进行选择时，力求机会成本小一些，是经济活动行为方式的最重要的准则之一。

机会主义是 1987 年由威廉姆森提出来的。他认为，"人在追求自身利益时会采用非常微妙和隐蔽的手段，会耍弄狡黠的伎俩"。这主要包括两层含义：（1）由于现实世界中存在信息不对称，经济人就会根据个人目的筛选对己有利的信息，扭曲对己不利的信息，如撒谎等。（2）由于契约的不完备性，一旦经济人发现有机可乘，就会不遵守或违背契约。如果经济人是完全理性的，他可以洞察一切可能发生的他人的机会主义行为。但修正的经济人假设认为人是有限理性的，他不可能获得所有必要的信息，即使获得了这些信息也不可能作出正确的判断，所以机会主义行为在现实生活中时有发生。机会主义这个概念其实是对经济人假设的第二个原则自利原则的拓展。它把"用诡计寻求自利"这种情况包括进去了。经济人人性假设机会主义的说法在诺斯制度变迁理论当中，是处处可见的。诺斯在《经济史上的结构与变迁》中，利用修正了的人性假设，讨论了旨在减少相应交易成本或者降低生产成本的替代性契约安排的产生。

机会成本递增法则，是指在既定的经济资源和生产技术条件下，每增加一单位一种产品的产量所产生的机会成本递增，即要放弃更多其他产品的产量。

资源有限及要素间的不完全替代性是机会成本呈递增趋势的原因：一方面，由于资源有限，随着一种产品产量的增加，用于生产其他的经济资源逐渐减少，造成该经济资源相对稀缺，价格增加，在所放弃的其他产品产量不变的情况下，所放弃的最大收益即机会成本递增；另一方面，由于存在边际技术替代率递减规律，即在维持产量不变的前提下，当一种生产要素的投入量不断增加时，每一单位的这种生产要素所能替代的另一种生产要素的数量是递减的，换言之，机会成本递增。这也可以用来解释生产可能性曲线凹向原点（有时也称为"向外凸出"）的原因。

因此，在这种经济学理论的指引下，在利润最大化的驱使下，理性经济人放弃的更多的是生态环境的承载力。引申到环境法中，就是环境法律主体行为的机会主义倾向突出表现为"法律规避""利害规避"。从规避的主体上看，各阶层、各团体，甚至包括制定法律的统治者在内都极力逃避法律责任或绕过法律栅栏追求个人、集团的某种利益。那么法律意识淡薄、环保意识差等因素就会促进机会主义的生长。减少污染的成本只能由经济主体自己承担，这些成本可能远远超过主体本身从中得到的收益，所以尽管从社会福利的角度应该减少污染，但每个经济主体却没有足够的积极性来这样做。环保领域的机会主义形成了困扰我国环境保护事业的悖理："守法成本高，执法成本高，违法成本低。"使一些企业形成

"宁可受罚也不愿治污"的机会主义行为习惯。

对此，环境法应该发现并改变导致人们行为产生机会主义倾向的法律制度，让人们综合考虑法律成本、环境成本和经济成本，而不是简单地发布禁令或严惩。环境守法收益低于规避法律收益，环境法律主体就会产生规避法律的动机。因为此时他们选择规避法律才是理性的，选择守法则是非理性的。

综上所述，从法经济学的理论假定及其在环境法上应用的效果，可以认识到：人们是会循着法律规范所引起的个人利益得失的信号来决定自己的行为的。人们在社会生活中不断产生和变换着对法律的需求，如通过服从宪法而得到公共秩序的庇护，通过服从刑法以享受基本生存与生活的安全，通过服从民商法和经济法实现对社会资源的占有和使用效益，而这些法律需求的范围、样式和水平，又总是受到个人心理因素、社会经济条件和法律供给水平的影响，良好的法治关系便建立在优化的法律供给和大众法律需求的边际之上。联系到环境保护，就应该通过矫正资源的不合理配置，引导人们的自利倾向朝既"利己"又"不损人"的方向发展，使外部效应"内部化"，大大降低社会成本，最终达到"利人利己"的最佳境界。

五、环境保护法经济学假设前瞻

环境问题的现实把环境法这个学科推到了发展的前沿，环境问题成为法律必须调整的新的法律事实。在法律的范畴中，环境问题关系的不仅仅是人与人之间有关环境利益的分配关系，也关注人对自然环境的利用、保护、开发等关系。这两种关系对于法律人的要求不是传统法律人模式能够涵盖的。这时必须打破传统思维模式的束缚，大胆运用新理论进行假设性研究，才能推动环境法这门新兴学科的成熟化，因为一个新兴的学科臻于成熟的必要条件之一是基础研究范式的成熟。

理论假设在环境法上已经不是首次，诸如环境法的调整对象、环境法主体、环境权、代际正义、种际正义等，无一不是建立在理论假设的基础上的，法经济学假设作为一种全新的研究范式，可以在理论上解决公民环境权、公益诉讼等困境，并为司法中环境法的实施和操作提供法学理论根据。

法经济学假设打开了环境法理论研究的新局面，巩固和发展了环境法的理论基础，开拓了环境法的理论视野。而法经济学的假设应用于环境法学，又不同于以往的基础性假设，这种假设使环境法的发展不再纠结于自身正当性的问题上，而是放开包袱，游刃有余地放眼于环境法的进一步发展上，自由地融于法学与经济学之间，从而较优地达到环境利益与经济利益双赢的局面。

第四节　法经济学基本定理在环境法上的体现

一、斯密定理——理性经济人假设在环境法中的运用

英国古典经济学家亚当·斯密，他在《国富论》中写道："我们每天所需要的食物和饮料，不是出自屠户、酿酒家或面包师的恩惠，而是出于他们自利的打算。我们不说唤起他们利他心的话，而说唤起他们利己心的话。我们不说自己有需要，而说对他们有利。"[①] 显然，在斯密看来，一方面，个人利益是唯一不变的、普遍的人类追求，个人的行为具有自利动机；另一方面，"经济人"的理性体现在人们能够通过计算，选择以最小的经济代价去追逐和获得最大经济利益的行为。这就是"理性经济人"假设的来源，"理性经济人"范式是经济学家处理问题时所共同遵循的基本前提、方法和逻辑。

在"经济人"看来，人应该是自然的中心，自然是为人服务的，自然既是人的经济原材料，也是人的经济手段，人的经济需要是基本的需要，是天经地义的，人与自然的关系无非是一种利用与被利用、投入与产出的经济关系。[②] 受这种观念所支配的"经济人"，只是站在个体的角度，无视生态伦理，千方百计地设计低成本、高收益的赢利模式，竭尽全力掠夺"免费"的自然资源，非理性地向自然万物进行扩张，通过牺牲生态利益来换得一时的经济利益，结果这种行为模式酿造了一场可怕的生态危机，给整个社会的生态环境造成负面效应，导致后代人应得的收益被提前透支，可谓得不偿失。

可持续发展思想的兴起，使传统经济学理论中的"经济人"假定面临很大的挑战。现实也给这个假定提出了不足：一是人类的发展观、伦理观确实在发生变化，也在考虑后代的利用；二是人类经济发展事实表明，"经济人"只考虑自身经济利益而不考虑社会、生态利益的发展道路是行不通的，并不能确保其所设想的持续经济增长。因此，把利益绝对化、极端化，忽视生态价值的"经济人"假设不利于构建环境友好型社会，更不利于资源的合理开发与利用。

主流经济学"理性经济人"假设在资源开发和利用上存在的上述缺陷，表明这种假设研究范式应该予以变革。生活在环境友好型社会中的人们不应立足自身的视野，局限于个体价值的行为选择，做单纯追求自身经济利益最大化的"经

---

① 蒋兆康：《法律的经济分析》，中国大百科全书出版社 1997 年版，中文版译者序言。
② 陈南岳："环境友好型社会的经济学思考"，载《山东经济》2006 年第 4 期，第 23~24 页。

济动物"，而应该站在全局和长远的立场，树立三维效益观，实现经济、社会、生态三大效益的统一，使得总体社会成本和社会收益相匹配。这种研究范式的转变，能够为个人的意识理念以及行为模式提供一些参考。

二、霍布斯定理——国家信托理论在环境管理中的运用

英国思想家托马斯·霍布斯在《利维坦》中构建了国家信托理论。霍布斯认为：为了确保和平及实施自然法，人们就有必要在他们之间共同达成一项契约，根据这一契约，每个人都同意把其全部的权力转让给一个人或一个议会，而其条件是每个人都必须这样做，据此而设定的主权权力者——霍布斯称之为"利维坦"或"人间之神"。国家契约理论的"主权国家"与"公民"的关系在国家变迁和社会变迁中突破了国家—公民的传统二元社会结构并在二者之间出现一个互动的、相互制约的领域市民社会。

受国家契约理论的启发，美国学者萨克斯于20世纪70年代初提出环境管理的公共信托理论即是生态环境领域的典型代表。该理论指出将本应由全体公民行使的保护和管理生态环境资源的权利委托政府作为委托代理人小心照顾。全体公民作为委托人有权监督政府对于该项信托义务的履行。

因循国家契约理论的研究路径，环境法学家和环保主义者找到了公民监督政府环境管理权力的理论依据。

20世纪以来，尤其是"二战"后，全球性的环境问题日益严重并威胁着人类的生存。人类如何纠正"经济效益的最大化和物质的享乐"这一幸福目标，在经济发展与生态保护之间寻求一种可持续的发展之路，当经济增长成为各国政府和市场经济人的唯一目标时，如何制约政府和市场主体的这种以牺牲生态环境为代价的经济增长？西方的民主政治运动以及近现代以来各国风起云涌的环保运动用实践证明，在生态领域要实现对政府和市场的制约和抗衡需要依靠政治权力的多元化，要有一种对抗性的权力体系的存在。它既包括"三权分立"式的分权制衡又包括社会组织对国家权力形成的社会制约。

生态领域的社会制衡，是指在生态保护领域，社会公众与政府权力的互动以及对政府权力的监督和制约。现代社会的环保社团构成生态领域的社会制衡力量，在克服市场失灵和政府失灵中起着不可替代的作用。一方面，环保团体通过宣传环保知识、树立环保意识、成立环保基金、救济环境污染受害人，通过团体诉讼、代表人诉讼等方式维护环境污染受害者的权益，举行集会、游行等维护环保主义者的环境权益，与经济实力较强的企业相抗衡最终克服外部的经济问题。另一方面，环保社团参与公共选择可以影响甚至左右政府的经济性政

策，促进"经济民主化"环保社团利用组织游行、罢工、宣传等手段可以使政府作出有利于环保主义者等社会"弱者"的决策措施。环保社团通过自律、竞争等方式可以锻炼其成员提高社会自治水平，抗御政府对环保事务的过度干预和政府公务员的行政恣意行为。环保社团作为介于市民与政府之间的缓冲力量，有效地防止了国家暴力对个人的侵害。

但是，公民如何判断政府是否对生态环境资源进行了小心的照顾，在生态环境领域如何通过公民的监督权实现对政府环境管理权力的制衡，仍有待进一步的探讨。

三、科斯定理——产权理论环境法上的借鉴意义

20世纪70年代，随着现代环境问题的日益加剧，随着著名的经济学家科斯的"产权理论"的兴起，市场经济国家开始积极探索实现外部性内部化的具体途径，科斯理论随之被投入到实际应用之中，运用"科斯定理"来创新环境法律经济制度在理论和实践上都得到了很大的发展。

科斯于1960年出版了《社会成本》一书。由科斯等人创立的产权理论为人们对环境问题的经济分析提供了新的工具。按照产权理论，环境问题的根源不是市场缺陷而是环境资源产权的不明确。哈丁关于"公有地悲剧"的研究最能说明这一点。经济学家们以公有地悲剧为例说明如果没有排他性产权安排，必然会导致环境资源的过度开发利用。因此，产权学派开出的治理环境药方是明确环境资源的产权，然后让市场来决定环境资源的配置。按照"科斯定理"，只要交易成本为零，不论产权界定给谁，市场都会实现最优资源配置的效果。产权理论并不是对外部性理论的替代，而是进一步丰富了经济学家们对环境问题的解释。

科斯说："如果禁止排放烟雾，伦敦到今天仍然是一个小山村。"说明科斯的环保理论也是从经济学的角度出发的。科斯定理由罗纳德·科斯（Ronald Coase）提出了一种观点，认为在某些条件下，经济的外部性或曰非效率可以通过当事人的谈判而得到纠正，从而达到社会效益最大化。

科斯定理要解决的问题是资源的最优配置和市场交易成本之间的关系。科斯定理的意义在于强调说明：第一，产权初始分配是非常重要的，不同的产权初始界定将会带来不同效率的资源配置。特别强调了产权初始界定之于效率的重大影响。第二，直接影响交易状态的交易制度将对社会成果的最终取得起到重要作用。适当的交易制度可以有助于产权交易的实现，减少产权初始分配不当带来的不利后果。

科斯定理就是现代产权经济。科斯定理的主要内容是把外部效应作为一种产

权明确下来，而且谈判费用不大，那么外部效应问题可以通过当事人之间的资源交易而达到内部化。科斯定理的启示就是要合理分配自然资源的初始权利。将此理论引入环境法中可以作出这样的解读，即只有权属明确，交易阻力最小的物权制度设计才能使得自然资源得到最有效率的开发利用，进而才能防止粗放型开发导致的资源大量浪费现象，最终实现环境资源保护的目的。

当前，世界范围内资源和环境面临着巨大的压力，外部性问题在自然资源方面逐渐凸显。在经济政策上，"污染者付费，利用者补偿原则"是遏制这种现象的著名原则也是主要手段之一。但科斯定理似乎为解决这一问题开辟了另一蹊径。

另外，无论谁使用环境都要对其收税，即提高市场成本来减少人们对环境的利用和破坏。在这种理论的影响下，美国和一些国家先后实现了污染物排放权或排放指标的交易。

在实践中逐渐形成了以自愿协商、排污权交易为代表的"科斯手段"，充分利用市场主体自发的趋利避害性和市场交易工具，在实行污染总量控制的前提下，进行环境保护。尽管"科斯手段"的管理成本较低，规范标准的立法成本较低，但是它对于市场的依赖程度较大，有时交易成本会比较高，而且常常会出现"市场失灵"的情形，因此当时只在少数市场经济发达的国家得到了部分运用。"科斯手段"由于具有自发性的特点，在国际环境保护问题上发挥了重要的作用。

任何一种理论都不可能是完美无缺的，科斯理论也不例外。科斯的外部性理论在一种理想的状态下才能顺利执行，也就是说，它也存在一定的局限性：

第一，在市场化程度不高的经济中，科斯理论不能发挥作用。特别是发展中国家，在市场化改革过程中，有的还留有明显的计划经济痕迹，有的还处于过渡经济状态，与真正的市场经济相比差距较大。例如，在上海市苏州河的治理过程中，美国专家不断推销他们的污染权交易制度，但试行下来效果不佳。

第二，自愿协商方式需要考虑交易费用问题。自愿协商是否可行，取决于交易费用的大小。如果交易费用高于社会净收益，那么，自愿协商就失去意义。在一个法制不健全、不讲信用的经济社会，交易费用必然十分庞大，这样，就大大限制了这种手段应用的可能，使得它不具备普遍的现实适用性。

第三，自愿协商成为可能的前提是产权是明确界定的。而事实上，像环境资源这样的公共物品产权往往难以界定或者界定成本很高，从而使得自愿协商失去前提。

尽管如此，可以毫不夸张地说，科斯奠定了外部性理论发展进程中的第三块里程碑（第一块里程碑——马歇尔的"外部经济"理论，第二块里程碑——庇古的"庇古税"理论），而且其理论和实践意义远远不是局限于外部性问题，而是为经济学的研究开辟了十分广阔的空间。

中国经济之所以能持续三十多年的快速增长，恰恰在于政府做好了两件事情：第一，逐步界定和保护了产权；第二，通过法律促进了自由交易。

四、波斯纳定理在环境法中的分析与应用

波斯纳定理是由著名的法律经济学家理查德·A. 波斯纳提出的，该定理是指如果市场交易成本过高而抑制交易，那么，权利应赋予那些最珍视它们的人。他在《正义的经济学》一书中认为，他的经济分析学说是"一种超过古典功利主义的道德学说，它主张判断行为和制度是否正义或善的标准就在于它们能否使社会财富最大化。这种态度允许效用、自由以至平等这些相互竞争的伦理原则之间的协调……当然，财富的最大限度化并不是影响法律或善的唯一概念"。① 他显然将"社会财富最大限度化"作为判断法律制度或行为是否正义或善的最高标准。

波斯纳定理的实质是：在权利和义务的安排上，要求体现"比较优势原理"。经济主体在风险偏好、信息拥有量、财产拥有规模和决策能力等方面是有差别的，这些差别作为约束条件影响着权利的运作成本。因此，按"平等竞争，能者居之"的原则分派权利和义务，是一种体现效率标准的权利安排。②

对该定理最简单的解释是"在存在高昂交易成本的前提下，应把权利赋予那些最珍惜它们并能创造出最大收益的人；而把责任归咎于那些只需付出最小成本就能避免的人"。波斯纳定理实际上告诉人们一个道理：真正的"公平"，应以"效率"为出发点和归宿点。

在环境资源方面，波斯纳认为，虽然环境资源具有公共性，无法通过出卖这一"商品"从消费者那里得到直接的报酬，但是却可以通过买卖期货合同，借助于"期货"市场来间接地得到补偿并赚得利润。假定环境资源未来具有良好的市场前景。可以去期货市场，以现时的价格大量购买未来的生态产品；当产品收获时，又以当时（即未来交货时）的高价格出售这些产品，从中取得高额利润。这样，信息商品的私有产权的拥有者通过"曲折"收费完全可以克服公

---

① 波斯纳："正义的经济学"，见沈宗灵：《现代西方法理学》，北京大学出版社 1992 年版，第 357 页。

② 理查德·A. 波斯纳：《法律的经济分析》，中国大百科全书出版社 1997 年版，第二版序言。

共物品的经济外在性，使私人市场制度的运行避开"市场失灵"的陷阱。

波斯纳还认为，由于环境问题根本上源于制度的仪式职能支配了工具职能，源于市场体制本身，所以制度主义者对环境问题的解决方案最终要归结到制度调整上。制度调整就是改变现行的制度体系，这种调整必须以"工具效率"为标准，而且要满足三个条件：（1）必须运用从工具性考察中获得的可靠知识来进行制度调整；（2）要让相互依存的大众普遍地、无歧视地参与到制度调整中，才能成功地改变原来的行为规定模式；（3）制度调整对生命连续性的扰乱要达到最小的程度。在制度调整过程中，往往会经过两个阶段。第一个阶段被称为"仪式锁闭"。在这个阶段，现存制度中的仪式价值体系支配着工具价值体系，所有新知识只有在符合仪式价值标准的情况下才能进入现存制度结构。也就是说，进步的力量被仪式价值体系"锁闭"了。经过一段时间的积累，随着新知识不断进入现存制度结构，就会发生"进步的制度变迁"。在满足上述三个条件的情况下，制度调整得以完成。这是制度主义者分析人类社会结构变迁的经典理论。

但这种理论的缺陷是没有考虑到生态系统。当引入生态系统后，这种制度调整理论就需要进一步扩展。斯瓦尼在这方面作了有益的尝试。他把既促进生命过程又支持生态系统的变迁称为"工具支持的"制度调整，把在社会系统中是工具性的，但在生态系统中是破坏性的变迁称为"工具退化的"制度调整。在仪式体系方面，那些可能对生态系统有积极影响的仪式行为被称为"仪式支持的"行为，而那些既约束社会系统的发展，又伤害生态系统的行为则是"仪式退化的"行为。尽管斯瓦尼扩展了制度主义的制度调整理论，但制度主义者还是没有给出解决环境问题的切实可行的办法，他们的分析还是停留在思想上，缺乏可操作性。

第五节　法经济学理论在环境法学上的拓展

法经济学理论从根本上讲是一个动态的开放的创造性过程。在环境保护以及资源利用问题上，如果能转换研究路径，对法经济学进行学科整合，在法经济学理论宝库中寻求一切有用的养分，深入展开对环境法这一法律部门的规范分析，而且以一种更高的解决问题的姿态将法学、社会学、经济学乃至于哲学结合起来，从经济学的视角着眼，探究环境法中的公平与正义等最基本的法理问题，以一种更加微观的角度进行制度规范上的建议，会更加符合客观经济规律，在环保制度的可行性和可操作性上也会达到一种理念的刷新。

一、"公有地悲剧"理论——环境资源枯竭

公有地悲剧概念最早是由美国的经济学家 G. Hardin 于 1968 年提出的。公有地悲剧的原文叫作 The Tragedy of the Commons，意思是说个体会按照费用（或耗力）最少，效用最大化的方式去作出对自己最有利的决策。但对自己最有利的决策却可能产生对众人为害的结果，甚至可能最后将毁灭所有人的利益。

环境经济学研究认为，环境质量退化的重要原因就在于环境资源具有公共财产的特性。纯粹的共有物品是一种共有财产资源，对于环境这样的共有物品来说，按照民法所有权理论，它不可能产生具有排他性的所有权。正因为如此，公共环境资源不可避免地存在着滥用的问题。

因此，许多学者建议通过改变公共财产非排他性的这个先决条件来阻止公有地悲剧的发生。可以通过国家管制（如许可），或者通过私有化来实现——对个人授予一定财产的所有权用以排除其他的公有地使用者，让市场来管理权利的交易。

另外一个摆脱悲剧的途径，哈丁称之为技术方法。那些对点源污染成熟的消减技术或发展替代品的技术（如臭氧层消耗物质的替代）是比较流行的选择。这种依靠科学和技术的革新而不是社会秩序的变化解决公共财产问题被称为"技术乐观主义"。但是，技术乐观主义也产生了环境难题，那就是技术的几何级数增长让人们在需求增长之前扩大了所能使用的资源，依赖技术乐观主义的倾向误导了环境问题的管理。哈丁是拒绝技术解决公有地问题的方法的。

综上所述，可以说导致公有地悲剧的重要原因是产权缺失或产权不明晰，因此有必要运用法经济学理论重新界定环境资源的所有权和使用权，实现高效率下对环境资源的配置，使其外部性内部化。通过私人产权或其他类似的关系可以避免公有地悲剧性地成为一个公共的污物池。

二、外部性理论——环境恶化

"外部性"起源于英国经济学家马歇尔的"内部经济"和"外部经济"的理论以及庇古的《福利经济学》中的"外部性"概念。而运用外部性理论来解释环境恶化的原因则来源于庇古的思想。庇古在 1920 年出版的《福利经济学》一书中就对此进行了分析，只是当初环境问题尚不突出，因此没有引起太多的关注。

外部性是指某种经济交易所产生的成本或利益，这种成本或利益落在第三方身上而交易者并没有考虑到。外部性也体现了经济活动中私人成本与社会成本或

私人收益与社会收益不一致的现象，有负外部性与正外部性之分。前者是指私人成本小于社会成本的情况，而后者则是指私人收益小于社会收益的情况。

一般认为，环境问题主要是由于负环境外部性所致。譬如，工厂向外排放废气对空气造成的污染虽然损害了周围地区居民的利益，却往往并没有因此而承担相应的成本，而是将其直接转嫁给社会。这样一来，工厂就没有动机减少废气排放，从而造成空气的过度污染。显然，由于厂商没有考虑生产的负外部性，生产水平超过了社会最优生产水平，从而产生过度污染。

将外部性理论与环境法联系在一起是早期法律经济学的贡献。环境资源具有经济学中公共物品的属性。环境资源的这种属性实际上表明了在经济学意义上的外部性问题。由于环境资源的公共物品性质，使环境保护的收益难以排除他人的享用，同时环境破坏的成本无须破坏者个人承担。这实际上产生了经济学意义上的负外部性。

具有正外部性的环境活动产生的成本通常由行为者自己承担，由此带来的利益却由社会或社区成员来部分分享甚至全部分享。同样，具有负外部性的环境活动带来的利益由行为者自己享用，而由此带来的成本却由社会部分甚至全部分担。这种成本负担和利益享用的非对称性，一方面导致无人愿意从事具有正外部性的环境活动，另一方面导致人们纷纷从事具有负外部性的环境活动，从而导致过度消费环境，其结果自然是环境的恶化和生态的破坏。①

对外部性内涵的理解可以归纳为三个方面：第一，当一个行为人的行动不是通过影响价格而影响另一个行为人的环境时，便有外部性存在；第二，外部性是这样一种事件，它将可察觉的利益或损失加于某些人，而这些人并没有完全赞同或间接导致该事件的决策；第三，当某个人的行为所引起的个人成本不等于社会成本，个人收益不等于社会收益时就存在外部性。外部性的存在是配置公共产品资源市场机制调节不足的必然结果。

外部性体现在环境法中最明显、影响最严重的首推环境污染。工业化所带来的外部性已成为全球的公害。工业污染造成环境恶化，资源枯竭，损害人的健康，总而言之，危及人类的生存条件。生态环境污染问题源于两个经济学因素：（1）没有人拥有产权或没有人强迫他们处于被污染的生态环境中；（2）正在被污染的生态环境具有集体消费特征。

外部性的影响或作用不是通过市场价格机制反映出来的，它妨碍市场机制的作用，有时是完全排斥市场，或者扭曲市场价格。由于外部性的作用，市场机制

① 陈南岳："环境友好型社会的经济学思考"，载《山东经济》2006年第4期，第23~24页。

不能有效地配置资源，即使在没有垄断的完全竞争的市场条件下，也不能使资源配置达到帕累托最优。外部性的范围愈广，市场价格机制有效配置资源的作用就愈小。既然外部性非由市场机制而起，那么市场机制对外部性的矫正也就无能为力，因此，必须借助于市场以外的力量来加以干预和纠正。

一方面，要求政府必须进行积极的干预，以控制外部性。在存在外部性的时候，实现社会最优的关键是引导私人利润最大化实现者限制产量以达到社会最优，而非私人最优，这时，政府的作用就凸显出来，拥有国家强制力的政府能从维护公共利益的角度出发，对环境问题进行干预，通过立法或者行政手段来调节环境资源的分配。虽然随着法律经济学理论的发展和变化，社会重新审视政府的职能和作用，但是我们不能无视政府干预在 20 世纪早期西方缓解资源不当开发利用取得的显著效果。

另一方面，从法律经济学的视角来看，在环境法律关系中，无论是企业还是个人，甚至包括政府都只是在努力实现自我利益最大化的理性经济人。作为政府代表的部门会有保证部门利益、地方性利益等方面的考虑，传统上被认为是公共利益化身的政府也是由一个个理性最大化的经济人组成的，没有理由相信这些经济人在组成政府后其本质会有多大的变化。这告诉我们，环境保护并非简单地通过政府规制即可实现。而且事实上由于政府具有超越一般个体和企业的国家强制力，并且政府本身也是一个自我利益最大化的主体，因此它更有可能对环境造成破坏，甚至环境遭受破坏的根源往往就在于被人们寄予厚望的政府本身，在于它们在保护公共利益的面目下对自我利益最大化的追求中。

因此，必须采取综合性的纠正外部性的措施，即经济措施、法律措施、政府的行政措施和社会措施。

经济措施主要是征税。目前各国政府最普遍采用的控制污染的措施是征收污染税。根据"污染者付钱原则"对那些外部性产生者（污染者）征收相当于外部不经济性价值的消费税。但是，这就需要确定最佳排污量，也就是说社会到底能忍受多少污染量。这不仅是一个复杂的技术问题，也是一个有关成本与收益之间进行权衡的经济效益问题。总之，标准不易掌握。

另一个最常见的抑制外部性的措施是征收"消费税"，但以"货物税"的形式征收。主要对烟、酒、石油产品这三种货物征税。因为它们对个人、家庭和社会都有一定的外部性影响。世界银行的高级专家甘地说："很多国家对这三种货物都课以重税。它们的税率通常为零售价的 60%～70%，有的国家烟、酒的税率更高。"

法律措施是解决外部性问题最有效的常规办法。传统的环境法律制度往往从强制性的行政管理角度对污染者进行管理，以行政处罚为主要管理手段。但是行政管理由于存在一定的执行成本和"权力寻租"现象，往往并不能达到预期的管理目标。因此，如何合理地将环境污染的"外部成本"转化为污染主体的"内部成本"，促使其主动加入环境保护活动是环境经济法律制度的主要内容。① 期蒂格里兹说："运用法律系统解决外部效应有一个很大的优点。在这个系统下，受害者有直接的利益。承担着执行法律的责任，而不是依靠政府来确保不发生外部效应。很明显，这个系统更有效，因为受害者比政府更愿意弄清有害事件是否发生。"当然，法律手段也有其局限性。如诉讼成本高，拖延时日，有些当事人非到不得已不上诉等。

行政措施是指政府的强制干预。当采用法律和经济的手段不能纠正由外部性引起的资源配置不当时，就要由政府出面采取行政调节。政府调节机构将确定资源的最优配置，由行政指令生产者提供最优的产量组合，调整电力和石油化工等高污染工业的生产布局，严格限制厂址的选择，有时还可指令把产生外部性和受外部性影响的双方厂商联合起来，使外部性"内在化"。在公共资源领域和市场上，有些发达国家正在建立含有行政计划因素的制度框架，例如，强行建立限制捕鱼区。规定渔网每平方米的孔数和制定其他一些规则以减缓这些公共资源过度使用造成的无效率现象。又如规定在公共场所不准吸烟，强制私人小汽车安装消除污染的设备，等等。不可否认，在消除外部性方面，政府扮演着重要角色。

社会措施是指道德教育，或通过学校和家庭教育，或通过大众传媒，树立文明礼貌和乐于助人的道德风尚等。②

三、新古典主义的"庇古税"——引导绿色生产消费

20世纪初，针对英国工业化过程中环境污染日益严重的状况，1920年英国经济学家庇古在《福利经济学》中说："由于环境的重要经济根源是外部效应，那么为了消除这种外部效应，就应该对产生负外部效应的单位收费或征税，对产生外部效应的单位给以补贴。"其基本思路是用国家税收办法解决外部性问题。他建议，应当根据污染所造成的危害对排污者征税来弥补私人成本和社会成本之间的差距，使两者相等。这种税被称为"庇古税"，其特点是对排污者而不是受害者征税。庇古税也因此成为环境经济学家们为解决环境污染问题开出的最早的经济药方。

---

① 虞磊珉："当代环境经济法律制度的理论基础与制度创新"，载《安徽农业大学学报》（社会科学版）2004年第4期。

② 常晓素："外部性与环境保护"，载《合作经济与科技》2006年第8期。

按照他的推论，若对那些具有负外部性经济活动的实施者课税，则可起到"一石二鸟"的效果：一则，可抑制此类负外部性活动本身的强度；二则，所征税收可用以补偿招致负外部性祸害一方的损失，维护社会公正。按照推论，可借助"庇古税"干预的负外部性较强的经济活动，包括污染环境、扰民噪声、侵占或破坏共享资源等活动。此类损害靠市场自身是无法矫正的，非得靠政府干预不可。他认为，企业生产排放的污染物无法在市场上自动消除，政府可采取行动，以征税或收费的形式将污染成本加到造成污染的产品的价格上，这可以使企业根据各自的技术创新能力来选择纳税还是技术创新，每个经济主体便具有了更大的选择空间。显然，庇古主张用政府引导的经济机制解决市场失灵问题，通过外部成本内部化来达到资源配置的最优化。

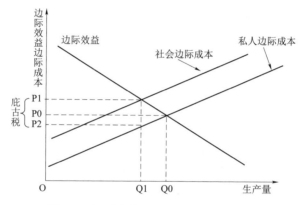

图2-4　通过庇古税实现外部性的内部化

鲍墨尔等人继承了庇古的观点，并运用一般均衡分析方法寻求污染控制的最优途径，认为要使企业排污的外部成本内部化，需要对企业的污染物排放征税，以实现帕累托最优（见2-4）。征税的税率是同一的，它取决于污染的边际损失，并不因企业排污的边际收益或边际控制成本的差异而有所区别；污染税只是相对于排污量而征收的，与企业的产量没有直接关系。

鲍墨尔等人经过深入的理论研究，逐渐总结出了最早的环境经济法律手段——"庇古手段"，即通过国家制定相应的法律规范进行征税、收取污染费、财政补贴环境保护政策措施。但是这三种环境经济法律措施注重政府管理的主导作用，强调政策规范（例如费额、税率）制定的科学性，因此对管理部门行政素质和廉洁程度要求较高。此外，在执行过程中需要较高的管理成本，对市场的利用程度还不高。

"庇古税"的建言及其制度设计具有很强的可操作性。在大多数市场经济国家的实践也是屡试不爽，当然现实实施中其内涵也大大超出了征税一项。除了课税、罚款以外，最重要的一个内涵便是对受损一方的赔偿。

庇古税的目的是由企业等市场主体来消除自己产生的污染问题，而政府部门要做的只是有效监管。一个健康的环保市场化机制一旦形成了，经济发展速度与质量的对峙局面就会随即而终。

四、"成本效益"理论——认识经济增长的高环境成本

成本效益分析是政策事前评估的一种，不仅是法经济学中的重要理论工具，也是环境经济学、环境管理领域的一个重要工具。经济学家庇古早在20世纪20年代便运用成本效益论来认识社会资源最优配置问题，他根据私人成本和社会成本，私人收益和社会收益的比较，确立了外部性理论。他认为，资源配置的最优状态存在于私人净收益和社会净收益相一致。而如果出现负外部性的情况也即私人收益大于社会受益或私人成本小于社会成本时，导致损害的一方必须对该结果负责。

根据联合国在《环境会计和财务报告的立场公告》中的定义，环境成本是指本着对环境负责的原则，为管理企业活动对环境造成的影响而采取措施的成本。其有以下特点：（1）环境成本的大小与行业、企业的生产工艺和生产规模有关。对环境污染、破坏越严重的行业，环境成本支出就越大，如化工、造纸、矿山等行业的环境成本比其他行业的要大；先进的生产工艺比落后的生产工艺对环境造成的影响要小，生产工艺落后，副产品无法回收利用，能耗过大，环境破坏严重，如土法冶炼、手工作坊等；同一生产工艺条件下，生产规模越大，形成的有害品就越多，对环境造成的影响就越大，使环境成本支出加大。（2）费用发生额有不断上升的趋势。人们越来越清楚地认识到环境的破坏对人类生存形成的巨大危害，所以公众对环境质量标准的要求不断提高，政府将进一步加大环境保护方面的力度，使得企业用于环境方面的费用支出呈不断上升趋势。（3）费用的发生具有突发性或一次性。环境费用支出不像燃料动力、原材料及其他各项费用那样经常性地在生产过程中发生，而是突发性或一次性地发生，常常以时点指标形式出现，如一次性投资建设环保设施，因违反环境法律、法规被罚款的支出等。

从目前企业的环境活动来看，环境成本的具体表现形式主要有：环境管理费用，即企业环境管理机构和人员的经费支出及其他环境管理费用；环境监测支出，主要包括环境监测的仪器使用等相关费用及人员的支出；排污收费，即政府对正常排污和超标排污征收的排污费，对生产或使用可能对环境造成损害的产品

和劳务征收的专项治理费用；超标排放或污染事故罚款及对污染造成他人人身和经济损害的赔款；污染现场的清理和恢复支出；矿井填埋及矿山占用土地复垦复田支出；污染严重限期治理的停工损失；使用新型替代材料的增支；现有资产价值的减损损失；计提预计将要发生的污染清理支出；政府对使用可能造成污染的商品或包装物所收的押金；降低污染和改善环境的研究与开发支出；为了进行清洁生产和申请绿色标志而发生的费用；对现有机器设备及其他固定资产进行改造，购置污染治理设备的支出；政府和民间为集中治理污染而建造污染物处理机构的支出等。

对于环境成本与经济效益的关系，当前主要有两种观点：其一，环境成本与经济效益负相关。从短期看，环境成本内部化必然导致企业增加环境成本，企业在提高环境绩效的同时，必然会降低经济效益，进而影响企业的竞争力。也就是说，国家在实现社会环境保护目标的过程中，必然会损害企业的经济目标，企业环境成本与经济效益之间是负相关。其二，环境成本与经济效益正相关。企业环境成本与经济效益可以"双赢"，即企业环境成本与经济效益之间是正相关。

在传统的发展理念中，"只要产出大于投入，收益大于成本"的逻辑引领着重开发、轻节约，重速度、轻效益，重外延扩张、轻内涵发展，片面追求产值、忽视资源和环境的倾向，因此往往不惜牺牲资源和环境。这种以透支环境为基础的经济形式必然导致自然资源被掠夺式开发，生产资料使用效率低下，环境污染得不到有效控制。国家环保部部长潘岳先生说，环保要算两笔账，很有道理：一是算一下按传统工业文明的道路走下去，我们还要付出多少经济、社会、政治、健康的代价？二是走循环经济、绿色生产和消费、可再生能源的生态工业文明的道路，这个转型成本有多少，风险有多少，好处有多少。这两笔账算清楚了，我们就可以更加义无反顾地推动生态文明。

环境问题是典型的个体成本外溢的负外部性问题，具有正外部性的环境活动产生的成本通常由行为者自己承担，由此带来的利益却由社会或社区成员部分分享甚至全部分享。这种成本负担和利益享用的非对称性，即任何一个社会个体包括个人或企业等在经济活动中不顾及环境成本，将自身的利益建立在将成本分散为社会承担。例如，工厂的排污行为就是将本应当由该企业自身承担的环境成本负载于整个社会。环境问题的典型外部性主要体现在环境污染和破坏的成本不会自主地进入生产经营者的成本核算范围。企业以及其他的市场主体在市场活动中受市场规律的调节，以追逐经济利益最大化为行动导向，遵循的是资本逻辑，即哪里有利可图，资本就流向哪里，总是希望以最小的投入，获取最大的利益。造成环境污染的一方只是承担了私人资本，却把外部成本让他人承担。

环境法中排污收费制度的收费标准是根据成本—收益的核算来制定的。该政策实施的理论上的依据在于，任何污染都是既给社会带来收益，也给社会带来损失。关键的是，一个有效率的并带有成本的排污控制计划应该是通过支出最低成本以实现对所有污染源排放总量的有效控制。而实现成本最小化的充分必要条件是在所有实行控制达到一定程度的污染源之间，控制的边际成本相等。因此，通过在污染源间有效地分配控制污染的费用，便能够使得实施控制的任何一个污染源都必须采取相同的减少污染边际成本的行动，从而最有效率地达到总体控制目标。

环境法中的资源补偿费制度也是成本和收益相匹配的制度，要想获得较大的收益，就必须在成本上进行弥补，它是有效调节代际、种际、区际之间资源使用平衡的杠杆。我国从 1986 年开始已建立环境资源补偿费制度。

环境法中的环境决策也运用成本效益分析以避免政府的低效率。由于环境治理必然涉及治理成本与治理收益两个方面，因此，费用效益分析这一基本的经济学分析方法也自然被用来进行环境政策分析。设计不良的法规可能只会带来一点点环境效益，但却会耗费大量的社会成本，成本效益分析也可以用于评估管理的支出。发展中国家常常担心对环境的监管可能会拖累经济发展，或者加剧贫困问题，这种担心是合情合理的。成本效益分析可以表明，精心设计的法规会产生净的经济效益，减轻关于环境和健康保护会拖累经济发展的担心。

环境经济学家认为，环境治理的目标并不是环境质量越高越好，因为随着环境质量的逐步改善，进一步改善环境的成本会越来越高，而相应地，环境改善所带来的效益则会越来越小，因此，从经济效益的角度来分析，最优环境质量目标应是环境治理的边际成本与边际收益在相等的水平上。环境经济学家们进一步发现，不同环境政策手段的效率与成本是不一样的，如何以最小的成本来实现既定环境目标也是环境经济学要研究的重要内容。与费用效益分析密切相关的是对环境资源的价值评估问题。因为环境资源本身是非市场交易产品，其价值不可能通过市场自动表现出来，也正因为如此，市场对环境资源配置才会失灵。所以，为了给环境资源"定价"，一系列环境价值评估方法如意愿调查法、旅行成本法、享乐价格法、生产函数法等也成了环境经济学不断探索的新领域。当然，这也有利于经济学家们提出更好的理论解释和解决问题的办法。

从美国 1970 年通过对《清洁空气法》的修正开始，世界上特别是一些发达国家开始重视环境保护的成本和效益的计算，努力寻求成本更低、更有效的环境经济法律规制手段。例如，美国联邦环保局有一整个部门——国家环境经济中心，对环境政策进行成本效益分析。这个部门雇用了很多经济学家和其他专家，从事环境政策经济分析。

此外，美国联邦环保局建立了由系统外学者组成的常务委员会——环境经济顾问委员会，来为自己的成本效益分析提供建议。环保局还有自己的经济分析指导准则，这是一个内容全面的技术文件，制定了一整套程序和准则以保障成本效益分析被合理、一致地执行。该准则包括，支付意愿和风险规避的基本假设；计算法规未来收益的贴现率；如何正确估算合规成本；识别合适的替代政策；以及如何确定间接影响的范围。这个准则是一份精心制定的技术规范，建立在几十年来对环境经济学和成本效益分析的研究基础之上。

中国当前的成本效益分析在政策制定，特别是环境政策制定中发挥的作用还比较弱。原因有以下几点：第一，政策制定者和决策者使用成本效益分析的意识很弱；第二，虽然美国有成熟的体系，但中国也有自己独特的方法，问题是我们自己的方法还没有建立起来，而美国的方法也没有完全引进来；第三，中国发展得太快，政策变化得也太快，没有时间对新政策做完整的成本效益分析；第四，美国和欧盟的政策多是自下而上的，他们有充分的时间进行公共参与、举行听证，而中国的政策不同，大部分是自上而下的，领导人认为需要什么样的政策，什么样的政策合适，就下达任务制定什么样的政策。

对发展中国家来说，环境效益固然需要强调，但如果把工厂关掉，就会影响工人的收入和医疗等福利，这样平衡的结果很可能是工人活得更短，正因为缺乏对宏观经济循环影响的具体评估方法，环境污染对人体健康影响等损失评估很难为决策者所接受。同样，对发达国家与发展中国家人的生命价值采用的不同评价标准，更不能被发展中国家的决策者所接受，尽管其能够找到经济学的理论依据，但明显违背社会伦理。综合来看，很多环保组织的观点之所以不能被发改委等宏观决策部门所接受，就是因为二者在发展理念和宏观目标上有冲突，而当前的成本效益分析方法还无法解决这种冲突，这也是目前对环境政策进行成本效益分析所存在的一个重大"瓶颈"问题。

在中国，目前还不是一个环境过度管制的时代，因此成本效益分析对中国的作用主要还不在于评价环境政策和环境立法的成本和效益孰高孰低，更重要的是，如何在经济决策中，加入对环境影响的考虑。这也是中国改进政策成本效益分析过程中的难点。前几年，中国用了很长的时间对建设项目经济评价的参数进行讨论，当时想把环境参数加入到评估参数中，但直到《建设项目经济评价方法与参数》第三版出版，也没能加进去。现在，在建设项目的经济评价中，仍然无法在政府的指导下把环境价值纳入项目经济分析和决策。所以，我们必须认识到，政策成本效益分析这种技术在中国发展的任务是什么。我认为，应该是将环境价值引入经济决策过程，从而改进我们的经济决策。[1]

基于上述的分析可以知道：由于企业自身与影响因素的变化，企业环境成本与经济效益的关系是动态变化的，不存在静态不变的正或负相关关系；企业一定时期环境成本与经济效益关系的结果，主要依赖于既定的外部条件下，企业对政府环境规制措施所作出的策略性反应；企业环境管理战略的制定应在符合环境规制要求前提下，尽可能减少上述影响因素的负面作用程度，规避环境成本投资风险，通过创新补偿和获得先动优势，使企业在实现环境绩效的同时取得最大的经济效益；虽然在现实中各种影响因素的作用程度难以进行定量化分析，但这并不说明这些影响因素可以被忽略，相反，企业应在环境管理战略的制定中对这些因素高度重视。

总之，环境法律制度的设计要考虑"成本—效益"原则，只有充分考虑环境法律所涉各方在某项制度下的成本及收益，并进行合理的制度设计，环境法律制度才能真正得到实施并实现其预期目的。

五、货币理论——环境问题的变量分析

对生态与经济系统循环关联性的认识也意味着经济学方法涵盖了更广泛的环境问题分析变量，既有货币的变量也有非货币的变量。

环境问题的众多相关因素中往往是非市场特点的因素占主导地位，虽然这类因素难以进行价格量化和测量，但仍然必须纳入到分析中。在这类"非市场"因素中通常提到的有人类、社会关系、生态系统或自然资源，等等。新古典经济学家接受这类变量的重要性并把它们纳入其分析中，但他们倾向于把所有的变量简化为货币形态。而制度经济学家一般采用分解策略，分别观察货币和非货币影响，反对把所有因素或影响都简化为某种货币等价物的观点。制度学家认为把所有因素或影响简化为货币等价物的观点必须用分解策略来代替，也即货币和非货币影响要分别加以分析而不能混为一谈。例如，瑞典制度经济学家彼得·苏德保姆（Soderbaum，1987）提出用环境影响综述和各种系统分析方式来替代成本收益分析等合计方法，在他的许多文章中特别推崇"位置分析方法"。在这种方法中，他把非货币影响描述为"流量"（相对于时段而言）和"存量"或"位置"（相对于时点而言）。在一般条件下，位置分析的主要目标是揭示决策情形的所有冲突而不是以一种无异议的途径"解决"问题，根据不同的价值观结论也会

---

① 席涛："美国的成本——效益分析管制与中国的管制改革"，载《经济理论与经济管理》2004 年第 6 期。

不同。因此"这种方法的结果对价值和伦理都是开放的"。

六、"博弈"理论——环境利益冲突与均衡

（一）环境保护中的博弈

1. 博弈论的含义

博弈论是二人在平等的对局中各自利用对方的策略变换自己的对抗策略，达到取胜的目的。博弈论思想古已有之，像我国古代的《孙子兵法》就不仅是一部军事著作，而且算是最早的一部博弈论专著。博弈论最初主要研究象棋、桥牌、赌博中的胜负问题，人们对博弈局势的把握只停留在经验上，没有向理论化发展，正式发展成一门学科则是在 20 世纪初。1928 年冯·诺意曼证明了博弈论的基本原理，从而宣告了博弈论的正式诞生。

博弈论可以分为合作博弈和非合作博弈，这里主要讲非合作博弈，两者的区别在于参与人在博弈过程中是否能够达成一个具有约束力的协议。倘若不能，则称非合作博弈，非合作博弈研究人们在利益相互影响的局势中如何选择决策使自己的收益最大，即策略选择问题。负和博弈和零和博弈统称为非合作博弈。

非合作博弈是博弈论的主流，目前非合作博弈理论的成熟程度大大高于合作博弈理论，它是现代博弈论的研究重点。

2. 环境博弈的动因——利益

环境保护运动背后隐藏着复杂的利益内涵。当前的生态环境危机，一部分原因是传统的环境利益冲突即人与人之间的利益冲突造成的，如个人利益与他人利益，个人利益与集体利益、社会利益的纠结与冲突。马克思曾指出："人们奋斗所争取的一切，都同他们的利益有关。"利益问题，特别是经济利益问题也是生态环境的基本问题。另一部分原因是人与自然的利益冲突，新的环境观认为环境利益已经不仅仅是现实的利益、人的利益，还要重视未来的利益、代际利益、种际利益等。①

从法理学上讲，传统的环境利益在于人与人的关系及人的利益维护问题，如今环境法则把问题延伸到人与自然的关系，将人与人的利益维护扩展到人与自然或者说自然与人的利益维护。

然而，这些独特的环境利益不被传统的既得利益者接纳和包容，因此产生一些冲突和博弈，环境法正是这些新的环境利益法律化要求的产物，是长期环境利

---

① 周昌发："论环境法对利益冲突的平衡"，载《云南社会科学》2009 年第 3 期。

益博弈所选择的均衡结果，因此，环境法应以环境利益为本位，对不同的利益关系进行调整。而利用博弈论的观点来解读环境保护与经济发展的关系和博弈规律，有助于理性地处理这些竞争而又合作的利益关系，使各博弈方的行为趋于理性和协调，实现每一个博弈者利益最大化，提高环境保护效率，促进经济与环境协调发展、人与自然和谐相处。

3. 环境保护中的博弈类型

由于自然环境和资源的多种属性，自然环境对于生态人来说有着不同的利益，这些不同利益表现为经济利益、生态利益、安全利益、美学利益、精神利益等。这些不同利益基于自然环境和资源的属性，都是人之为人所必需的，所以每一种利益对人类来说都是不可忽略的。然而，由于每一种利益的价值取向不同，在获取这些利益的过程中自然会产生一些冲突。这时，就需要理性的生态人基于生态理性对这些不同的利益进行辨识和衡平。

环境问题的根源是利益冲突及利益关系者在行动和选择过程中所呈现出来的紧张、冲突和融合。冲突和纠纷的背后涉及的又是权利及蕴藏于权利背后的利益的分配。利益矛盾导致利益博弈，每个利益主体在博弈过程中依据理性和利益最大化原则选择最优策略，不同类型的利益博弈所达成的各种均衡之间不可避免地存在着冲突。

（1）公有地悲剧。

有一个关于牧民与草地的故事，说的是当草地向牧民完全开放时，每一个牧民都想多养一头牛。因为多养一头牛增加的收入大于其供养成本，明显这是有利可图的。虽然对于单个牧民来说，他增加一头牛是有利的。但是如果所有的牧民都看到这一点，都增加一头牛，那么草地将被过度放牧，从而不能满足牛的需要，导致所有牧民的牛都被饿死。这个故事就是公共资源的悲剧，即公有地悲剧。

公有地悲剧，由英国留学生哈丁（Garrit Hadin），在1968年在《科学》杂志上发表的文章《公共策略》（*Tragedy of Commons*）中提出。哈丁在文中指出："在共享公有物的社会中，每个人，也就是所有人都追求各自的最大利益。这就是悲剧的所在。每个人都被锁定在一个迫使他在有限范围内无节制地增加牲畜的制度中。毁灭是所有人都奔向的目的地。因为在信奉公有物自由的社会当中，每个人均追求自己的最大利益。公有物自由给所有人带来了毁灭。"

① 人与自然的博弈。早在原始社会后期，就出现了人与自然矛盾的萌芽，发展到今天，已成为困扰人类的世界性问题。现代社会主要是不适当的资源开发，破坏了人类自身的生存环境。人与自然的基本矛盾是贯穿于人类社会各个发展阶段的普遍矛盾。矛盾产生的直接动因是：为了满足人类生存发展的需要，人

们通过各种技术手段干预、改造自然生态系统，以获得更多的物质和能量，这就可能与自然生态系统维持稳定的要求发生矛盾。随着社会经济的不断发展，这一矛盾的趋势也是不断尖锐化的。

② 当期效益与长远目标的博弈。资源的有限性使人们追求当前效益的最大化在一定程度上成为一种必然。因为人类所处的自然环境能提供的资源是有限的，不仅作为资源的种类十分有限，任何一种资源的量也是非常有限的，但是人类在生命延续过程中的需要无限延展，追求利益的"经济人"总希望从有限的资源中获得最大的当期效益，从而构筑自己生存的物质根基，这种"经济人"的秉性具有一定的合理性。问题是一些经济主体没有长远发展的思路，往往只注重企业眼前经济效益的最大化，在眼前利益的驱动下，无视环境保护的重要性，不愿在环保方面花费成本，不愿为技术改造升级进行再投入，任由污染物排放，致使环境恶化。同时，由于核心竞争力得不到提升使其自身未来发展空间收缩。长此以往，必然影响企业自身和社会整体长远发展的需要。

③ 经济利益与环境利益的博弈。早期人类时期，人口的数量、生产力水平和社会发展都极为有限，人类的需要对环境的影响不大，现代意义上的环境问题就不会出现。进入工业时代后，随着科学技术的迅猛发展，人类社会的生产力得到极大解放，人类赖以存在的经济基础由自给自足的自然经济变为以生产、交换为特点的商品经济。这一时期，人类的利益需要主要以经济利益为核心，而正是这种需求，致使人们对自然资源进行大肆地掠夺，尤其是 20 世纪后半叶，随着科学技术的飞速发展，生产规模无限扩大，环境问题变得日渐突出。人们为了最大限度地追求利润，尽可能地向自然界要利润或是不计环境成本发展经济，将环境成本转嫁到社会和他人，导致外部不经济。在这种情况下，虽然经济得到了发展，但却牺牲了环境利益，而当时又没有相应的法律机制来规范对环境施加影响的行为，企业总是随意向自然界排污，日积月累，污染变得越来越严重，经济利益与环境利益的矛盾就日益凸显出来。

人们不仅仅一味地谋求经济上的利益获取，同时也希望享受到适宜的生活环境，环境利益已经成为现代社会人们追求的较高层次的利益，这时，就需要在这两种利益的冲突中做好恰当的平衡与控制。

④ 公共利益与个人利益的博弈。"公共利益是独立于个人利益之外的一种特殊利益，社会公共利益具有整体性和普遍性。"① 简言之，公共利益是指全体或大多数社会成员的共同利益；个人利益是单个社会成员所具有的各种利益。

---

① 侯宇："公物利用之实现公共利益的域外考察"，载《中南大学学报》（社会科学版）2011 年第 5 期。

人们的经济活动由于受法律上所倡导的"绝对所有权"、"契约自由"等思想的影响，一切都以自我为中心，人们贪婪地追求财富，政府只不过充当"守夜人"的角色，为了追求个人利益的最大化，人们总是在"所有权"的法律保护下，无所顾忌地用尽权利，对自然资源无节制地进行索取，向自然界任意地排放垃圾和各种废气、废物。人们在实现自己的利益时并不去注意他人利益和社会利益，导致对他人利益和社会利益的牺牲。

每个社会成员总是希望能从公共利益中多分得一分利益，也就是说，"个人所追求的仅仅是自己的特殊的、对他们说来是同他们的共同利益不相符合的利益，所以他们认为这种共同利益是'异己的'"。① 个人利益与社会利益存在着极大的冲突。

此时，博弈论告诉我们，政府不能再只充当"守夜人"，许多自然资源和人类环境应该由国家代表全体成员对它们进行保护，任何人不得滥用或超出法律的规定作出行为，在自由行使个人权利方面的利益时要关注他人利益和公共利益。环境法作为法律的部门法，它的制度构架当然应对上面两种冲突的利益进行平衡。

⑤ 企业与企业之间利益的冲突。在经济系统中，各个产业、各个区域以及产业和产品生产的各个环节，区域之间的上游地区与下游地区，以及核心区和边缘区之间资源的分配、废渣的排放等都会产生相互影响。在同类企业之间，普遍存在着争夺原材料和市场的矛盾；在产业链的上游产业与下游产业之间存在着分割市场利益的矛盾；在流域的上游地区和下游地区之间存在着废气、废水排放和污染转嫁的矛盾。

（2）不完全信息的动态博弈。

① 个体行为与集体愿景的博弈。在传统经济学里，价格可以使个人理性和集体理性达到一致。现代经济学开始注意到个人理性和集体理性的矛盾与冲突。

合作博弈强调的是集体主义，团体理性，是效率、公平、公正；而非合作博弈则强调个人理性、个人最优决策，其结果是有时有效率，有时则不然。

对于个体来说，要在激烈的市场竞争中获胜，必须坚持低成本和高效益的法则。最大化个人利益的求利心态和竞争法则决定了市场主体的思维方式是"最小—最大"式的，从某种意义上说就是极端式的，而这种极端式的后果，是以无止境消耗人类资源和任意排污为代价，这与行业、地区乃至整个社会的集体发展愿景是不相符的，在一定程度上必然产生冲突和矛盾。

就企业个体来说，它的生产经营行为必须符合整个行业的发展愿景、行业标

---

① 周昌发：□论环境法对利益冲突的平衡□，载《云南社会科学》2009 年第 3 期。

准。否则，就会受到整个行业的制裁、排斥和唾弃。就企业与所处地区的关系来看，企业的生产经营行为必须要纳入整个地区的发展远景规划，比如地区排污标准、资源回收标准等，否则就不会被地区欢迎，失去市场。就企业与整个社会来说，企业的行为必须符合人类社会持续发展的愿景，否则就会伤害代际伦理，受到社会和子孙后代的唾弃。①

解决个人理性与集体理性之间冲突的办法，不是否认个人理性，而是设计一种机制（或进行相应的制度安排），在满足个人理性的前提下达到集体理性。个人理性与集体理性的冲突是制度起源（或制度安排）的重要原因。

② 企业利益与社会利益的博弈。企业既是污染的主体，也是治理的主体，这样就造成微观市场主体责任的缺失。企业对维护生态平衡、保护环境有着不可推卸的责任。但是我国市场经济时间不长，特别是欠发达地区有相当数量的企业仍在早期经济利润目标之下，只考虑自己的利润，而不考虑环境代价或环境成本，只要能产生一点点利润，即便消耗大量的资源造成严重污染，也会乐此不疲。大量处于原始积累阶段的企业（包括量大面广的家庭式作坊）根本无心顾及环保，从而把巨额的环境成本推给了政府和社会。

③ 管制者与被管制者的博弈。通过博弈分析，他们认为在现有体制下，大型国企的排污成本要小于私营企业，其依靠特殊的经济政治地位与当地政府、当地环境执法部门间形成了较为稳定的利益关系，任何一方打破这一关系都需要花费高额的成本。由此造成的现象是，当地政府、环保部门对大型国企的排污行为处罚力度相对于私营企业而言较轻，大型国企相关责任人承担刑事责任的可能性也较小。因此他们建议引入环境公益诉讼，激励公众参与环境保护，加大对大型国有企业负责人的刑事处罚力度，在环境执法体制上实行垂直管理，潜移默化地改善大型国企与地方政府的行为。

在资源有限的情况下，企业之间为了争夺原料和市场展开的各种不公平竞争和短期效益行为频繁发生，诚信危机、欺诈行为、恶意垄断，甚至出现上有政策下有对策、地方保护主义、污染产业转移等现象，市场出现不和谐，影响了市场供求关系和价格机制，严重干扰了市场的正常秩序。

在没有政府干预或社会矫正的情况下，企业将在环境保护问题上采取非合作博弈，即双方之间并不趋于共商合作、共同保护环境。因而"环境保护"这种正外部效益很强的公共资源的提供将是低效率的，即会出现"市场失灵"。"市

① 蔡学英："对'两型社会'建设的哲学思考——兼论环境保护中的博弈论"，载《长沙理工大学学报》（社会科学版）2008 年第 3 期。

场失灵"往往是政府干预的理由，而一旦政府对企业环境保护行为进行相应的监督，此时，政府与企业形成一种投资保护与监督管理的博弈，一种管制者与被管制者的监督博弈。

在没有政府介入和约束的完全竞争市场经济下，博弈双方受理性的支配，趋于不合作的结果，形成非合作博弈，博弈的纳什均衡对环境保护是不利的或低效率的；而在政府有效监督的情况下，博弈的纳什均衡得到改善，使博弈达到有利于环境保护的均衡，从而实现环境资源的可持续性利用。因此，政府可以通过使环境政策制度化来产生激励，政府权威的干预主要是促使外部效应"内部化"，包括制定环境政策，改变低成本使用资源和排放污染的状况，确定环境资源的价值，使环境成本反映在产品价格中；同时落实"污染者负担"原则，污染者必须支付"环境净化成本"或"环境损害成本"。

（3）政府与个人委托—代理关系的博弈。环境治理必须通过委托人指定的代理人来进行。在现代社会，政府往往扮演这种代理人的角色。在委托—代理关系下，由于缺乏完善的激励与约束机制，代理人可能会违背委托人的意志，形成"道德风险"，使委托人的环境权益无法完全实现。作为代理人，政府有着多元化的目标，除生态环境治理目标外，政府还不得不兼顾其他诸如经济增长、就业、社会稳定等经济政治目标。在决定政府行为的综合目标体系中，并非所有的目标都具有同等的重要性。由于人力、物力及财力资源的稀缺性，它们更多地被用于解决与国计民生相关的近期目标，当众多发展目标发生冲突的时候，地方政府在生态环境治理活动中有意地采取投机行为，作为远期目标的生态环境效益往往被忽视。另外，在环境效应外部化的前提下，政府，特别是地方政府为了追求本地区的经济利益，可能以破坏生态环境为代价来获得 GDP 的增长。地方政府之间如此博弈的结果，同样会产生"公有地悲剧"的结局。许多跨流域、跨地区的生态环境问题，就是不同地区政府间的不合作博弈造成的。

（4）跨际、跨区利益关系的博弈。

① 代际利益的博弈。"代际"是一种纵向的人际关系。在环境资源保护领域的各种利益冲突中，代际利益的冲突也是一种很特殊的利益冲突，即指当代人与后代人的利益冲突。在我们生存的地球上，大部分环境资源是有限的，并且许多资源在遭到破坏以后就难以再被利用，甚至难以恢复，或者恢复要花费巨大的代价。对资源的无限度开发、浪费，导致资源枯竭、环境污染和生态失衡，这些环境问题必然转嫁到同时代人和子孙后代的身上，使得后代人无法获得发展所需的足够的资源，这就必然导致代与代之间出现严重的资源与环境矛盾。

当今在可持续发展观的影响下，环境法学从关注当代人的环境利益转向了保护后代人的利益，后代人在利用地球资源和人类遗产方面，享有与其前代人同等的权利，这就是所谓的"代际公平"。代际公平是随着生态和环境问题日益突出，当代人对后代人有了道德关怀之后才出现的一个理念，它是一个在当代人和后代人之间划分权利与义务的问题，亦即在当代人与后代人之间存在着以平等享有发展机会、平等分担环境保护义务为基础的权利与义务的对等关系，"我们"和"我们的先辈"及"我们的后代"作为一个整体共同拥有地球的自然和文化资源，共同享有适宜生存的环境，同时共同承担保护环境的义务。

② 种际利益的博弈。种际利益是指地球生物圈内的不同物种之间在资源的占有利用等方面的利益分配，是人和其他非人生命主体关系的一种博弈。传统上的"人类中心主义"认为人是万物之灵，是地球的主宰，其他非人生命都是我们的自然资源，是我们法律上的客体。

1982 年 10 月 28 日联合国大会通过的第 371 号决议《世界自然宪章》指出："每种生命形式都是独特的，无论对人类的价值如何，都应得到尊重，为了给予其他有机体这样的承认，人类必须受行为道德准则的约束。"

这就要求我们应该怀着敬畏一切生命，关心一切生命的观念。因为每种生命形式都是独特的，每种生命都是神圣的，地球是人与其他生物共同的乐园；要求我们在一定程度上承认动物以及其他非人类主体存在一定的权利，认识到我们人类只是自然界中的一员，"人是万物之灵，但不是万物之神"，人类应该尊重其他非人类生命主体的生存权利。

种际利益博弈的结果是种际之间的和谐共生，这种状态就是达到了种际正义，种际正义是对西方文明传统中的"人类中心主义"和"人类沙文主义"的否定，是要达到人与自然和谐相处的价值理念。

③ 国际利益的冲突。近年来，国际贸易中出现了关税壁垒弱化和"绿色壁垒"强化的新趋势，由资源与环境问题引发的国际贸易争端与摩擦不断加剧，不仅影响了国际贸易的正常发展，也不利于全球环境保护。环境壁垒种类繁多，有绿色关税和市场准入、绿色技术标准、绿色环境标志、绿色包装制度、绿色卫生检疫制度等，其核心都是以保护环境为由限制贸易。

为了经济发展要追求最大限度的贸易自由，为了可持续发展的环保目标要限制或禁止某些国际贸易，两者之间存在强烈的冲突。亚历山大·基斯说："在国际贸易与环境保护的关系中存在着两个对立的趋势：一方面是为了环境保护控制某些国际贸易的愿望，另一方面是为了自由贸易取消所有贸易障碍的愿望。"①

① ［法］亚历山大·基斯：《国际环境法》，张若思编译，法律出版社 2000 年版，第 397 页。

两者的冲突主要体现在以下三个方面：一是贸易自由化与环境状况：自由贸易是否会导致环境恶化？二是贸易政策与环境保护：贸易政策是否有助于解决环境问题？三是多边环境协定（MEAs）中有关贸易的规则与WTO规则：孰先孰后？

国与国之间在履行国家环境义务、改善全球环境质量、保障国家资源供给、突破绿色贸易壁垒等方面的矛盾问题逐渐发展成为国家外交事务的热点和重要内容，如何处理好贸易自由化与环境保护的关系已经成为世界各国所关注的问题。

④ 发达地区与欠发达地区的利益补偿博弈。生态环境是许多欠发达地区的最大优势。欠发达地区是重要的资源供给区、生态功能区，同时又是生态环境脆弱地区。近年来，为保护生态环境，欠发达地区作出了巨大的牺牲，经济发展受到制约，自主保护能力较弱。此时，建立健全生态保护补偿机制，成为广大人民群众最关心的热点问题。

当前应重点建立以发达地区对不发达地区、城市对乡村、上游对下游、受益方对受损方、"两高"产业对环保产业为重点，以财政转移支付为主要手段的生态补偿政策。一些区域政策制定后，所有受政策影响的区域将同时就政策规则作出理性博弈。

4. 非合作博弈的结果——零和博弈

零和博弈也叫零和游戏，非合作博弈的各方，在严格竞争下，一方的收益必然意味着另一方的损失，博弈各方的收益和损失相加总和永远为"零"。或者说在一项游戏中，游戏者有输有赢，一方所赢正是另一方所输，游戏的总成绩永远为零，双方不存在合作的可能。二者的大小完全相等，因而双方都想尽一切办法以实现"损人利己"。零和博弈的结果是一方吃掉另一方，一方的所得正是另一方的所失，整个社会的利益并不会因此而增加一分。

零和游戏原理之所以广受关注，主要是因为人们在社会的方方面面都能发现与零和游戏类似的局面，胜利者的光环后面往往隐藏着失败者的辛酸和苦涩。同样，在环保领域，环境污染与破坏等环境问题是经济行为的副产品，是经济利益与环境利益不良衡平的结果，是非合作博弈的结果——零和博弈。

通过有效合作，皆大欢喜的结局是可能出现的。但从零和游戏走向双赢，要求各方面有真诚合作的精神和勇气，在合作中不要小聪明，不要总想着占别人的小便宜，要遵守游戏规则，否则双赢的局面就不可能出现，最终吃亏的还是合作者自己。

（二）环境法中的利益衡量和利益均衡

环境资源本身就是一种环境利益，而且是多方利益牵扯关联。环境法涉及的经济利益和环境利益都是正当利益，是正当利益之间的冲突。不可为了一个正当利益而否定、侵犯另一个正当利益，只有建立一个多方利益对话和博弈的平台，在博弈中制衡，各方利益有相对的平衡，达到经济学所说的"帕累托最优"，才有可能找到一个比较理想的解决方法。

环境法上的人的根本特质是拥有生态理性，以生态环境自身为作出政策和判断行为的尺度，能够判断生态风险，计算生态利益。根据生态人的理论逻辑，还应该以生态系统管理方法为基础创新建立环境法的特殊制度，例如生态功能区制度、生态风险评价制度、生态整治恢复制度等。

博弈论怎样着手分析解决问题，怎样为现实问题求出最优解，从而怎样为理论指导实践提供可能性呢？能否且如何找到一个理论上的"解"或"平衡"，也就是对参与双方来说都最"合理"、最优的具体策略？怎样才是"合理"？

1. 公共地悲剧的衡平

经济学认为这是"公有地的悲剧"即负外部性（外部的不经济性）的结果，主要是从市场失灵角度考察，并引出政府失灵问题，即从私益问题入手导引出公益与私益的衡平问题。

从法学角度解读，其说明了公益的易受损性和公共风险性。由此，环境法应主要从政府失灵角度考察，并结合市场失灵问题（主要表现为借鉴经济学的外部性理论，正视负外部性的同时，关注正外部性问题），即从公益问题入手导引出公益与私益（环境公益与经济私益，环境公益与环境私益）、公益与公益（环境公益与经济公益，环境公益与环境公益）的衡平问题。

经济学的环境问题研究可认为是公平与效益中的效益问题，环境法的研究则可认为是公平与效益中的公平问题，兼顾效益。

2. 从非合作到合作博弈的均衡点

纳什对博弈论的巨大贡献，在于他天才性地提出了"纳什均衡"的基本概念，为更加普遍广泛的博弈问题找到了解。纳什均衡的基本思想是，在这个解集中所有参与者的策略都是对其他参与者所用策略的最佳对策，没有人能够通过单单改变自己的策略提高收益。

每一个博弈都是一个你中有我，我中有你的情形，不同的博弈参与者可以选择不同的行动，但由于相互作用，一个博弈参与者的得益不仅取决于自己采取的行动，也取决于其他博弈参与者所采取的行动。博弈论的精髓在于基于系统思维基础上的理性换位思考，即在选择你的行动时还是考虑你的得益，但是你应当用他人的得益去推测他人的行动，从而选择最有利于自己的行动。

在博弈中，合作与非合作相辅相成，合作只不过是理性人在非合作竞争后的产物。研究发现，人通常都是愿意合作的，但当他们在一个团队中完全依理性行事时，则不那么容易合作。奥曼在重复博弈中认为，当战略情形大量重复出现时，即便个体间有直接的利益冲突，达成合作的概率也会上升，因为每个个体在未来时间内，都会与另一方反复打交道。由此不难看出，辩证逻辑构成博弈论分析的方法基础。

环保问题与多方利益牵扯关联。只有建立一个多方利益对话和博弈的平台，在博弈中制衡，各方利益有相对的平衡，达到经济学所说的"帕累托最优"，才有可能找到一个比较理想的解决方法。

解决具有强烈外部性的环境问题是多方参与的非零和博弈，需要全社会的合作，从博弈的角度看就是各博弈方的合作，各方只有合作才能达到环保的目标，才能给各方带来环境利益，这是解决环境合作的利益驱动力。只要建立一个合理的博弈规则，合作的参与方完全可以突破非合作的困境，在互利互惠的基础上实现整体利益的最大化。

3. "最小最大"准则的运用

在利益博弈中，利益主体在自己的数个利益诉求中进行权衡，其利益衡量是以主体利益最大化为目标。这就是传统决定论中的"最小最大"准则，即博弈的每一方都假设对方的所有攻略的根本目的是使自己最大限度地失利，并据此最优化自己的对策，能否且如何找到一个理论上的"解"或"平衡"，也就是对参与双方来说都最"合理"、最优的具体策略。

但是法所考虑的利益衡量的范围与利益主体所考虑的利益衡量的范围有很大区别，法所考虑的利益衡量是以社会整体利益最大化为目标在全社会的所有利益诉求中进行权衡。尽管法律制度和法律规则已经是利益博弈的均衡解，尽管从理论上讲每个利益博弈都可以达成均衡，立法应当表达这些均衡，但是环境法律在这里还要适度平衡好社会利益与个人利益的均衡点，尤其是运用经济学原理，不让个人失利。

4. 环境法上的自我博弈

不同类型的利益博弈所达成的各种均衡之间不可避免地存在着冲突，并不是所有的利益博弈都能达成有效均衡。因此，虽然利益博弈的均衡已经是利益衡量的结果，但是法仍有进行利益衡量的必要。通过立法改变均衡，通过立法改变博弈，包括当事人的选择空间、收益函数，从而改变博弈的均衡结果。

法反映利益博弈均衡，而所有的均衡都是博弈参与人利益衡量的结果，也可以说，法是所有利益博弈参与人所进行的利益衡量的共同结果。因此，现代的立法理念应当积极培育利益博弈，努力使利益博弈达成有效均衡。

我们要考虑法律制度所涉及的尽可能多的利益主体，分析在新制度下的利益主体博弈的均衡，只有在此基础上才能制定出有效的法律。立法是博弈规则，当它有效时也是博弈的结果。只有当立法达到纳什均衡，立法才是有效的，自我实施的。

今后，环境立法的主要难题是既得利益的博弈，是利益集团的经济利益与公众权利、个体权利之争，这也是当前环境立法的关键所在。环境保护进入利益博弈阶段，环境立法也应随时而变，充分考虑法律关系上的利益关系与现实经济生活中的利益关系，建立起利益平衡机制：一是合法行为之间的利益重构。调整合法行为之间的利益关系，使有利于环境保护的行为可以获得合理的经济回报，不利于环境保护的行为需要付出相当的成本。二是违法行为之间的法律关系重构。建构违法行为之间的利益关系，提高违法成本，一方面，加大对环境违法行为的处罚力度，另一方面，建立完善的环境侵权损害赔偿法律制度。

5. 环保机制的调整

（1）倡导观念革命。当前人们应当深刻反思，今天的生态危机，是长期以来具有"经济人"人格的市场主体，用经济的眼光把人与自然的关系看做是利用与被利用、投入与产出的关系，为了追求物质财富，不加节制地开发利用自然界造成的，其根源是人与自然关系的错乱。其实，人是自然的一员，自然界本身也有发展权。人与自然的作用是双向的，人类对自然的每一个行为，它都会作出一定的回应。所以，首先，应当从认识上予以纠偏，正确认识人与自然的关系的本质是一体的、内在的、目的性的，而不是外在的、因果性的，人与自然应该和谐共存。其次，要从观念上摒弃和反对人类中心主义，彰显生态理性，促进生态文明。这种生态文明不仅是一种觉醒，更是一种价值回归，是人对于所处环境以及自身与环境相互关系的能动反映。是在观念上坚持人的发展与自然发展的统一，自觉运用人与自然和谐统一、共同进化的原则规范人类的行为，既关心人类的生存发展和利益的满足，又关注大自然的生态平衡和环境有序，尊重自然，爱护自然，回归自然，亲近自然，实现真正的"主客体同一"。

（2）创新发展模式。我们对于人与自然关系的深度反思，依赖于我们对自然价值的重新确证，依赖于我们对发展方式的调整创新。经济发展不仅指数量的增长，更是功能的完善、结构的优化、质量的提升。因此，必须创新发展模式，走一条科技含量高、经济效益好、资源消耗低、环境污染少、人力资源得到充分发挥的质量效益型道路。

发挥节约资源和保护环境的导向作用，促进全社会经济增长模式由粗放型向集约型转变，由污染型向生态型转变。

（3）政府环境政策的利益衡量。在制定环保政策措施、建立环境法制体系和环境经济政策体系的过程中，必须采用决策分析手段，认真分析作为决策主体的博弈各方，其行为发生直接作用时的决策以及这种决策的均衡问题；同时，要避免经常采用威胁策略，因为其他博弈方也会采用反威胁策略，导致各方利益受损。

要让地方政府有兴趣参与博弈。如果政府绩效考核还是延续 GDP 增长为唯一的考核方式，如果经济指针是地方官员升迁的唯一系数，那么污染的企业只要能更多地为地方政府创造税收，地方政府就没有动机与企业进行博弈，对企业进行处罚。因此，绿色 GDP 考核标准的提出从某种意义上，就是要鼓励地方政府参与博弈，冲淡 GDP 使得地方政府与企业过于密切的联系。而在地方政府还不能有效地积极参与到博弈中来的情形下，强调环保部门与地方政府的相对独立性就很有必要，让人、财、物相对独立的环保部门独立地对污染企业执法。

政府还需要从主要用行政办法保护环境转变为综合运用法律、经济、技术和必要的行政办法解决环境问题，自觉遵循经济规律和自然规律，提高环保工作水平。

（4）公民团体应参与制衡。利益博弈的充分是有效均衡的前提，只有让更多的民众参与立法才能使利益博弈更加充分，而所有的均衡都是博弈参与人利益衡量的结果。因此，现代的立法理念应当积极培育利益博弈，努力使利益博弈达成有效均衡。

强调公民、社会团体积极参与博弈、在环保问题上进行制衡，同样非常重要。这是因为公民是环境污染的直接受害者，如果不能很好地让公民有效地参与博弈，很可能引发社会动荡，影响社会稳定。而且，从制度经济学上讲，市场存在失灵现象，同样政府官员也很可能在短视的利益或个人利益的"寻租"下，出现政府失灵的现象，这就需要社会中的公民与社会团体参与进来。而公民要能有效博弈，就需要政府提供有效的救济渠道，创造公正的司法环境，让公民与强大的企业之间平等对话与协商。要让"NGO"这些公益性的非政府组织成长、壮大，因为它们才能代表公民发出更有力的呼声，才能做仅凭单个公民的力量无法做成的事情。

（5）国际合作。1992 年在里约举行了第一届可持续发展全球峰会以后，国际社会在全球环境治理方面付出了很多努力，进行了大量形式多样的合作。《中国 21 世纪议程》指出："可持续发展是国际社会共同关注的问题，需要各国超越文化和意识形态等方面的差异，采取协调合作的行动。"

当前阻碍可持续发展的贫困现象和全球环境问题是长期以来国际上特别是南北之间经济技术发展不平衡、贸易不平等等因素造成的，解决这些问题以促进可持续发展也必须将摆脱贫困、解决全球环境问题与国际经贸合作一起考虑。理想的国际合作形式，应该具备一套公开、公正和有效的程序和机制，包括执行框架，具体的限制，实施的手段，合作计划，分担的任务，奖惩措施和双方的义务，以保证全部计划的成功。这些协定特别要照顾到发达国家和发展中国家在能力和需求上的巨大差异。

发达国家和发展中国家都必须对全球环境承担"共同而有区别的责任"，共同的责任促使人们采取共同的行动，以合作的集体姿态迎接环境挑战；而有区别则在于应充分考虑到发展中国家能力与需求的现实状况。

（三）博弈论对环境保护的现实意义

环境问题的现实把环境法这个学科推到了发展的前沿，一个新兴的学科臻于成熟的必要条件之一是基础研究范式的成熟，这已然得到了历史事实的论证。博弈论为正确协调、处理环境保护矛盾提供了积极、有效的方法和途径。

探索环保新道路，需要用新的理念进一步深化对环境保护的认识，用新的视野把握好环境保护事业的发展机遇，用新的研究方法促进环境保护理论的新发展，用新的实践推动环境保护取得更大的实际成效，用新的体制机制保障环境保护的持续推进，用新的思路谋划环境保护的未来，抓紧制定与我国基本国情相适应的环境保护宏观战略体系、全防全控的防范体系、健全高效的环境治理体系、完善的环境法规政策标准体系、完备的环境管理体系、全民参与的社会行动体系，从国家战略层面、经济发展方式转变进程、再生产全过程和生态文明建设主战场全力推进。

将博弈论方法引进到法律分析中是积极的，它不仅仅在于解释法律，更重要的是在法理上很有价值，博弈论在理论上进一步拓宽了环境法学研究的领域和范围，在实践中也有广泛的运用。

解决环境问题，还需要全社会的合作，也就是各博弈方的合作。但是，这种合作能否继续下去，能否产生最大效益，关键在于"科学制定博弈规则，严格执行，公众裁判，全面实施"。未来要致力于建设符合各博弈主体经济利益为目标的协同合作机制，以实现经济发展和环境保护的双赢，走经济与环境可持续发展的道路。

利用博弈论的观点来审视环境保护与经济发展的关系，有利于我们制定出更加科学、合理、有效的环保政策法规，实现每一个"局中人"利益最大化，促进经济与环境和区域之间协调发展、人与自然和谐相处。

环保事业，本身就如同法律的制定和实施一样，需要多方有效的参与、博弈，在有力的制衡中才能平稳地推进。没有博弈与制衡，就没有环保！

七、新制度学派的产权管理途径——环境资源产权化

当前，世界范围内资源和环境面临的巨大的压力外部性问题在自然资源方面逐渐凸显。在经济政策上"污染者付费，利用者补偿原则"是遏制这种现象的著名原则也是主要手段之一。但科斯似乎为解决这一问题开辟了另一蹊径。1960年，科斯发表的《社会成本问题》一文提出了科斯定理，从此开创了研究环境问题的产权途径。

科斯所代表的新制度经济学派为解决外部性问题所提出的政策思路是用市场的方法处理市场失灵问题，政府没有必要对市场进行干预。简单表述为只要交易成本为零，财产的法定所有权的分配不影响经济运行的效率。科斯在分析外部不经济性时认为，只要适当地确定资源的财产权或使用权，就会消除外部不经济性。这就是著名的科斯定理。以污染的受害者居民和排放污染的工厂为例，科斯强调，初始的产权安排既可以是污染的受害者有权索赔，也可以是工厂有权排放污染。在没有交易费用的情况下，这两种产权制度都会在自由买卖排污权的市场上取得最优经济效果。如果居民有权索赔，则工厂会出钱购买排放污染的权利，以有效地折中增加生产和减少污染之间的矛盾。若工厂有权排放污染，则居民会出钱给工厂，使得工厂自愿放弃部分排污权利，以便有效地折中排污的直接坏处及间接好处。科斯还强调，这类问题必须从全部均衡的角度去考察。例如，若法律规定工厂有权利排污而居民又付不起买通的费用，则工厂附近的居民会因污染而移居他处，使工厂附近地价下降，使其他地区地价上升。这会使排污工厂和居民区的地理分布对地价变动作出反应，其产生的新的生产区和居民区地理分布可能比政府强制不准排污时更好。

科斯的产权学派理论的核心是确立清晰、完善的自然资源产权制度，充分发挥市场机制的作用，实现高效率来处理外部不经济性。这里的产权并不局限于传统的财产所有权，还包括各种设计环境资源的其他权利，如排污权、排污权的转让权、开发利用资源权、使用权、求偿权等。如果产权确定不明或得不到有力保障，就会出现过度开发资源或浪费、破坏、污染资源环境的现象。公有的环境资源管理的最大问题在于资源的公有财产制度，即所有者和管理者分开、权责不一。如果资源权利明确可以转让，资源所有者和利用者必然会详细评估其成本和价值，并有效分配资源。

科斯首先假定对外部不经济性的受害方规定所有权和使用权。这样，政府便可以根据受害方的请求，强制行为方将外部不经济性数量减至零。也即受害方有免受外部不经济性的权利，而且这种权利可以在政府的强制下或法律规定下转让

（以接受同等数量的外部不经济性损失补偿向行为方转让）。这样，行为方与受害方之间便存在了交易的可能性。科斯还对另一种财产权和所有权的规定作了分析。这种规定正好与前面的规定相反，即受害方没有免受外部不经济性的权利，除非他们愿意购买这种权利，由此我们可以看出，实现科斯定理的前提是明确自然环境与资源的所有权并创造高效率的权利交易市场，只有这样才能进行权利的交易。科斯定理为解决环境保护的"市场失灵"问题提供了一个新的思想方法。那么，环境外部性对资源配置有什么样的影响呢？就环境外部不经济性而言，经济学家分析，当企业投入资源过多使其产出水平过剩时，其他企业（行业）物品的产出水平则会过低不能充分进行生产，从而改变了整个社会资源的最佳配置状况，而出现"市场缺陷"或"市场失灵"问题，其结果就是低效率现象。相反，就环境外部经济性而言，若投入资源过少，使得产出偏低和价格偏高，而其他企业（行业）的资源投入则过多，最后使整个经济系统偏离资源最佳配置状况或出现低效率状态，同样也会出现"市场失灵"问题。在消费者的外部性方面也一样。将环境外部不经济性内部化运用到环境法上就是承认环境资源的价值，将更多的环境经济手段和价值工具法定化。有效的环境法律制度应当是通过权利的初始界定，使资源达到最有效的配置同时交易费用最低，从而实现社会效益的最大化。将环境外部不经济性内部化的方法，就是使生产者或消费者产生的外部费用，进入它们的生产和消费决策，由它们自己承担或"内部消化"。

科斯还证明了在正交易费用的现实世界中，财产权利的界定和调整，尤其是法律制度的建立对经济制度运作效率具有极为重要的作用。在现实市场经济运行和经济发展过程中，个人所拥有的权利在相当大的程度上取决于法律制度的初始界定。这就要求法律体系尽可能地把权利分配给能最有效地运用它们的人们，建立起促使人们这样做的激励机制，并通过法律的明晰性和简化权利转移的法律规定，降低权利转移的成本，维持一种有利于经济高效运作的权利分配格局。

庇古原理的弊端，即只是通过经济手段来实现"外部性内部化"的目标，只注重局部均衡效果，忽视了这类问题的全部均衡效果。在庇古原理运用的同时，现实的环境保护问题仍然日益严重。许多环境资源的不可再生性，根本无法允许庇古原理的长期使用。

同时，庇古也没有看到外部效果与产权的界定有关。当产权可以自由买卖且无交易费用时，不论产权的初始界定如何，只要是可以自由买卖的私人产权，就可能在自由买卖过程中将其外部效果或内生交易费用与其他经济效果相比较，从而找到最有效果的折中方案。

我国正处于市场经济转轨初期，市场不发达，以市场为依托的自然资源产权制度、建立在自然资源基础之上的环境容量产权制度、环境美感及舒适性环境功能的产权制度也不完善。因此，必须建立主体多元化、客体多样化的环境产权制度，最大限度地发挥环境的经济作用和生态功效。

八、"国家干预"理论——政府统筹经济增长与生态环境保护

20世纪70年代，尼斯等人认为，市场对环境问题是失灵的，主张政府以非市场途径对环境资源利用进行直接干预。他们指出，许多公共资源根本不可能做到明确产权，即使可能做到明确产权，除了当代人，其他受害者也无法维护自身的利益。因为环境污染和生态破坏往往具有长期影响，会损害到后代人的利益。从可持续发展的原则来看，后代人对今天的环境和生态资源无疑有一定的权利。因此，需要国家干预。

另外，环境资源的"公共物品"属性及其外部性启发我们重新审视政府职能，给予其一个合理的定位。在资源管理方面，政府的地位和作用都比以前加强，不仅赋予其更多的职能，而且角色更多样化，既可以作为特定区域自然资源管理的主体，又可以作为所辖区域自然资源耗竭的责任主体以及公共自然资源、后代自然资源的代表。为了适应新增角色，政府越来越应成为一个实质性的法律主体，享有相应的权利，承担相应的义务。当政府作为自然资源的管理主体出现时，它应拥有相应的行政权力，当它作为所有权主体时，应享有相应的民事权利。而目前政府作为特定自然资源的所有权主体只是名义的，并无具体的措施加以保障，特别是在资源遭到不合理开发和利用时，政府并没有民事诉讼的主体资格，更谈不上民事求偿权，导致"所有权缺位"。如果权利和义务不对等的情形长期存在，政府将无法实际履行对资源保护负责的义务。因此，通过立法明确并加强国家在资源开发利用中的所有者角色就显得迫不及待。[①]

政府享有公权力得天独厚的优势，可以使用制定法规、政策等多种方法将外部性引发的非效率性内部化或加以修正。一方面在立法和执法层面提供保障，通过制定法令保证资源的合理开发与利用，先就边际成本和边际收益比较再进行资源开发审批，对违反规定者予以行政制裁；另一方面通过具体的政策加以引导，例如上文提到的征收资源耗费补偿费，实现成本和收益相统一，达到整体资源的均衡开发利用。

---

① 陆雪娣、张怡："资源合理开发与利用的法律规制——以经济学理念在环保法领域的磨合与契合"，载青岛市法学会，http://www.qdfxh.com/a/faxueyanjiu/2010/0126/83.html.

我国历来十分重视国家对开发利用环境的干预，将环境管理作为国家的一项基本职能，并设立了相应的环境管理机构，授予其必要的权力来实现这一职能。我国《环境保护法》设置了专门一章就国家环境管理予以规定，其第 7 条明确规定："国务院环境保护行政主管部门，对全国环境保护工作实施统一监督管理。县级以上地方人民政府环境保护行政主管部门，对本辖区的环境保护工作实施统一监督管理。国家海洋行政主管部门、港务监督、渔政渔港监督、军队环境保护部门和各级公安、交通、铁道、民航管理部门，依照有关法律规定对环境污染防治实施监督管理。县级以上人民政府的土地、矿产、林业、农业、水利行政主管部门。依照有关法律的规定对资源的保护实施监督管理。"同时，该法还对国家干预和管理环境所采取的各种措施和手段作了具体规定，各相关的法律、法规，诸如《海洋环境保护法》《水污染防治法》《大气污染防治法》《森林法》《草原法》《土地管理法》《矿产资源法》等也作了相应的规定，从而使国家对环境的干预和管理职能得到了充分的发挥，协调了人与环境之间的关系和人与人之间的关系。

在环境法领域，国家的干预更多的是国家公共服务职能的体现，国家在履行这一部分职能时，其角色定位不可能再是一个管理者，而必须是一个服务者，强调政府的服务功能，政府只能用引导、促进的手段去激活缺乏利益驱动的公共产品市场和基础薄弱领域，以一个引导者、投资者、服务者的身份去促进这些行业领域的发展。

国家干预在环境法领域的立法模式上表现为大量"促进型立法"的存在，如清洁生产促进法、可再生能源促进法、科学技术进步法等。近几年所兴起的环境法领域的促进型立法，如《清洁生产促进法》的颁布，《可再生能源开发利用促进法》的初拟和起草，以及近期学者们建议应当制定的《循环经济促进法》《节约能源促进法》等，是国家采取经济驱动和政策引导相结合的手段促进、扶持和鼓励基础薄弱领域的发展，是国家干预原则在环境这一体现全局性和社会公共性的领域的贯彻体现。促进型立法作为对管理型立法的重要补充，是近几年才出现的一个密集的立法群，体现了国家对未得到良好的发育的急需鼓励扶持形成规模的经济领域的干预，属于一种引导性的干预。

在环境法领域，在权利义务的规范模式上，采用大量的任意性规范、授权性规范和鼓励性规范，内容灵活，但可问责性较差，使得其他法律主体的法律责任相对弱化，而政府的责任则是综合性的。这是因为，在促进型立法中，将政府作为法律实施的主体，通过对政府职责的大量规定，发挥政府的服务功能，具有政府主导性的特点，也使得其他法律主体的法律责任相对弱化。值得注意的是，在促进型立法中，虽然对政府的法律责任没有作很严格的规定，但政府的责任是综合性的，往往包括法律责任、道义责任、社会责任和政治责任。

最后，在环境法领域，在国家干预的同时，也将公众和社会的参与作为一种必需，赋予公众和社会实质性参与主体的地位，鼓励发动公众积极参与环境与资源的保护和开发，也就是将鼓励和促进公众的参与作为法律调控目标实现的途径，需要政府的有效干预与全民参与的有机协调和配合。

到了20世纪70年代，随着西方国家的经济滞胀的产生，政府干预失灵的问题也开始凸显，人们开始对"凯恩斯主义"的国家干预理论产生了怀疑，并由此催生了新自由主义经济思潮。新自由主义经济思潮并不是对国家干预理论的全盘否定，而是主张国家对经济的适度干预，主张市场的自我调节和国家的适度干预相结合，并没有否认国家干预的必要性。国家干预自诞生以来，不断地自我完善，始终保持了旺盛的生命力，迄今为止，世界上的大多数国家包括信奉自由主义的美、德、日等国家在内，都从未放弃和排斥政府对经济进行的干预。

第六节　环境保护的法经济模式的创新与完善

现行的环境法律制度仍然存在许多与市场经济发展和环境保护需要不相适应的地方。制度存在问题就需要创新和完善。环境法律制度创新和完善的目的是实现环境法律制度与市场经济的动态衔接、动态互补和共同发展；创新和完善的意义在于能够促进可持续发展，保护环境和环境权益，发展环境保护市场。在目前和今后一段时间内，创新和完善环境法律制度需要解决环境保护市场准入和市场规则，环境信息权的充分保障，环境产权和环保公共物品的缺陷，市场主体和公众的民主参与，不适当的政府干预或政府干预失灵等关键性的问题。这些关键性问题的解决，在社会主义市场经济和民主制度下，须遵循市场调节，宏观调控和行政管理相协调，权益的平衡、协调与制约，环境有效与经济可行，实施可行与成本可接受以及外接内设等基本的原则，采取基础性与派生性，自我更新与借鉴移植两组创新和完善模式。

一、政府的宏观调控

（一）政府直接管制

在社会生活中，几乎所有的污染物和其他影响健康健全的外部效应，政府均应该依靠直接管制加以控制。管制是指政府规定只能排放某一固定数量的污染物进入环境中，或者是排放出的污染物其毒性含量要在某一标准数值之下，或者是处理排放污染物的程度必须采取某一套设备。

政府对经济的直接管制是通过经济鼓励和经济抑制两个方面来实现其对开发利用环境活动的干预。一般包括以下内容：（1）由国家向已确定为"不发达"或"待发达"的地区进行大量投资，为该地区投资者创造良好的投资环境，促进各地区生产均衡发展；（2）通过财政援助，帮助工业企业修建防污设施；（3）利用税收杠杆促进对环境的保护和改善，对人口密集地区的工业企业加重税收，对不发达地区的工业企业减少税收，对必须安装的防止大气、水污染的设备免于税收；（4）通过低息贷款和优惠贷款，帮助工业企业修建防止污染设施；（5）征收资源费或资源税，以促进合理地利用自然资源；（6）实行排污收费制或排污税收制等，以促进企业减少污染物的排放，由于我国长期受计划经济的影响，几乎没有水权、水市场、排污权等观念，但我国的一些地方法规在这些方面先行一步，已经规定"排污权转让和抵销""征收生态环境补偿费""固体废物交换市场""环境保护经济优惠"等在国家环境资源法律中尚未规定的经济政策和市场机制；（7）通过优惠政策，鼓励企业回收利用废弃物，采用清洁生产工艺，生产环保产品；（8）通过加税或停止贷款等方式，促进企业减少乃至停止生产污染环境的产品和使用严重污染环境的工艺、设备等。

此外，国家在必要的时候还可以直接以经济主体的身份参加经济活动，调节经济的发展。在环境的保护和改善方面主要表现为：（1）国家投资进行环境建设，比如修建污水处理厂、垃圾处理场以及进行城市美化和绿化、组织城市环境综合治理等；（2）国家投资开发环保产品和环保产业等。至于法律方面的干预手段则是将上述各种行政措施和经济措施上升为保护和改善环境的法律规范，并以国家强制力为后盾，从而实现国家对环境的必要干预和管理。其表现为国家制定和实施环境法律、法规，主要包括环境保护和预防法律制度、环境控制法律制度、环境侵权救济法律制度等内容。为此，国家干预原则自然成为环境立法的一项重要基本原则。

（二）环境财政支付

环境财政支付或支出是指政府公共财政用于环境建设与保护的转移支付，是政府为实现环境保护职能和目标而支出的财政资金。环境财政支出的内容包括：环境财政消费性支出、环境财政投资性支出、转移支付的环境补贴支出。

（1）环境财政消费性支出：国家环境行政管理费，包括行政使用费、环境监察与监测、环境标准与规划等支出。具体包括：① 环境信息、环境教育、环境科研及其环境关键技术示范推广等支出。② 自然生态保护与维护支出。③ 历史遗留污染物与场地处理支出。④ 国际合作的非投资性支出。

（2）环境财政投资性支出：大中型城市环境基础设施项目，如城市污水处理厂、城市生活垃圾处理工程、城市集中供热工程、城市原水工程、城市生态公园等。具体包括：① 大中型跨区域与流域综合治理工程。② 危险废弃物处理工程。③ 区域生态恢复与建设工程。④ 环境行政机构的固定资产投入。

（3）转移支付的环境补贴支出：市场融资政府支持或购买的环境项目支出，如垃圾焚烧发电。具体包括：① 各种废弃物处理工程的建设与经营支出。② 区域性生态环境维护与建设支出。③ 城市燃气、热力和给排水管网建设与经营。④ 城市或区域环境监测工程的建设与经营。

（三）环境税制度

1. 税收手段引导绿色生产保护环境

环境税是为保护环境和生态系统所征收的税。包括：对直接利用环境资产的行为征收的税收（狭义定义）。如排污税（污水税、废气税、垃圾税、碳税、铅税等），生态补偿税，资源税等。

保护生态环境，必须改变我国高投入、高消耗、高排放、低产出的经济增长方式，推进节能、节水、节地、节材和资源综合利用、循环利用，推行清洁生产，实现增产减污。但是，一些地方对环境保护监管不力，甚至存在地方保护主义。对环境违法处罚力度不够，违法成本低、守法成本高。有的地方不执行环境标准，违法违规批准严重污染环境的建设项目；有的地方对应该关闭的污染企业放任自流，导致污染型企业大量生存，加剧了环境污染。治理环境污染，一方面，政府应加大执法力度、加强监管，坚决关闭小钢铁、小水泥、小化工、小造纸、小皮革等项目；另一方面，开征环境税。环境税是对破坏环境的活动包括碳排放、硫排放、生成有毒废料、使用原始原材料、排放汞、生成垃圾，通过税收予以阻止。根据我国产业政策和环保标准，对那些高消耗、高排放、低效益的限制类、淘汰类产业，征收高额环境税。通过征收环境税，大幅提高污染型企业生产成本，迫使其转产或停产。

第一，对排放废水、废气、废渣、噪声和电磁波的企业，以及生产和进口电池、塑料等可污染环境物品的企业征收环境保护税，以便更有效地控制工业性污染，保护生态环境。

第二，对生产可降解材料替代塑料制品的企业、回收利用工业"三废"进行再生产的企业以及其他进行资源循环、综合利用的企业，应继续执行鼓励、照顾的税收优惠政策，予以减免所得税等。

通过税收扩大对资源的保护范围和保护深度，应从以下几个方面考虑：

第一，将面临枯竭的重要资源纳入征税范围。

第二，根据经济发展需要和资源供求变化，及时调整一些紧缺资源的税额幅度，并对资源及资源型产品的进出口，在关税、消费税等税收方面分别采取税收优惠和课以重税的不同政策。

第三，对研究开发新能源、可再生能源的企业以及生产资源节约型产品的企业，在营业税、所得税等方面应给予税收减免。

2. 税收政策促进绿色消费

税收政策是为保护环境而实施的税收政策，如绿税、生产责任延伸费、环境补贴等。"绿色消费"主要有三层含义：一是倡导消费者在消费时选择未被污染或有助于公众健康的绿色产品。二是在消费过程中注重对垃圾的处置，避免环境污染。三是引导消费者转变消费观念，节约资源和能源。消费者作为绿色消费的主体，进行绿色消费还存在一些障碍，还需政府出台财税加以引导。一是减少税收鼓励购买环保产品。二是提高消费税限制购买非环保产品。

促进绿色消费，减少对非环保产品的消费，必须完善消费税制度。2012年4月1日，我国对木质一次性筷子、实木地板、大排量轿车提高了消费税，限制对其消费。还有许多产品，消费者看不出它们对环境的危害，然而，生产中对环境危害巨大。例如，消费者在购买黄金首饰时，很少知道它们对环境的危害。黄金生产中的氰、砷、汞、浮选药剂、悬浮物、重金属、腐蚀性气体、粉尘、尾渣、废石及放射性物质，对环境危害极大，尤其是汞和氰，严重污染空气和水。对这类生产中严重污染环境的产品，政府应提高消费税，限制百姓对它们的消费。

保护生态环境，在消费环节要大力倡导环境友好的消费方式。政府通过制定财税政策，鼓励使用、消费环境标识产品、环境认证产品、能效标识产品、节能节水认证产品、绿色标志食品和有机标志食品，有利于在消费环节形成节约资源和保护环境的消费方式。

(四) 绿色产权的确立与界定

科斯定理说明，在产权界定明确并且可以自由交易的前提下，如果交易费用为零，那么无论法律判决最初的产权属于谁都不影响资源配置的效率，资源配置将达到最优；在存在交易费用的情况下，不同的权利界定会带来不同效率的资源配置。科斯认为，资源配置的外部性是资源主体的权利和义务不对称所致，市场失灵是产权界定不明确所致，也就是说，所有权、财产权失灵是市场失灵的一个根源，如"公有地悲剧"。继而认为，在处理客观外在型或公共商品问题时，通常并不需要任何形式的政府行动。

公有的环境资源管理的最大问题在于资源的公有财产制度，即管理者和所有者不分。在资源权力明确的情况下，资源所有者和利用者就会详细评估资源的价值和成本，并进行有效的配置。这就要求建立一套界定清晰、完整的包括环境权、排污权及转让权，以及水和土地所有权、使用权、转让权等在内的自然资源财产权制度。

环境资源是一种公共产品，其产权关系界定不清晰，就不可避免地产生外部性问题。所以，将产权途径引入环境治理，可以有效地强化市场机制的运行并补充政府的干预，促进环境管理优化。作为政府，主要通过设计制度、保护产权，使环境保护与私人经济主体的利润紧密相连。使环境保护成为人们的一种自觉行为，达到生产消费与环境保护的和谐统一。

（五）专项奖励机制

当今世界上环境保护方面的专项奖主要有以下几种：一是世界环境金奖。世界环境中心每年将环境金奖授予为保护世界环境作出贡献的单位。二是国际环保奖。该奖由伊朗王室颁发，奖励在环境保护方面有杰出贡献的人，每年授奖一次，奖金5万美元。三是日本环境奖。日本环境厅设置了环境奖，每年一次，均在6月5日国际环境日颁奖，环境奖是对那些对保护环境，开发新的对策与防治技术作出突击贡献者给予的奖励。四是人类正常生存奖。该奖由已故瑞典人雅名布·冯于克斯库设立，作为每年在斯德哥尔摩和奥斯陆颁发的六种诺贝尔奖的替代奖，奖励对人类生存至关重要问题的研究作出杰出贡献的人与组织，此奖被誉为诺贝尔奖的替代奖。经济手段的运用表现在两方面，即积极措施和消极措施，对那些实施了导致环境质量状况恶化行为的单位或个人给予适当的经济惩罚，必要的行政制裁，直至追究其法律责任。但同时也应对那些为环境保护作出了突出贡献或对环境质量的改善作出显著成绩的单位与个人给予适当的经济鼓励。对环境保护有显著贡献的单位和个人，奖励所起的作用与其说是经济性的不如说是荣誉性的，因为奖励是用有限的金钱或物质来标榜一种行动，具有精神鼓励的性质，它有利于提高环境保护的公众参与度。目前我国还没有环境保护方面的专项奖励，在环境保护方面实质上处于一种"赏罚不分"的状态，这不利于提高企业环境保护的积极性，因此我国亦有必要设立环境保护专项奖，用于奖励对环境保护作出杰出贡献的单位和个人，该项资金可从环保资金如排污费中支付。

（六）环境经济政策

环境问题是外部不经济性的产物，要解决环境问题，必须从环境问题的根源入手，通过一系列政策、措施，将外部不经济内部化，而环境经济政策就是将外部不经济性内部化的最有效的途径。

环境经济政策，是指按照市场经济规律的要求，运用价格、税收、财政、信贷、收费、保险等经济手段，调节或影响市场主体的行为，以实现经济建设与环境保护协调发展的政策手段。它以内化环境行为的外部性为原则，对各类市场主体进行基于环境资源利益的调整，从而建立保护和可持续利用资源环境的激励和约束机制。与传统行政手段的"外部约束"相比，环境经济政策是一种"内在约束"力量，具有促进环保技术创新、增强市场竞争力、降低环境治理成本与行政监控成本等优点。

根据控制对象的不同，环境经济政策包括：控制污染的经济政策，如排污收费；用于环境基础设施的政策，如污水和垃圾处理收费；保护生态环境的政策，如生态补偿和区域公平。根据政策类型的不同，环境经济政策又包括：市场创建手段，如排污交易；环境税费政策，如环境税、排污收费、使用者付费；金融和资本市场手段，如绿色信贷、绿色保险；财政激励手段，如对环保技术开发和使用给予财政补贴；当然还有以生态补偿为目的的财政转移支付手段；等等。

目前世界各国特别是发达国家通常采用的环境经济政策手段和工具主要有：明晰环境和资源的产权，收取污染税、资源税和排污费、资源补偿费等环境税费，利用环境贴息贷款、环境基金、股票等金融、财政手段及证券与押金制度、责任赔偿等。

环境经济政策一般具有以下三个功能：一是刺激作用。即当人们的行为符合环境保护、可持续发展的要求时，行为人将获得相应的经济利益；反之，行为人将会受到相应的经济处罚。通过环境经济政策给市场经济主体施加一定的经济刺激，促使人们主动而不是被动地保护环境。二是筹集资金，用于环境保护及可持续发展建设。三是协调作用。此外，实施环境经济政策，还可以兼顾公平与效率。

现行环保投资存在诸多问题。一是环保投资总量不足，比例偏低。二是环保投资效益较差。据环境保护部门测算，我国的环保投资大约有 1/3 至 1/2 没有发挥效益，如部分环境保护设施没有完工，或是设施建成后不能正常运转甚至被闲置、停运、拆除，这些均造成了环保投资的极大浪费。这主要是由于我国经济基础薄弱和没有环保投资的激励机制，当然也有执法不严、违法不究等环境管理因素。通过以市场为基础的环境保护经济法律制度，运用市场化方式筹集环保投资，可以解决环保投资问题。如可采用 BOT 投资方式，即政府与某企业签协议，由该企业负责实施政府的环保投资，包括投资项目设计、施工以及项目建成后的运营。按照 BOT 投资进行环保投资，可以实现环保投资过程的市场化。与政府全过程负责环保投资相比，BOT 投资方式具有许多优点：有利于加快环境保护基础设施建设；有利于改善环境保护基础设施投资结构；有利于引进国外先进的环境保护技术；有利于引进竞争机制，实现环境保护基础设施建设的市场化；有利于实现环境保护基础设施企业和其他企业的分工合作，提高劳动效率；有利于克服我国现有环境管理制度存在的一些弊端等。同时，还可以将环境保护设施运营市场化，提高环保投资的效益。目前，我国的环境保护设施大多是谁投资、谁建设、谁管理，受技术、管理等因素的影响，环境保护设施运行状况不良。

据《中国环境报》报道，大连某啤酒厂投资建设了一套污水处理设施，因技术、管理等方面的原因，运行成本高于设计水平（设计水平为 0.8 元/t）。后来，该啤酒厂与一家专门从事污染治理的公司签订协议，由该公司负责啤酒厂污水处理设施的正常运转，污水排放达到设计要求，啤酒厂按 0.8 元/t 的价格支付污水处理费用。由于该公司技术较为先进，使污水处理成本有较大幅度降低，同时使一部分处理后的污水实现了资源化。该公司每年因此盈利数十万元，啤酒厂也减少了污水处理成本，实现了双赢。

（七）可交易的排污许可证

发放可交易的排污许可证，是一种融政府管制和市场精神的新办法。政府通过这种办法确定污染水并将排放额度适当地在厂商中进行分配，并允许厂商自己选择污染水平。这一方法可以用实例来演绎：假设一条河的污染物容量为 x 吨，沿岸有 A、B 两家厂商生产不同的产品，政府配给每个企业的排放量加和后为 y（x>y）吨，现在 A 厂的产品销售非常好，它就会产生增加产量的需要。而 B 厂的情况正好相反，产品滞销，正想抑制产量，则污染物排放指标肯定达不到排放指标。此时，A、B 两厂就可以进行交易，各取所需。那么污染物的排放总量仍然是 y 吨。从这个简单的例子里我们可以推出，在这种制度之下，只要企业觉得用于减少污染物排放所耗费的成本小于减少污染排放所获得的利益，那么企业就会自觉地排放较少的污染物。

（八）财政资金支持

1. 财政资金转向绿色采购

形成环境友好的消费方式，政府财政资金要优先购买对环境有利的绿色产品，形成政府绿色采购。政府绿色采购就是在政府采购中选择那些符合国家绿色认证标准的产品和服务。政府采购的绿色标准不仅要求末端产品符合环保技术标准，而且要按照产品生命周期标准使产品从设计、开发、生产、包装、运输、使用、循环再利用到废弃的全过程均符合环保要求。政府所购物品，包括电话、计算机、打印机、传真机、复印机、车辆等办公用品，都必须达到特定的环保标准，符合国家绿色认证标准。这有利于带动企业生产绿色环保产品，减少对环境的破坏。

政府机构实行绿色采购、消费者选择绿色消费，全社会自觉抵制非环保产品的消费，增加对环保产品的需求，有利于保护生态环境。实施政府绿色采购，必须完善政府绿色采购法律法规，严格执行政府绿色采购标准、清单和指南。2006年11月，我国公布了第一份政府采购"绿色清单"是一份涉及汽车、打印机、彩电、板材、家具等14个行业获得中国环保标志认证的上百种产品的采购清单。它规定政府机关、事业单位、团体组织在用财政资金实施政府采购时须优先选择"绿色产品"，不按规定采购的单位，财政部门可以拒付采购资金。

2. 财政资金支持绿色发电

国家环保局公布，2012年上半年我国二氧化硫排放量增长4.2%，大大高于"十一五"规划环境目标所要求的每半年降低1%的目标。2006年11月，经济合作与发展组织（OECD）发布了《OECD中国环境绩效评估报告》：单位GDP的二氧化硫排放量，以1 000美元GDP的二氧化硫排放量计，中国为2.9公斤，OECD成员国平均水平为1.1公斤。我国煤炭消费高速增长，导致二氧化硫排放总量大幅度增加。燃煤电厂又是二氧化硫排放的主要来源，而燃煤电厂脱硫设施建设严重滞后。控制二氧化硫污染的问题，一方面，应加快现有燃煤电厂脱硫设施建设，推进钢铁、有色、化工、建材等行业二氧化硫的综合治理；另一方面，必须从源头上减少对环境的破坏，财政资金要支持绿色发电。政府财政资金重点支持企业使用大型高效清洁发电装备、大功率风力发电机组，财政资金投向开发利用风能、太阳能、地热能和海洋能等绿色发电项目。

3. 财政资金支持绿色交通

我国汽车尾气和烟尘、噪声等造成的交通污染，对城市生态环境造成了严重威胁。目前公交车辆使用的燃油普遍含硫较高，排放大量的二氧化硫、三氧化硫等，对环境造成了污染。为了控制城市空气质量恶化趋势，财政资金要支持发展绿色交通。财政资金项目资助企业研制清洁、廉价新型环保公交电动能源，财政资金补贴公交公司使用尾气零排放、无污染、低噪声的新型电动公交车辆，淘汰老旧车辆。

（九）环境发展基金

目前，某些发展中国家急于发展国内经济，对此种污染行为的政策一直不够强硬。因此，国际社会倾向于通过投资者角度进行制度设计来达到环境保护的目的。例如，1998 年美国通过《最高基金修正与再授权法案》，对 1980 年颁布的《综合性环境反应、赔偿与责任法案》进行了修正，使得贷款人清污责任扩大到了国际贷款。所谓贷款人清污责任，是指政府（或其行政机关）为保护和治理环境，依法清理借款人的危险性废物产生的污染，因清理污染支出的费用，以贷款人"真正参与借款人的管理"为法定依据，责任由贷款人严格地、连带地承担的一种法律制度。该制度的实施促使贷款人或相关利益主体而不单单是借款人对贷款用途负有不破坏当地环境质量的谨慎义务，迫使经济活动主体把环境因素考虑在经济活动内。此外，国际间众多的环保基金也对不同国家的绿色产业的发展给予资金或技术支持，参与到他国环境保护过程中。①

二、市场调节

环境保护的本质是一种经济活动，特别是在向市场经济转变的过程中，环境问题越来越表现为社会利益结构、利益冲突和利益均衡，这就要求环境保护的运作和发展应遵循市场经济规律，采用经济手段。

（一）产权界定

科斯定理说明，在产权界定明确并且可以自由交易的前提下，如果交易费用为零，那么无论法律判决最初的产权属于谁都不影响资源配置的效率，资源配置将达到最优；在存在交易费用的情况下，不同的权利界定会带来不同效率的资源配置。科斯认为，资源配置的外部性是资源主体的权利和义务不对称所致，市场失灵是产权界定不明确所致，也就是说，所有权、财产权失灵是市场失灵的一个根源，如"公有地悲剧"。继而认为，在处理客观外在型或公共商品问题时，通常并不需要任何形式的政府行动。公有的环境资源管理的最大问题在于资源的公有财产制度，即管理者和所有者不分。在资源权力明确的情况下，资源的所有者和利用者就会详细地评估资源的价值和成本，并进行有效的配置。这就要求建立一套界定清晰、完整的包括环境权、排污权及转让权，以及水和土地所有权、使用权、转让权等在内的自然资源财产权制度。

（二）责任条款

责任条款是依靠责任法的司法途径，或归于民事侵权一类的问题，而不是政府管制。相关责任法规定，外部性的制造者有法律责任对受害者进行赔偿。一个

---

① 虞磊珉："当代环境经济法律制度的理论基础与制度创新"，载中国环境法网，http：//www. riel. whu. edu. cn/article. asp？id=25389。

完备的责任系统限制外部性的原理是这样的：假如某厂商造成了 100 元的外部危害，受害者可以通过诉讼程序得到等于或者大于 100 元的损失补偿，厂商的这种赔偿金额就产生了很强的激励——厂商将想方设法将污染减少到有效率的水平。这同时也会激发受害人以及利害关系人对生产者的监督积极性，形成强大的社会监督力量。

（三）企业自愿协议

最早的环境保护手段是"控制—命令"型手段，政府与企业之间是绝对的领导与被领导关系，自 20 世纪 80 年代末以来，以环境税费和排污交易为代表的经济手段的出现，逐步取代了传统的"命令—控制"型环境手段的绝对地位，成为许多国家环境政策的主流。经济手段使环境政策建立在更为灵活及符合成本效益的基础之上，使环境问题与经济利益挂钩，在一段时期内，很好地改善了强制性环境管制政策存在的问题与矛盾。然而，随着环境问题的日渐普及和严重、社会公众环境保护意识和节能减排要求的提高、政府资源和能力的有限，使得政府在应付无处不在的环境问题中的局限性日益暴露，政府不得不转换角色，从单纯的命令指挥者转而向专家、公众寻求帮助，与社会各界建立伙伴关系。同时，企业作为改善环境的重要力量，从自身利益出发，同时，良好的环境表现也会为企业带来好的形象及产品竞争力，从而刺激企业从自身产品及生产过程入手，实现节能减排，环境保护。在这样一个背景下，自愿环境协议应运而生，成为环境管理中的一种重要手段。

目前，自愿协议在国际上被广泛应用于节能领域，虽然各国的自愿协议名称不同、组织各异，但其本质都是由企业在自愿的基础上为提高效率，与政府达成的协议，在政府的支持（鼓励）下，按照预期的目标而进行的自愿行动。自愿协议的目的是通过采用自愿协议式的环境管理方法，实现企业的年节能减排目标。很多国家如美国、加拿大、英国、德国、法国、日本、澳大利亚、荷兰、挪威等都采用了节能自愿协议这种政策措施来激励企业自觉节能并取得了巨大成功。我国近年来在节能领域也开始引入自愿协议机制并取得了初步成果。

自愿协议的独特优越性可以弥补命令控制规范和传统经济刺激手段在环境治理中的不足，与其他经济刺激手段相配合，有助于企业和政府更好地、更容易地达到环境保护的预期目的。

"自愿协议式"这一环境管理模式已经在荷兰和德国广泛推行，并被证明行之有效。克拉玛依、南京、西安是全国首批试点该项目的城市，3 家城市涉及石化、钢铁、电力、水泥、机械等行业的 14 家企业成为试点企业。进入 20 世纪 90 年代，自愿环境协议逐渐成为环境政策中不可缺少的一部分。

鉴于以市场为基础的经济刺激手段的功能缺失，以契约为基础的企业自我规范受到越来越多的关注。

自愿协议是指政府与经济部门之间达成的协议，在政府的支持（鼓励）下，企业按照预期的环境保护目标而进行的自愿行动，这种行动是参加者在其自身利益的驱动下自愿进行的。目前在这个领域经验最丰富的国家是荷兰。荷兰已有100多个环境协议，涉及大多数工业污染，涵盖减少排放、净化被污染土壤、废物处理、节约能源、工业减噪等多个环境保护具体领域。自愿协议在节能减排领域成效尤为显著。在德国，自愿协议是非正式协议，公权利通常不介入，但是自愿协议中义务承担者往往会和相关部门协商讨论，并最终提交给相关部门并由其来加以监督。自20世纪70年代末以来，德国企业界已签订了80多个自愿协议，并且近年来有大幅增加的趋势。①

从企业角度来看，自愿协议给了企业达到特定目标过程中的充分自由，企业可以依据不同的产业结构成本，作不同的责任区分。在实施成本上，自愿协议比政策法规的贯彻实施成本低，效果好；在交易成本上，自愿协议也有利于政府与企业的沟通，减少双方的交易成本，有利于政府服务职能的完善和市场经济效力的发挥，最大限度地实现政府与企业的双赢。

基本上企业偏好这种环境保护手段，认为其符合分配的公平并可以避免恶性竞争。与一般经济刺激手段相比，企业可以预期并计算被要求减量的经济结果，而不依赖多样的市场价格，也不用动不动就付费（反而可以将这笔资金投资其上），如此也就克服了一般经济刺激手段的不确定性。

从政府角度来看，作为公共利益的代表，政府应该选择最为有利于实现公益的管理方式，而非自己最为熟悉的方式。与其他环境经济手段相比，"自愿协议"更能满足企业对弹性环境政策的需要，弥补以往环境保护手段的不足，促使政府与市场的有效结合，使政府在充分运用市场机制的同时，更好地履行其保护环境的职能。②

虽然自愿协议手段理论上也存在缺陷，即保护标准会略低于预期保护程度，但这样的缺陷是可以因其确实有效而加以忽略排除的。在环境执法并不顺利的国家，政府采取与企业协商而非强制的方式，可能有利于达到更好的执行效果。

---

① ［法］卡罗琳·伦敦："欧盟利用经济手段保护环境所涉及的法律问题"，张若思译，1997年"中国—欧盟环境法研讨会"会议论文。

② 冯效毅："在中国尝试自愿协议式环境管理方法的必要性与可行性"，载《江苏环境科技》第19卷第2期。

（四）绿色会计制度

绿色会计又名环境会计，是指以自然环境资源和社会环境资源耗费应如何补偿为中心而展开的会计；换言之，是指主要以价值形式，对环境及其变化进行确认、计量、披露、分析以及可持续发展研究，以便为决策者提供环境信息的一种会计理论和方法。绿色会计是环境学科、社会学、会计学相互渗透融合产生的交叉性学科，主要反映、报道及考核企业自然资源、人力资源和生态环境资源等成本价值，全面反映自然资本和企业社会效益。其内容分为三部分，一是自然资源损耗成本，二是环境污染成本，三是企业资源利用率和产生的环境代价的评估。

绿色会计因其将环境因素纳入核算范围，因此具有一些独有的特征：其一是不确定性。环境问题具有多样性，在资源利用方面也非常复杂，因此绿色会计具有很大的不确定性。其二是周期难以计量。涉及环境因素的经济业务不像一般的经济业务周期很短、业务较为单纯，环境经济业务的周期很难计量，并且具有很大的复杂性。其三是研究方法多样。绿色会计不仅仅涉及经济学与数学的计算，还涉及社会学、环境学等学科。

绿色会计作为传统会计的一个新兴分支，虽然集成了传统会计的一些特性和原则，但也有其自身的特点。特别是在我国，绿色会计起步较晚，而长期以来，传统会计的理论基础知识将体现人类社会劳动、具有交换价值的产品纳入其核算系统，认为环境资源是取之不尽、用之不竭的，不具有价值，不属于传统会计核算的对象。因此资源无价、低价的意识和现实使得人们忽视了环境资源的真正价值，从而使环境资源产品低价。

（五）自然资源产权制度

1. 自然资源产权制度

经济学家科斯认为所有权、财产权失灵是市场失灵的一个根源，"公有地悲剧"就是一个实例；只要明确界定所有权，市场主体或经济行为主体之间的交易活动或经济活动就可以有效地解决外部不经济性问题，即通过产权的明确界定可以将外部成本内部化；这种理论强调通过或依靠私人行为来解决外部不经济性问题。所有权学派在环境保护领域的代表是"自由市场环境主义"，其理论主张的核心是一套界定完善的自然资源产权制度，即通过明确所有权或环境资源权、资源物权来解决外部不经济性的问题。这里的产权并不局限于传统的财产所有权或物的所有权，还包括各种涉及环境资源的其他权利，如环境权，排污权和排污权的转让权，开发利用资源权，水权，土地的所有权、使用权、转让权，求偿权等。这种主义认为：市场能够决定资源的最优使用；而要建立有效率的市场、充分发挥市场机制的作用，关键在于确立界定清晰、可以执行而又可以市场转让的产权制度，如果产权界限不清或得不到有力地保障，就会出现过度开发资源或浪费、破坏、污染资源的现象；公有的环境资源管理的最大问题在于资源的公有财产制度，即所有者与管理者分开、权责不一；如果资源权利明确而可以转让，资源所有者和利用者必然会详细评估资源的成本和价值，并有效分配资源。后者称为管理学派，认为只要加强和改善政府对市场的干预和管理，就可以有效地解决外部不经济性问题；这里的干预和管理包括制定和实施有关计划、政策、法规和措施等政府行为；这种理论主要强调通过或依靠政府行为或公行为来解决外部不经济性问题。

2. 绿色产权制度

在确立自然资源产权制度的同时，进一步确立包括自然资源产权、碳交易和绿色发展在内的绿色产权制度。绿色权益的交易，是利用市场机制促进资源最优化配置。一方面通过市场配置来优化资源配置，以实现绿色权益这种资源的可持续发展和构建绿色社会建设，另一方面则可促进创新，在交易的过程中实现绿色技术、绿色文化等方面的创新。

绿色权益是一种重要的权益，这个先进的制度理念在整个社会还没有得到普遍认可，人们缺乏对这个问题的认识。但是，在国际化、全球化的背景下，如何按照国际社会市场机制来促进绿色发展，减少碳排放？中国绿色发展如何与国际接轨？如何实现与国际相关联的绿色贸易？等，都必须有宏观的考虑，这有利于中国的绿色权益交易走向世界，在国际上树立我国绿色经济发展的良好形象。绿色产权制度的建设要以"政府主导、企业主体、市场运作"为原则和"国家主导、部委牵头、地方实施"的实施路径，才能够有力地推进绿色产权交易的进程；将企业作为主体，能够确保交易市场的活力和绩效；采用市场化运作模式，能够有效发挥市场在资源配置、自由交易中的重要作用。

（六）排污权交易制度

排污权交易制度，是一种融政府管制和市场精神的新办法。政府通过这种办法确定污染水并将排放额度适当地在厂商中进行分配，并允许厂商自己选择污染水平。

本来环境法律中规定"谁污染谁处理"，但是，由于"谁污染谁处理"的制度设计尽管具有管理成本低、权责明确的特点，但是在实践中由于各污染企业受到自身规模、经济实力和技术水平的限制，不可能每个污染企业都投建相关的污染处理设施，否则，不但企业负担过重而且也不经济。为了适应实践的需要，产生了排污权交易制度。

而且某些国家，随着污染许可证交易的扩大，政府逐渐推出排污权交易过程，通过建立相关的"控污银行"作为市场中介组织来引导排污权的交易。另外，考虑到公平原则，给予没有造成污染的社会主体以更多的主动权，鼓励他们参与环境保护活动。例如，目前在美国允许环境保护组织和环境保护基金参与排污权的交易，通过买卖来影响企业污染成本，使环境污染受害者或可能受害者可以在事前更主动地加入污染防止，而不是仅仅依靠污染发生后的政府补偿或司法赔偿。

国际组织多年来一直致力于国际间的环境排污交易市场，用以协调发达国家与发展中国家在环境保护上的利益之争。1997 年 11 月，在日本召开的《气候变化框架公约》首脑会议通过了一项允许发展中国家向发达国家"出售"吸收二氧化碳的森林能力规定，这种"国际间环境服务"形成了一个新的市场。1998 年，加勒比海小国哥斯达黎加凭借其在 1998 年出售上述的"环境服务"得到的 200 万美元的业绩在美国芝加哥股市发行减少温室气体证券，当时对于这项新的环境经济法律制度的实施乐观估计是该国可以凭借该市场每年获利 2.5 亿美元，而发达国家也可以将其污染治理成本缩减 90%。

（七）环境押金制度

环境法意义上的押金制度，是指对具有潜在污染的产品在销售时增加一项额外费用，如果通过回收这些产品或把它们的残余物送到指定的收集系统后达到了避免污染的目的，就把押金退回购买者。

从国内外的具体实践来看，环境押金制度的模式主要有两种，一是针对特定产品的押金制度，通过回收和处理具有潜在污染的产品防止环境污染；二是针对特定区域的押金制度，根据不同区域的环境质量标准要求设立环境押金。

这些都可引入到我国的环境押金的构建，也可借鉴法国，把环境押金扩大到企业，强制企业经营者在一个公共会计处寄存一笔相当于实施工程的预估工程款的押金，随着施工队进展或强制措施的落实逐渐从此押金中提款，以保障环境不被限度之外的污染破坏。适用押金制度，有利于引导个人处置其使用过的可能污染环境的废旧物品的行为在经济利益驱动下向环保型消费方式调整，防止潜在污染物被随意丢弃，减少社会环境的外部不经济性。因此，押金制度应成为环境法上的一项独立的制度，需要以法律形式加以确认。

（八）绿色信贷

1. 绿色信贷的内涵及其发展现状

绿色信贷是政府用优惠贷款方式鼓励企业进行污染防治和废物综合利用，在有关法律中予以规定，发放低息贷款或优惠贷款，是政府对环境进行管理的一种间接手段。

这种经济手段的运用，能减轻政府在财政援助中的重负，同时又可以鼓励单位或个人积极进行环境治理和加强环境管理。

绿色信贷在国外起步较早，1988年，联邦德国一些绿党的成员出资在法兰克福成立了世界上第一家生态银行，其宗旨是为了促进生物和生态事业的发展而经营相关优惠信贷业务。随着环境时代的来临，国外绿色信贷理论日渐成熟，"赤道原则"已成为国际银行业开展绿色信贷实践的操作指南。伴随着绿色经济的兴起，世界各国在绿色金融改革浪潮中纷纷效仿德国经验，将"生态银行"作为绿色金融改革的突破口和支持绿色产业发展的有效平台。荷兰Triodos银行，作为促进绿色项目、社会伦理工程和文化工程的财政计划政策性银行机构，自1980年成立以来一直致力于可持续的银行业务，在荷兰建立了第一支绿色基金和文化基金，其贷款资产组合集中在发展重要技能和经验的可持续发展领域，至今拥有22.5万个人客户，对9500个可持续项目进行了投资。在金融危机中，该银行的资金不仅没有减少，反而获得了比往年更大的发展，自2009年1月至9月，该银行的客户增长率超过了18%，2009年前六个月的贷款资产组合增长了12%，到2009年6月30日，其资产负债表总额达27亿欧元，增长了13%，而2008年同期只增长了8%。而且其营业利润相比2008年同期增长了50%，净利润达570万欧元，而2008年同期只有370万欧元。日本政策投资银行于2004年4月开始实施促进环境友好经营融资业务，以支持减轻环境压力、促进企业环保投资为最终目标，在过去4年间，累计投入环境治理的投融资额超过1400亿日元，其低息环保贷款促进了企业对环保领域的投入，推动了绿色产业和绿色采购的发展，提高了企业环保信息的公信度、公开度以及企业形象的改善。日本政策投资银行通过促进环境友好经营融资业务的实施，加强与商业银行的合作，更好地发挥政策银行的协调作用，为绿色信贷的发展搭建平台。日本自1970年以来，一直以低于市场1%~2%的利率，向企业提供用于修建防治污染设施的贷款，贷款的偿还期为10年以上，这些低息贷款绝大部分提供给中小企业用于污染防治设施的建设。美国众议员克里斯·范·郝伦为了推动私人投资清洁能源和能源效率项目，于2009年3月24日向美国众议院提交了《绿色银行法案》，详细规定了绿色银行的国家性质和操作规则，其核心内容后来被美国众议院于2009年6月26日通过的《2009年美国清洁能源与安全法案》吸收。总之，各具特色的"生态银行"，其本质都是以绿色信贷为核心手段，使政策性"生态银行"在促进社会经济和环境保护的协调统一方面发挥重要作用。

我国在绿色信贷方面的实践是环境保护部、人民银行、银监会为遏制高耗能、高污染产业的盲目扩张，于 2007 年联合提出的全新信贷政策。除了在国家、省、市、县层面建立信息沟通机制外，多个省市环保部门还积极开展了企业环境信用等级评价研究，并将评价结果向社会公开。目前，环保部正加快推动《企业环境信用等级评价管理办法》的起草工作，以规范企业环境绩效评估，完善信息共享机制；还在组织制定行业绿色信贷指南，为银行开展绿色信贷工作提供技术服务和支持。

其实，早在 1984 年 5 月颁布的《关于环境保护工作的决定》中规定："企业用于防治污染或综合利用三废项目的资金，可按规定向银行申请优惠贷款。"1985 年 9 月颁布的《关于开展资源综合利用若干问题的暂行规定》第 10 条规定："对微利和增产国家急需原料的综合利用项目，各专业银行应当积极给予贷款扶持，还贷期限可以适当延长。"1986 年 1 月颁布的《节约能源管理暂行条例》第 41 条规定："对国家信贷计划内的节能贷款，实行优惠利率，并可由有关主管部门按国家规定给予贴息；允许贷款企业在缴纳所得税前，以新增收益归还。对社会收益较大而企业效益较小的节能基建拨款改贷款的项目，有关主管部门可按国家规定豁免部分或者全部本息。"但是相对西方国家，我国的信贷政策还不够完善。贷款优惠分为长期贷款、贴息贷款、低息贷款、无息贷款，其中最重要的是长期贷款和贴息贷款，因为还贷压力较轻，而我国多采用低息和无息贷款，且还贷时间过短。此外，贷款资金的监控机制亦不够健全，一些低息贷款并未真正用在环保事业上。

2. 绿色信贷法律制度的经济学分析

生态银行法律制度是指有关生态银行的宗旨、机构设立、运作机制及其风险控制等法律规定的总称。在日益高涨的生态文明建设浪潮和可持续发展方式的构建中，如何使生态环境保护真正成为市场经济发展自身具有的内在因素，如何构建生态环境保护和市场经济活动沟通的有效方式，是实现社会主义市场经济与生态环境协调持续发展的关键所在。

众所周知，环境危机的爆发和生态资源的稀缺都源于"公有地悲剧"，即生态环境的公共性与其利用的个人性之间矛盾的结果。在工业文明的经济发展模式下，生态环境一直作为经济增长的外生变量存在。基于个体"经济人"理性，在市场经济中，采用外部不经济方式，具有内在欲望与外在压力的双重作用。那么，如何有效克服这种市场"失灵"？根据新制度主义经济学家诺斯的观点，"有效率的经济制度是经济增长的关键"。据此，笔者认为，在我国可持续经济发展模式的改革中，"有效率的经济制度"最根本的是要致力于建立经济发展和环境保护协调统一的新的经济形态，使环境经济行为外部性内部化，以克服环境保护的"市场失灵"。环境经济制度将经济激励与法律规则的权利义务紧密结合起来，激励市场主体的经济行为向有利于环境保护和生态改善的方向转变，从而实现外在环境成本内在化和个体经济利益最大化"兼容"。当然，在环境经济制度设计的过程中，我们有必要分析制度设计对经济主体的作用效率，力求以最低的制度成本达到环境保护的目的，因为"对正义的要求决不能独立于这种要求所应付出的代价"。

生态银行法律制度正是作为环境经济制度建设的重要内容被提出来的。根据市场经济理论，市场经济的资源配置是通过资本这种形式来实现的，所以在市场经济中，生态环境的加强，同样必须通过资本化的方式来实现。那么，如何使生态环境的经济价值在市场经济条件下实现资本化？依笔者浅见，在生态资源产权制度缺位的情况下，生态银行法律制度将是一个行之有效的途径。市场经济实质上是货币经济，银行通过资金配置活动来引导资源在市场主体中的分配，可见，银行对于市场经济的发展方向发挥着核心的作用。生态银行法律制度的建立将让环境保护事业获得更多的资金支持，也就意味着拥有更多的资源和竞争优势，从而影响市场内在激励机制，使生态环境的经济价值在市场中逐步得到反映，进而让经济主体在市场活动和消费过程中将环境保护和生态改善作为一种资本来对待和利用。这样，环境资源就会进入到经济分析范围，从原来经济分析中的外生变量转化为内生变量，真正实现环境保护和市场经济建设的有效沟通。因此，在解决环境问题的过程中，我们应该如温总理所说的："坚持运用政府调控与市场相结合的机制保护生态环境"，将制度创新与市场机制紧密结合起来。忽略市场的力量解决环境问题的方法，要冒很大的风险。控制市场的力量并引导它们向着保护环境的方向发展，既是可行的，也是十分理想的。生态银行制度通过对资金的"绿化改造"，使资金在生产、消费、流通、分配各领域的倾向性配置影响经济主体的地位以及成本与收益变化，进而使社会资本和资源的分配更符合环境保护的要求，这既是环境经济制度效率原则的体现，又促进了经济行为与环境保护的协调发展，从而在更高层面上保证了社会公平。在此需要补充说明的是，要使环境保护内化为市场经济主体的自觉行为，生态银行法律制度仅仅是一个有益的制度动因，要真正实现环境资源的资本量化还有赖于环境资源产权制度的建立和完善，因为生产者和消费者所使用的自然资源是否能成为一种环境资产取决于决定资源使用的产权的状态。

3. 建立我国绿色信贷制度的初步构想

生态银行也称"绿色银行"，是当前世界各国致力于探索创新的领域，尽管一些发达国家的相关实践取得了很好的效果，有许多值得借鉴之处。但是，基于各国国情和社会背景的差异，我们不能盲目迷信别人的成功经验。所以，在考虑构建我国生态银行制度时，我们既要与国际先进理念保持一致，又要立足本国国情。据此，我国生态银行制度是以促进经济、环境和社会协调发展为宗旨，依托政策性的生态银行及其他银行机构贯彻落实国家环境经济政策，筹集和引导社会资金，致力于推动绿色经济发展的金融制度体系的总称。

第一，构建"绿色"信贷法律体系。首先，应更新现有银行法律的立法理念，向绿色银行法发展。绿色银行法，是在银行法的基本宗旨下，引入可持续发展战略理念，将所调整的社会经济关系建立在尊重生态环境这一基础之上，正确处理提高经济效益与促进经济可持续发展的关系，提供科学、严密的规范体系，维护金融体系的高效、有序、安全运行，全力支持节能减排实践，并逐步走到产业的前面，引导产业向资源节约和环境友好发展。因此，我们应该将促进经济、环境和社会的协调发展作为银行立法的终极目标，以生态价值为导向，以可持续发展为基本理念，修改现有银行法律法规，逐步向"生态化"银行法律转型。其次，建立健全绿色信贷核心制度。鉴于目前我国绿色信贷政策过于原则、粗疏，应尽快建立健全绿色信贷环境标准制度、绿色信贷评估制度、绿色信贷监管制度、绿色信贷风险管理制度等核心制度，以增强绿色信贷的可操作性，使绿色信贷实实在在地成为金融领域传导环境经济政策举足轻重的重要措施。最后，应不断完善环境保护法、资源能源法和循环经济促进法等方面的法律，加快环境经济政策的法律化进程，夯实生态银行制度的法律基础。

第二，建设政策性绿色金融机构，并通过其业务活动引导、促进商业银行更多地参与绿色信贷。近期可在国家开发银行内设立生态银行部，取得经验后再单独设立政策性的生态银行。

之所以要走政策性金融机构的道路，根本原因在于，环境保护的投资对资金数额需求大、周期长，低收益甚至无收益，加上我国还没有形成绿色投融资市场，我国商业银行绿色信贷政策在执行中遭遇困难。根据我国国情，政策性银行应该是破解绿色信贷执行困境的最佳途径。政策性银行是指由政府创立、参股和保证的，不以营利为目的，专门为贯彻、配合政府社会经济政策或经济意图，在特定的业务领域内，直接或间接地从事政策性融资活动，充当政府发展经济、促进社会进步、进行宏观经济管理的金融工具和机构。无疑，政策性金融是政府调节经济金融以实现特定的经济和社会发展战略的一种手段或方式。从政策性银行的功能定位出发，有学者总结如下：从较具体的角度来说，政策性金融具有直接扶植与强力推进功能、逆市场选择功能、倡导与诱导性功能、虹吸与扩张性功能、补充与辅助性功能、专业性服务与协调功能。可见，政策性银行对于扶持生态产业发展，倡导绿色信贷，促进绿色经济发展有着无可替代的功能优势。

之所以选择先在国家开发银行设立生态银行部，根本原因在于，在现有的政策性银行中，国家开发银行及时更新经营理念，已经开展了绿色信贷的实践，积累了一定的经验。2008年，国家开发银行发放环保及节能减排项目贷款余额达2 761亿元，在环境保护贷款支持范围和运作模式方面也形成了较为清晰的规定。更重要的是，国家开发银行通过多年的发展已经有了比较健全的经营制度和成熟的运作机制，因此国家开发银行完全有条件、有能力承担引导绿色信贷的重任，这也是建立健全我国生态银行制度的捷径。

有学者呼吁立即设立专门的政策性绿色银行，以有效贯彻执行绿色信贷政策。毫无疑问，专门的绿色银行在促进绿色经济发展方面针对性更强并有其专业优势，但基于我国绿色信贷政策还处于摸索阶段，环境评估制度和环境风险管理制度等绿色信贷核心制度处于缺位状态。而绿色信贷作为一项金融政策，在没有完善的法律法规予以保证之前是不稳定、没有强制执行力的。立即着手成立专门的绿色银行必将加大绿色银行的"试错"风险和代价，所以选择分"两步"走。

国家开发银行生态银行部的宗旨是充分发挥生态银行对环境经济政策的传导机制，对环境产业、清洁能源项目等有利于环境保护和生态建设的经济活动提供低成本资金支持，致力于推动经济、生态和社会的可持续发展。生态银行应致力于达成如下目的：（1）为合格的生态保护、环境建设、清洁能源等环境友好型项目和企业提供低息贷款、贷款担保、有价证券保险、债务证券化以及其他形式的融资支持和风险管理。（2）建立行之有效的、具有可操作性的环境指标体系，以评估和协调生态项目融资。（3）建立生态业绩数据库和常规化的信息公开制度，为生态项目的生态保险、风险管理等提供依据，以支持生态项目的初始融资和刺激二级生态投资市场的发展。（4）建立对商业银行的绿色信贷评价体系，促进其绿色信贷业务。

国家开发银行生态银行部的资金来源应有多项选择。国家应从政策上予以大力扶持，使其通过多样化的筹资方式和其他优惠条件满足资金需求。具体方式可以通过财政资金划拨一部分，发行由国家财政担保的金融债券。

国家开发银行生态银行部的运作机制具有自身特点。"生态化"是内置在生态银行运作机制中最基本的要求，其应将生态项目或其他业务对象的环境表现作为银行信贷首要的决策依据。那么，首先，应根据不同行业确定不同的标准体系，并建立不同的环境评级系统，以保证生态项目融资的可操作性。其次，生态银行在收到融资请求后，对于满足生态银行要求的生态项目或企业，根据环境评级系统对其进行环境评级，根据其不同的环境信用状况或企业环境等级来确定不同的优惠政策。最后，生态银行也可以和其他商业银行合作，以可行的方式更好地履行生态银行的职责。

第三，加强绿色信贷文化建设，营造生态银行制度良好环境。首先，应完善环保部门与银行的信息交流平台及协调机制，强化"动态风险管理"意识。一些地方环保部门与当地人民银行征信系统还未建立部门间的环境信息交流机制。在已建立信息共享机制的地方也存在信息报送频次低于规定要求的现象。今后还要大力发展信息化技术，加强环保、银监与企业间信息沟通，全面实现及时有效的信息共享。其次，加强绿色信贷宣传，协助企业建立环境管理支持系统。再次，实行绿色信息披露，借助市场力量加强社会监督。最后，由于现行法规标准模糊、不统一，导致各商业银行在绿色信贷具体实施工作中，只能按照各自的理解来制定相关政策、方针、流程、制度及产品。到底怎么去定义绿色企业，"两高一剩一资"行业怎么评估？绿色企业也包括"高污染高能耗"行业在生产、运输、储存等环节可将环境污染降到最低程度、能源可节约到最大程度的企业，但由于现行政策中缺乏对环境风险定量评价的标准，银行只能以是否合乎环保规定作为主要判断标准，无法对企业进行差别化评级。因此应当启动企业环境绩效评估研究工作。即对某一个行业同一规模量级、同一地理区位的企业，通过对比资源利用效率和污染物排放状况，揭示其财务风险，帮助银行厘清客户优劣，解决差别化评价问题。此外，政府部门的支持是生态银行制度执行极为重要的宏观环境，为了保证生态银行制度的实效，有必要将环保指标纳入官员的绩效考核体系，以扫清地方保护主义对生态银行制度执行的障碍。

第四，在国家开发银行生态银行部经过相当时间的实践取得较多经验后，由立法机关制定《生态银行法》，全面规定我国环境保护政策性银行的各项法律制度。

我国政策性银行制度一直有缺漏。首先，从机构设置来看，只设置了国家开发银行、中国进出口银行和中国农业发展银行，"遗漏"了环境保护政策银行，而环境保护是我国两项基本国策之一，随着经济的发展，这一"遗漏"的不良影响越来越明显。其次，政策性银行的立法保障不够。到目前为止，在法律层面，《中国人民银行法》和《银行业监督管理法》从监管的角度将政策性银行纳入其规制范围，而关于政策性银行的专门法律文件最高级别的是1993年国务院发布的《关于金融体制改革的决定》，商业银行的制度建设则有《商业银行法》。最后，制度设计存在重大缺失，除了关于政策性金融机构设置、职责等一些内容外，其余方面基本都留给实践去探索了。

《生态银行法》将弥补现行政策性银行法律制度的种种不足，构建一系列环境保护政策性银行法律制度。包括但不限于：生态融资制度，生态投资制度，单位的环境信用评级制度（其中包括生产性企业环境信用评级制度、服务性企业环境信用评级制度、银行业金融机构环境信用评级制度），促进商业银行开展绿色信贷制度，引导社会资金进行生态投资制度，促进绿色消费的金融制度，信贷项目环境风险识别与评估制度。

不少专家建议，应该建立一个与世界银行相联系的专门的国际银行或金融机构，以便为发展和保护重要的生态环境及生态系统提供贷款。

通过推广绿色信贷制度，环保部门与银行业监管机构之间的合作不断加强，企业环境信息共享机制初步建立并不断完善，报送的信息从企业违法信息扩大到环评、"三同时"验收、强制性清洁生产审核等类型。

从上面的分析可以看出，政府的宏观调控与市场调节最根本的区别在于：政府的宏观调控是运用行政手段直接或间接针对每一行为者限制其排放的数量；市场调节则是直接或间接对每一单位的排放所需支付的价额，由行为者自行决定其排放额。传统政府的宏观调控的诸多弊端，如低效率、阻碍环保科技发展等，即学界通常所说的政府失灵，使得各国纷纷转向以市场调节为手段的环境保护方式，以期在不影响环境质量的前提下，减少环境保护与经济发展的冲突。外部性理论和政府失灵理论，构成了环境保护领域中采用经济刺激手段的理论基础。两大理论的完善和环境保护实践的深入，使得市场调节手段的优越性日益凸显。

第二编 实证篇

第三章 环境经济法律手段在世界范围内的实践

第一节 法经济学理论在实践中的应用

进入 20 世纪 80 年代以来，西方工业发达国家以福利经济学、制度经济学、环境经济学理论为依据研究环境税收问题，经过一段时间的研究、酝酿和试验，经济手段在环境保护领域中的应用得到越来越多的国家的重视，各国的研究者、决策者和立法部门开始把注意力转到设计和实施经济手段上面，希望通过实施经济手段实现环境与经济的协调发展和可持续发展的目标。例如，美国在里根执政时期（1980~1988 年），总统强调促进经济发展，一些行政部门将过多的环境控制视为对经济的伤害，国家环保局努力寻求降低环境控制费用、削减环保预算和减少环保局的经济压力的措施。这些都促使环保局的经济学家、大学生联盟和思想库高度关注环境保护工作的经济政策和经济效益，促使环保局发展其政策办公室在研究经济政策和经济手段方面的能力，结果促进了一系列环境保护经济政策和经济手段的产生。美国西部各州通过立法，在发展水权、土地权的自由转让产权制度方面取得了很大进展。自 1991 年瑞典颁布著名的环境税收调整法案后，许多国家相继开征了涉及环境保护的各种税收。一些经济转型国家更加重视环境资源法中的经济手段，例如，俄罗斯联邦为了加强环境保护工作，在《环境保护法》（1991 年）的第三部分对环境保护的经济机制作了专门规定，包括：对环境保护措施提供资助，允许减少和暂缓交纳税收，建立环境保护基金，赔偿对环境和人们健康造成的损害；环境保护基金来源于联邦和地方政府的预算、联邦和地方环境基金、企业交纳的款项、环境保险基金、银行贷款和社会捐助等；自然资源的使用者必须与地方政府的有关部门签订合同以获取自然资源综合利用许可证。越来越多地采用经济手段，也是拉丁美洲和加勒比地区（LAC）等发展中国家环境资源立法的一个重要趋势。根据智利的《环境大法》，智利鼓励采用包括"环境保护基金"、"可交易的排放许可证"、"可交易的水权"、"排污税"和"使用者收费"等经济刺激手段。哥斯达黎加环境资源法引入了生物多样性勘探权和可交易的再造林赋税优惠政策。20 世纪 90 年代初联合国统计司（UNSD）提出的"环境与经济综合会计体系"，是当代绿色会计或自然资源会计的一种，哥伦比亚、墨西哥、智利等国家正在采用这种绿色会计方法。①

从美国 1970 年通过对《清洁空气法》的修正开始，以瑞典在 1988 年设立世界上第一个生态税为标志，世界上特别是一些发达国家开始重视环境保护的成本和效益的计算，努力寻求成本更低、更有效的环境经济法律规制手段。以与环境保护有关的市场失灵为例，一些国家创新和完善了产权制度，例如，1992 年《生物多样性公约》生效以后，拉丁美洲和非洲的一些国家明确了生物物种财产权；基于资源的稀缺性和促进资源的合理和高效配置，澳大利亚、新西兰、印度等国发展了水许可证市场，新西兰实行了可交易捕鱼配额。而在我国，无论是环境污染控制市场规则还是自然资源市场规则，虽然得到了一定的发展，但都还不够完善，如主要水污染物的排放指标交易市场在美国等市场经济国家已经相当发达，而在我国，仅在上海等地处于试点阶段。特别是进入 20 世纪 90 年代以后，环境经济法律制度不断创新，呈现出了许多新的特点，笔者尝试归纳如下：环境经济法律制度的理论基础起源于 20 世纪初关于福利经济学的分析，以庇古在《福利经济学》中所表述的政策措施为代表（即"由于环境的重要经济根源是外部效应，那么为了消除这种外部效应，就应该对产生负外部效应的单位收费或征税，对产生外部效应的单位给以补贴"），并且经过鲍墨尔等人的深入研究，逐渐产生了最早的环境经济法律手段——"庇古手段"，即通过国家制定相应的法律规范进行征税、收取污染费、财政补贴环境保护政策措施。但是这三种环境经济法律措施注重政府管理的主导作用，强调政策规范（如费额、税率）制定的科学性，因此对管理部门行政素质和廉洁程度要求较高。此外在执行过程中需要较高的管理成本，对市场的利用程度还不高。随着 20 世纪 70 年代著名学者科斯的"产权理论"的兴起，运用"科斯定理"来创新环境法律经济制度在理论和实践上都得到了很大的发展（即"只要把外部效应作为一种产权明确下来，而且谈判费用不大，那么外部效应问题可以通过当事人之间的资源交易而达到内部化"）。在实践中逐渐形成了以自愿协商、排污权交易为代表的"科斯手段"，充分利用

---

① 蔡守秋："当代环境资源法中的经济手段"，中国人民大学法学院成立 50 周年经济法学国际学术研讨会论文。蔡守秋：《中国环境政策概论》，武汉大学出版社 1988 年版，第 462~465 页。

市场主体自发的趋利避害性和市场交易工具，在实行污染总量控制的前提下，进行环境保护。尽管"科斯手段"具有管理成本较低，规范标准的立法成本较低的特点，但是它对于市场的依赖程度较大，有时交易成本会比较高，而且常常会出现"市场失灵"的情形，因此当时只在少数的市场经济发达国家得到了部分运用。进入 20 世纪 90 年代后，随着法律经济分析理论的拓展，特别是引入了市场主体"生态人"的全新概念，环境经济法律制度创新真正受到了各国的重视并付诸实践。法律经济分析最初由美国芝加哥学派提出，主张对包括环境问题在内的社会问题应采取自由市场的方法，并且呼吁在法律和经济分析中协同作用；在一批学者和实践者的推动下，注重对法律规范的成本效益进行研究，对传统的以"汉德公式"为理论基础的"效用比较"方式进行反思，主张建立以"生态人"理念为出发点，以兼顾环境道德、市场主体的经济利益、环境价值、社会效益为标准，以含有生态效益的经济杠杆为主要调节方式的全新的环境经济法律制度。在此理论基础的革新上，一批新兴的环境经济法律政策、手段得以运用，例如将环境成本纳入审计项目的绿色会计制度，采取污染集约化处理制度，建立以促进生态效益为目的的环境发展基金，等等。随着环境经济法律制度的丰富，使得世界上不同的国家可以根据自己的国情采取各种环境经济法律制度措施的组合，环境经济法律制度得到了空前的发展。

第二节　当今国外的主要环境保护经济法律制度

目前各国通过立法所采取的经济政策或经济手段可以分为两个大的方面：一是建立健全环境资源市场；二是建立健全环境资源市场的经济调控手段，如环境评价评估预测制度、计划制度、价格管理制度、统计制度、会计制度、税费制度等。具体包括如下几个方面：在明确环境资源权利义务关系的基础上，建立健全各种环境资源市场，如建立排污权交易市场（实行可交易的排污许可制度），土地市场（实行土地所有权、使用权的流动、买卖和转让），水权自由转让市场，受控的自然资源产品市场（如实行可交易的狩猎配额、开发配额、水资源配额、矿产资源配额、水产品配额等），环保工业产品、绿色产品市场，环保债券流转市场等；建立健全各种环境税收制度，如污染税、原料税、产品税、进出口税、资源税、土地使用税、能源税、燃料税等；建立健全各种环境收费制度，如环境污染补偿费（排污费）、环境破坏补偿费（生态费）、管理费、使用费、保育费（如育林费）、保险费等；实行各种环境经济优惠或财政资助补贴政策，如给予财政补贴、财政援助、赠款、软贷款或优惠贷款，建立各种绿色基金、环保

基金、环保信托基金，减免税收、减免收费、减免环境诉讼费用、加速折旧、利率优惠、劳保待遇优惠，对综合利用和其他优秀环境行为予以奖励等；建立环境标志制度，主要用于促进对环境无害产品的生产、流通和消费；建立健全各种环境经济责任制度，如对违反环境资源法规的行为予以经济处罚或民事制裁，要求造成环境污染和破坏的行为人承担环境资源损害赔偿责任，建立环境风险基金、保证金、押金等；建立环境统计、绿色会计、环境审核、环境考核指标体系等各种环境经济制度。

一、环境经济政策

发达国家环境管理大体上分为三个比较大的发展阶段：第一个阶段是强化环境法制的阶段（命令控制阶段），第二个阶段是政策调控和利用市场机制的阶段，第三个阶段是倡导社会责任的阶段，技术的手段自始至终都在发挥着重要的作用。

目前，世界各国总结出来的环境经济政策主要基于两类理论：第一类是基于新制度经济学观点，即"科斯手段"。认为环境问题说到底还是市场产权界定不清，因此要明晰产权，包括所有权、使用权和开发权。应建立环境产权市场，例如可交易的许可制度与排放配额等。第二类是基于福利经济学观点，即"庇古手段"。认为通过征收税费的办法就可以把环境代价转化为企业的内部成本，迫使企业治理污染。其中有税收制度，包括污染税、产品税、进出口税、税率差、资源税、免税；收费制度，包括排污费、使用者费、资源环境补偿费。还因此衍生出其他一些手段，如罚款手段，包括违法罚款、违约罚款；如金融手段，包括差别利率、软贷款、环境基金；如财政手段，包括财政拨款、转移支付；如资金赔偿手段，包括法律责任赔偿、资源环境损害责任赔偿、环境责任保险；如证券与押金制度，包括环境行为证券、押金、股票。看上去"招"不少，实则在国际上真正成功的只有环境税收、环境收费、超标罚款、绿色金融、财政补偿与排污权交易。

1992 年 5 月，欧共体委员会建议欧共体理事会制定一项关于能源和二氧化碳排放收税的指令。1992 年，联合国环境与发展会议通过的《里约宣言》的原则16 指出："考虑到污染者原则上应承担污染费用的观点，国家当局应该努力促进环境成本内部化和利用经济手段，并且适当地照顾到公众利益，而不歪曲国际贸易和投资。"这次会议通过的《21 世纪议程》第 8 章强调："需要作出适当努力，更有效和更广泛地使用经济手段"；"各国政府应考虑逐步积累经济手段和市场机制的经验……以建立经济手段、直接管制手段和自愿手段的有效组合"。这标志着国际环境政策进入到以环境经济政策为代表的新时代。与此相适应，环境资源法越来越多地采用经济手段。

早在 20 世纪 70 年代初，发达国家就积极应用环境经济政策来实现经济与环境的均衡发展，取得了成功。1972 年，经合组织（OECD）首次提出了"污染者付费原则"，在此后的二十多年中，西方发达国家对市场机制和财税政策进行了基于环境考虑的一系列改革。

综合来看，各国的环境经济政策具有以下几个共性：

其一，普遍体现为一种政府对经济的间接宏观调控。通过确定和改变市场游戏规则来影响污染者的经济利益，调动污染者治污的积极性，让污染者承担改善环境的责任。

其二，根据"污染者付费"原则，利用税收、价格、信贷等经济手段引导企业将污染成本内部化，从而达到事前不得不自愿减少污染的目的，而不是事后。

其三，政府部门间在环境问题上的政策协调越来越紧密，都倾向于一种混合的管理制度。随着环境政策纳入到能源、交通、工业、农业部门的政策中，环境政策与部门宏观发展政策一体化的趋势越来越明显，客观上把经济手段与行政监管更有效地结合起来。

其四，逐步从"秋后算账"向"全程监控"转变。这种转变使得某些类型的经济手段，如产品收费、注册管理费、清洁技术开发的补贴和押金制度等能够发挥更大的作用。[①]

二、环境税收

在瑞典，到 20 世纪 80 年代经济手段已经在环境保护领域发生重要作用，1988 年创立了世界上第一个生态税。在环境税收方面，北欧国家走在最前面。丹麦是欧盟第一个真正进行生态税收改革的国家。自 1993 年以来，丹麦环境税制形成了以能源税为核心，包括水、垃圾、废水、二氧化碳和尼龙袋等 16 种带有环境目的的税收。荷兰的环境税收制度种类更多，荷兰是世界上最早开征垃圾税的国家。在荷兰，环境税收还专门用于筹集环保资金，其收入现已占该国税收收入的 14%。美国目前已形成了一套相对完善的环境税制体系，联邦和州两级政府都开征了不同类别的环境税，税种涉及能源、日常消费品和消费行为各个方面。

---

① 魏国印："对完善我国环境经济政策的思考"，载《中国外资》2009 年第 8 期。

1997 年 3 月，欧盟曾制定一个能源税收指令草案，计划对包括化石燃料、碳氢燃料和电力等在内的能源征收污染税。欧盟国家通常采用的经济手段包括环境保护税收、收费、低息贷款、保险手段、环境标志、环保拨款、补助金、押金、加速折旧、排污许可及排污交易等。例如，在荷兰，1989 年的环境税将近 30 亿荷兰盾，约占该年总税收 1 250 亿荷兰盾的 2.5%。目前荷兰环境保护的主要财政来源是燃料收税和环境收费，荷兰的《环境保护法总则》规定对矿物燃料和汽油征税；荷兰的环境收费包括住宅废物费、废水排放费等，市政当局向私人住宅征收一种用于废物回收的费用，并对所有直接或间接向地表水或污水处理厂排放废水的单位和个人征收费用。荷兰自 20 世纪 90 年代起开设的生态税有碳氢燃料税（1992 年）、地下水抽取使用税（1995 年）、垃圾税（1995 年）、铀 235 税（1995 年）、能源调节税（1996 年）等，目前已经建立比较完善的玻璃、塑料容器的押金制度，近年来正在发展对易拉罐、电池、废油等的押金制度；从 1991 年 9 月开始执行加速折旧的计划，对可能显著减少环境影响的生产设备进行加速折旧，以减少对环境的影响。

比利时于 1993 年制定了《生态税收法》，设立了一系列有关饮料包装、照相器材、工业包装、农药、纸张和电池等产品的新税种。作为欧盟成员国的英国、意大利和丹麦等国也已经实施生态税收制度。

德国《联邦废水税法》规定对直接排入公共水域（例如河流）的废水征收废水费。按照德国政府制定的生态税方案，从 1999 年 4 月 1 日开始对除煤炭之外的所有能源征税，该税将为德国政府带来每年 380 亿法郎的收入。

三、绿色会计制度

第二次世界大战以后，全世界范围的科学技术革命迅速发展，资本主义发达国家进入了经济发展的"黄金时期"。这一切促使西方国家把发展经济、发展生产力建立在大量消耗自然资源的基础上，自然资源长期处于被极度开采的状态。特别是 20 世纪 70 年代以来，随着人口的剧增，需求的增加，更进一步加剧了对自然资源的强度消耗，从而造成能源紧张，自然灾害频繁发生，环境污染日趋严重。综观全球社会经济所依赖的资源基础、生态环境，已处于资源入不敷出，"正在靠向未来借债而生活"的时代。为了解决这一矛盾，部分西方经济学家、环境学家、社会学家和生态学家自 20 世纪 70 年代开始，着手研究经济和环境的协调发展问题。1971 年，比蒙斯（F. A. Beams）在《会计学月刊》上发表了《控制污染的社会成本转换研究》；1973 年，马林（J. T. Mar Lin）在《会计学月刊》第 2 期上发表了《污染的会计问题》，从此绿色会计的研究和发展逐渐进入人们的视野。

1983 年以来，世界银行更加积极鼓励修订现行的会计体系，增加环境项目，提出建立一套与联合国国民会计体系相配套的环境辅助账户的建议。1989 年 1 月，联合国国民会计体系专家小组接受了该提案，经过修订的国民会计蓝皮书已于 1993 年发表，包括的内容有对绿色会计的讨论，对提出的辅助账户作了肯定，并批准收益计量时应考虑计算环境成本问题。

20 世纪 80 年代后期，我国一些财税专家也紧跟国际绿色潮流，就有关绿色会计税收进行了研究，国家相继开征了资源税和排污费。1992 年中发办 7 号文件明确提出："运用经济手段保护环境，按照资源有偿使用的原则，要逐步开征资源的利用补偿费，并开展对环境税的研究，研究并试行把自然资源和环境纳入国民经济的活动核算体系，使市场价格准确反映经济活动造成的环境代价。"

1995 年 3 月，国际会计与报告标准政府间专家工作组第十三届会议召开，主题为绿色会计，标志着环境问题作为世界发展的重要课题已向纵深发展。丹麦更在同年通过了绿色会计法，强制要求高污染企业提交绿色会计报告，内容包括企业消耗的能源、原料以及污染信息等，成为第一个采用绿色会计的国家。我国也于 1995 年年初步进入"绿色 GDP"阶段，在此阶段，国家制定的能源价格、资源价格、环境价格、生态补偿规则等都以绿色会计制度为依据。

1998 年 2 月，联合国国际会计与报告标准政府间专家工作组第十五次会议讨论通过了《环境会计和报告的立场公告》，这是国际上第一份关于绿色会计和报告的系统的国际指南。20 世纪 90 年代初联合国统计司（UNSD）提出的"环境与经济综合会计体系"，是当代绿色会计或自然资源会计的一种，哥伦比亚、墨西哥、智利等国家正在采用这种绿色会计方法。

国际环境经济法律手段的运用由于空气、海洋等自然资源的特殊属性，以及人类生存环境所具有的唯一性，因此在环境保护上要求国际间的通力合作，采取协调统一的环境政策与制度措施。

四、碳交易

1968 年，加拿大经济学家戴尔斯（Dales）首先提出排放权交易的思想，并设计了应用产权手段控制水污染的方案。20 世纪 70 年代初蒙哥马利（Montgomery）利用数理经济学的方法，建立了不同的许可市场均衡，并严谨地证明了排放权交易体系具有污染控制的效率成本，即实现污染控制目标最低成本的特征，提出了总量控制的方案。由此美国开始将排放权概念应用于实践，1970 年《清洁空气法案》确定总量原则，1979 年制定"泡泡政策"（bubbles），1990 年

《清洁空气法案》修正案认可建立排放权交易的制度创新，对排放权交易作出具体规定，温室气体排放交易在美国开始实行，主要的交易包括 SO_2、磷、氮等。迄今为止，美国已建立起以抵消（offset）、泡泡、银行储存（banking）和容量节余（netting）为核心内容的一整套碳排放交易体系，在实践中取得了明显的环境效益与经济效益。欧洲许多国家也都不同程度借鉴了美国的方法和政策。

随着《京都议定书》的通过、开放签字以及在 2005 年的强制生效和超过全球排放量的 61% 以上国家通过该条约，碳排放交易掀开了新的篇章。按照《京都议定书》规定，到 2010 年所有发达国家排放的包括 SO_2、甲烷在内等 6 种温室气体的数量，要比 1990 年减少 5.2%。由于发达国家能源利用效率高，能源结构优化，新的能源技术被大量采用，进一步减排的成本极高，难度较大，存在着购买排放量的迫切需求。而发展中国家能源效率低，减排空间大，成本也低，能够供给足够的排放量进行交易，碳排放国际市场由此产生。为了帮助那些难以达标的国家最终达标，2002 年，欧盟建立了一个排放交易系统（EUETS）并于 2005 年 1 月正式运行，之后各个交易平台如雨后春笋般出现，碳排放交易市场日益活跃，这 5 年市场规模增长了近百倍。

五、自然资源产权制度

在实行市场经济和多种所有制形式的国家，环境资源立法中均有与市场经济中的私有经济成分相关联的条款和基本原则，即不动产或其他财产所有者有权根据自己的意愿对其拥有的财产进行开发利用，但必须以法律没有赋予其他人对这些财产享有使用权，或者法律没有限制所有者的使用权为限。土地利用规划立法也是基于向土地所有者补偿的私法原则，即如果根据土地规划的法律规定禁止土地所有者一些符合私法的土地经营，那么就应当遵循向土地所有者补偿的原则予以补偿。例如，瑞典的《矿产法》（1991 年法律第 45 号）等自然资源法律，都明确规定土地（不动产）拥有者和许可证持有者有对矿产资源勘查和开发的权利；土地拥有者有权使用自己的土地（私有原则），当没有任何法规、契约或其他有法律效力的约束时，有权拥有其不动产上的土地生长物和树木等资源能源；但水、风、热和太阳等不能作为个人财产。

例如，新加坡 85% 的水都是从马来西亚购买的，期限是 60 年。新加坡从马来西亚买来原水再制成水产品，再卖回到马来西亚。这被认为是国际上最典型的水权交易的例子。我国香港地区买东江水，澳门地区买西江水，这都是水权交易。美国的亚特兰大市市长因为城市供水存在水压不足、水质不好、水管破裂等问题，在市长选举中丢了许多选票。为了取得市民信任，市政府开始尝试新的城市水管理政策，即在市政府对水设施所有权不变的前提下，将城市水设施使用权向企业招标，由各公司通过投标竞争取得水设施使用权。结果苏伊士里昂水务集团下属的联合水务公司一举中标，为该市 150 万市民提供并承担 4 500 千米的管网维修。由这家私营公司经营后，城市供水情况大大改善，仅市政府的财政补贴就节省了 4 亿美元。1985 年，两家来自法国和香港地区的企业进入澳门地区水市场，承担向整个澳门地区供水的任务。十五年来，扣除通货膨胀的因素，水价不但没有提高反而有所下降，而且澳门居民使用的自来水已经优于欧洲标准。

六、污染者付费

环境资源法中的"污染者付费原则"明确了造成环境污染者治理或清理被污染的环境的责任。根据污染物排放量的多少向企业收费或向某些对环境有害的活动收取牌照费，是向污染者收费的一种手段。例如，根据马来西亚环境资源法的规定，附加在许可证上的收费主要根据所排污染物的数量、种类、污染水平和排污企业的位置等因素决定。在塞内加尔，与许可证相联系的排污收费的多少主要根据企业的类别、性质、重要性决定。韩国 1991 年修改的《固体废物管理法》引入了一种为废物的集中处理提供费用保证金的综合机制：环境部长可以命令某些产品和包装的生产者和进口者向"固体废物管理基金会"存入资金，以作为废物集中和处置之用；当生产者和进口者把他们的产品或包装的废物集中并放到指定地点时，基金会就退还他们的保证金。

使用者付费包括使用资源付费、使用污染处理设施付费等方面，是一种鼓励节约资源、减少废物产生的经济措施。例如，在泰国，根据环境资源法的规定，对那些利用公共废物处理设施（如废水处理厂、有毒废物处置场所）者征收使用费或服务费。

许多国家已通过环境资源立法对那些被认为对环境有不利影响的产品直接收费，对那些有利于环境保护的活动实行经济鼓励和税收优惠。例如，洪都拉斯的农业信贷向那些采取环境保护措施和保护土地资源的项目倾斜，对防治污染技术设备的投资减免所得税。菲律宾的《总统第 1152 号法令》规定：对进口污染控制设备依法减免 50% 的关税和补偿税；研究污染控制技术项目的公司或个人可以依法享受 50% 的减税；为城市和中小型企业研究、设计和建设环境保护设施者可以依法获得经济援助或赠款。在印度，任何部门或机构采取补救措施防止、减轻环境污染所用的费用可以由当局连同利息一起偿付。

目前，瑞典环境资源法中的经济手段主要包括环境税费。瑞典的环境收费包括对氮氧化物、杀虫剂、饮水容器、化肥、农药、国内飞机油料等物质的流通和使用的收费。例如，向生产电力和热能的热电厂征收排放氮氧化物的费用；对使用矿物燃料（如煤炭、石油、天然气等）征收二氧化碳税，对煤炭、石油和泥炭还征收硫税；对使用危害环境的电池使用者征收费用；从1984年开始，对销售化肥和农药分别征收销售价格10%和5%的费用；对开发利用自然资源者征收资源补偿费。从1992年起规定对每吨二氧化硫排放征税30~50美元、对每吨二氧化碳排放征税120美元，此税法实行后，仅二氧化硫的排放量就降低了16%。还制定有《有害环境的电池收费法》（1990年）、《征收热电厂排放氮氧化物环境费法》（1990年）、《能源生产中氮氧化物排放环境收费法》（1990年）、《特定饮料容器回收法》（1991年）等。另外，还有许多条例，如《化学品收费条例》、《进口铝质饮料容器收费条例》等。

七、排污许可证制

美国环境法是成功采用经济政策和经济手段的环境法。美国早在1976年就开始实行可交易的排污许可制度，环保局重视康涅狄格州的污染许可贸易的经验，1982年颁布了排污交易政策并于1986年进行了修改，同时注意不断推行在创立监测和减少污染的市场机制方面的一系列经验。目前美国法律中的排污交易政策已经包括银行政策、泡泡政策、抵消政策和"排放减少信用"（等于允许排放量与实际排放量之间的差额）可以进行交易的政策等内容。美国已着手对每吨碳征收6~30美元的碳税，并开始征收交通税，每次行程收税1~4美元。美国《环境反应、补偿和责任法》（1980年）规定设立危险废物基金和关闭后责任基金。1990年《美国清洁空气法修正案》第4条要求实行使每年排放量减少900万吨的"酸雨计划"，该计划的核心是基于市场的许可证交易，该交易使公用事业采纳了最高成本—效益战略以减少二氧化硫的排放。不少西方国家都不同程度地采用了美国采用的环境经济措施，例如，澳大利亚的新南威尔士州等州，已经实施可交易的排放行动计划、基本污染负荷许可费、要求许可证持有者提供财政保证等经济措施。1997年11月在日本召开的《气候变化框架公约》首脑会议通过了一项允许发展中国家向富国"出售"吸收二氧化碳的森林能力的规定，这种"出售"吸收二氧化碳的森林能力（又叫出售"环境服务"）的交易构成了一个新的市场。因在1997年出售"环境服务"而得到200万挪威元收入的哥斯达黎加，于1998年在美国芝加哥股市首次抛出减少温室气体证券，哥斯达黎加总统和世界银行行长出席了交易仪式。到2000年，发达国家减少空气污染的费用达到每吨空气100美元，而通过像哥斯达黎加这种环境服务，上述费用可以减少到每吨空气 10 美元；同时，哥斯达黎加这个小国通过该市场每年可以从出售吸收二氧化碳的热带雨林能力中获得近 2.5 亿美元。

1997 年 3 月，欧盟曾制定一个能源税收指令草案，计划对包括化石燃料、碳氢燃料和电力等在内的能源征收污染税。欧盟国家通常采用的经济手段包括环境保护税收、收费、低息贷款、保险手段、环境标志、环保拨款、补助金、押金、加速折旧、排污许可及排污交易等。例如，在荷兰，1989 年的环境税将近 30 亿荷兰盾，约占该年总税收 1 250 亿荷兰盾的 2.5%。目前荷兰环境保护的主要财政来源是燃料收税和环境收费，荷兰的《环境保护法总则》规定对矿物燃料和汽油征税；荷兰的环境收费包括住宅废物费、废水排放费等，市政当局向私人住宅征收一种用于废物回收的费用，并对所有直接或间接向地表水或污水处理厂排放废水的单位和个人征收费用。荷兰自 20 世纪 90 年代起开设的生态税有碳氢燃料税（1992 年）、地下水抽取使用税（1995 年）、垃圾税（1995 年）、铀 235 税（1995 年）、能源调节税（1996 年）等，目前已经建立比较完善的玻璃、塑料容器的押金制度，近年来正在发展对易拉罐、电池、废油等的押金制度；从 1991 年 9 月开始执行加速折旧的计划，对可能显著减少环境影响的生产设备进行加速折旧，以减少对环境的影响。

八、押金

押金是一个重要的环境保护经济手段，主要用于促进废物回收利用。目前，瑞典已经形成一个可回收容器方面的高度发达的押金体系，每年回收的铝制容器已占全部铝制容器的 85%。所谓押金制度，是指通过强制性的措施，使消费者在玻璃或塑料等容器（包装物）上存款或押金，以促进消费者退回或循环使用这些容器或包装物。一般做法是：在消费者购买饮料等商品的同时，为包装或装有这些饮料或商品的容器或包装物支付一定数额的费用，如果消费者将使用过的这些容器或包装物退回给原销售者，则销售者根据其退回的容器或包装物的数量，退还消费者预先为这些容器或包装物所支付的押金。如果消费者不退回其已经付过押金的容器或包装物，则其所支付的押金将不能退还。这是一种强制性的市场机制。瑞典、美国等国家均实施了这种办法，效果很好。

九、环境基金、补助金、赔偿费

在西方工业发达国家，建立各种名目繁多的环境基金或基金会是一项重要的经济措施。例如，只有 800 多万人的瑞典却拥有 5 万多家基金会，其中环境基金会也不少。通过环境资源立法建立环境基金来处理环境问题，也已成为一些发展中国家的普遍做法。这些基金的来源包括政府的预算拨款、从产生污染的企业或对环境有害的活动中收缴的税费和罚款以及国际捐款；基金通常用于环境保护系统的基本建设及处理环境事故等方面。例如，由泰国《国家环境质量法》（1992年）建立的环境基金，其资金来源包括石油燃料基金的资助、政府预算、服务费及罚款，基金主要用于公共污染处理系统、废物处置系统、大气污染治理设备的投资和运行，也可贷款给那些有污染处理义务的私营企业。布基纳法索《环境资源法典》（1994年）建立的环境基金，主要资助环境管理和环境恢复措施，包括对进行污染控制活动或自然保护活动的公司和个人给予贷款、赠款和减税。菲律宾《环境资源法》要求某些公司建立环境保证基金，由政府监督、公司和社区管理，基金主要用于支付环境保护项目、环境监测、环境恢复及弥补公司因环境保护造成的损失。哥伦比亚根据1993年"99号法"，已建立国家环境基金和亚马孙地区环境基金。

瑞典建立环境基金，对不使用化肥和农药的农场提供资助；对地方公共团体和民间企业等实行补助制度，作为预防和治理污染的一种重要手段。根据瑞典《关于对净化装置实行国库补助的法律》（1968年），国家对污水处理设施投入其建设成本的30%～50%进行补助，使污水处理设施从1950年的10所增加到1977年的1 550所。瑞典还制定了《关于对事业者的水质和大气保护设备实行国库补助的法律》（1969年）、《关于对废物处理的国库补助的法律》（1972年）、《关于对农业等环境保护对策实行国库补助的法律》（1972年）等法律。《自然保护法》（1964年，1975年修正）也有对设立国立公园或其他自然区而受到损害的土地所有者给予补助或者负责赔偿的规定。还有补偿规定，如《关于遭动物侵害的补偿法令》（1972年），《关于对事业者的水质和大气保护设备实行国库补助的法律》（1969年），《关于遭动物侵害的补偿法令》（1972年），《关于对农业等环境保护对策实行国库补助的法律》（1972年），《油污损害赔偿责任法》（1973年），《利用国际油污损害基金赔偿法》（1973年），《环境损害赔偿法》（1986年）。《瑞典环境保护法》第八章第52～63条规定了一种特殊的收费——环境保护费，适用于法律规定的有害环境并获得财产收入的违法行为。该收费具有处罚的性质，其数额相当于违法所得。向违法者征收该费，由国家环境保护许可证管理委员会根据国家环境保护局的申请进行审查，对许可证委员会所作出的有关环境保护费的决定不服可以向瑞典斯韦（Svea）上诉法院提起上诉。

保险在欧洲国家是十分重要的环境保护手段。保险公司必须采取有效措施减少工业界的环境事故发生，以减少赔偿数额。根据《环境保护法》（1969年）第十章（环境损害保险）和《环境损害赔偿法》（1986 年第 225 号）的规定，依法从事需要许可证和需审批的活动的人，应当按照政府的规定缴纳一定数额的保险金。

例如，黑脉金斑蝶是一种体形较大的美洲彩色蝴蝶，在它的浅色翅膀上有黑色翅脉和橙色花斑。每年 11 月，来自美国和加拿大的 1 亿～14 亿只黑脉金斑蝶，经过大约 4 830 千米的长距离迁徙，到达墨西哥中部的 5 个州和米却肯州，在那儿的冷杉林过冬。到第二年的 2～3 月飞回北方。由于在过去的 28 年中大量砍伐树木，到 2001 年黑脉金斑蝶过冬地区的 40% 的森林已经消失，黑脉金斑蝶的"安全住所"受到威胁。为了保护黑脉金斑蝶这一常年远距离迁徙的神秘物种，"墨西哥—加拿大—美国保护野生动物及其生态系统三边委员会"成立了黑脉金斑蝶工作组，在美国、加拿大的资助下，墨西哥建立了方圆 56 万平方千米的黑脉金斑蝶保护区。墨西哥总统福克斯于 2001 年 4 月成立了"国家森林委员会"和黑脉金斑蝶信托基金。黑脉金斑蝶信托基金将根据政府的计划，以每立方米木材 18.19 美元的价格向黑脉金斑蝶栖息地的中心地带的 1.25 万居民购买"砍伐权"，使他们不再砍伐树木；同时以每公顷 12.19 美元的价格支付那些保护森林资源和植树造林的当地居民；另外还加强了环境执法工作，依法严格查处保护区中的伐木活动。墨西哥总统福克斯认为："黑脉金斑蝶与自然界的其他物种一样，是人类的财产。它们不只是属于一个国家、一个地区或一个组织的财产。"

第三节　特殊国家的环境法律经济例证

一、德国

德国是世界上最早提出生态保护的国家，长期以来，德国以生态理念作为环境保护的理论基础，在水、空气、生物多样性等环境生态保护实践方面采取了许多强有力的措施，成为世界上环保最先进的国家之一。

（一）德国的环保理念

1. 政府的责任

德国的环境保护理念非常先进。早在 1913 年，德国就已有 NGO 环保组织——德国自然保护联盟，注重保护湿地、河流和森林。那时德国的环境保护建立在私有制基础上，森林山丘都是个人私有，"自然保护联盟"通过支付适量的酬金要求领主减少砍伐，以此保护湿地森林。他们认为，政府的责任和公众的参与在环保事业中非常重要。德国政府把环境保护作为自己义不容辞的责任。将"对子孙后代负责任"解释为："积极地保障未来政策的实行推广。"德国不仅要求政府积极履行责任，而且要求经济参与者和民众都具有环保理念。

德国的一些政党也相继提出了各自的环境保护目标。例如，作为德国的执政党之一的自由民主党及其国民教育机构兼智囊机构弗里德里希·诺曼基金会还提出了在德国努力建设生态市场经济的目标。

德国的绿党在德国 1994 年的联邦议院选举中大出风头，首次选票超过自民党，跃居为德国的第三大党。这与德国公民普遍的政党厌恶症有关，也与该党的"绿色"取向有关。没有人会对"绿色"本身反感。但从长期角度看，小党的竞选纲领的实质内容最终会被大党利用，贴上大党的标签，这里也适用于德国的自由民主党，1994 年的这次大选结果尽管把该党从原来的第三大党推至了第四大党的地位，但它仍保留了执政党的地位，这说明人们在指责它缺乏独立政治纲领的同时，仍然肯定了德国自民党在德国传统的三政党政治结构这一天平中的砝码作用，毕竟是德国的自民党最为维护自由企业制度，维护企业家精神的发扬光大，并且最早（1969 年）推动环保事业的建设。由于德国绿党的壮大，德国的政治结构发生了微妙的变化，但是，大党如基民盟/基社盟的纲领仍将压过小党，因为它们将自始至终吸取小党纲领中的养分，挪用小党的纲领内容，并新瓶装旧酒，贴上自己的标签。总而言之，德国的各大政党都已把环保作为其各自纲领的组成部分，它们的纲领在总体上也大同小异，因此，从竞选角度看，胜负与否将更取决于各党领导人本人在党内外的魅力和凝聚力。

2. 公众的参与

德国环保采取合作原则，政府、企业和家庭的全民参与和共同负责原则。对环境不利的经济和社会活动的所有涉及方也要有责任心，企业、家庭、公民、团体和国家都要参与合作，发挥自己的影响力，参与环保措施的计划和实施。德国巴伐利亚州有一个环保 NGO，名曰德国自然保护联盟，于 1913 年成立，现已成为执政党的一部分。2002 年带领我们参观该联盟保护湿地的亚历山大先生向我们介绍说，他在小学时就已参加了自然保护联盟组织的环保活动：春天，孩子们手拉着手到马路上去拦截汽车，要求让青蛙先过马路。由此可见，他们从小就已接受这种环保模式的教育和培养。大学毕业之后，亚历山大先生便主动到联盟参加工作。州环保部充分发挥非政府组织力量，积极向民众宣传环保知识，建立公民参与体系。

德国工业界和经济界的环境意识是非常强的。20 世纪 80 年代初，德国国民对高度工业化的发展给环境带来的问题担忧，进而出现以保护环境为宗旨的绿色运动、绿色食品、绿色环境，甚至以绿色城市为发展、建设目标，站在世界潮流的前头。1987 年，德国率先实行环境标志制度，旨在对产品的全过程环境行为进行控制和管理，树立产品的环境形象，提高产品的市场竞争能力。所谓环境标志制度，就是依据环境保护标准、指标和规定，由国家指定的认证机构确认并颁发环境标志（蓝色环境天使标志）和证书。认证标准包括原料等资源的配置、生产技术、生产程序、处理技术和产品的回收利用及废弃物处理等方面。

国民素质的提高和环境产业的发展使得消费者倾向于购买绿色食品和其他绿色产品。欧美目前兴起了一股绿色生产浪潮，德国则是先锋。绿色生产体现了一种新的经济哲学，是一种新的飞跃。在绿色生产中，大型企业起了先导作用。从产品周期来看，从原料开发、采购、运输，到产品设计、生产、包装、运输、消费、回收等各个环节，从产品的"摇篮"到"坟墓"，绿色生产即纵贯整个过程。德国宝马汽车公司还开始将汽车部件分别按其材料的类型涂上不同的颜色，以利于日后进行有效的回收。

德国传媒经常提到"三公升轿车"的设想。所谓三公升轿车，是指 100 公里燃油消耗为 3~4 公升的柴油动力轿车。该设想是德国三个州的州长于 1995 年 8 月 11 日亲自出马，与德国大众、宝马、奔驰和波尔舍四大汽车公司的各位总裁一起，在波恩举行新闻发布会时宣布的，旨在 2000 年前，通过技术革新，逐步推出"三公升轿车"。它采用柴油发动机，汽车排气不含致癌物苯，碳氢化合物和一氧化碳的排放量也比汽油发动机轿车要低，燃油消耗也从 5 公升以上下降到 3~4 公升。同时，"三公升轿车"的投产也可以缓解日益严重的失业问题。

除了厂商本身为其产品及其生产程序树立环境形象之外，消费者（使用者）的生态取向起着很大的作用。在现代市场经济条件下，恰恰是消费者主权起着决定性的作用。厂商的生产最终得面向需求，属于大众生产。这意味着最终由消费者的需求来决定厂商的供给。鉴于德国普通公民的环境意识普遍很高，厂商的生产必须面向对环境有利的产品的需求，必须面向生态进行再定位，以求避免公众对其产品的反感。此外，德国的环保法律严格体现了排污者负担原则，制裁措施比较严厉，这也迫使厂商改变生产工艺和生产程序、改进产品的设计。

德国工商联合会也为德国企业的环保工作作出了贡献。工商联合会实际上是一种半官方组织，它由许多成员企业组成，是企业主利益的代表机构，但其主席由德国政府任命，属于政府官员，联合会本身的经济来源实际上主要来自会员的会费、特别缴款和收费等。这种制度安排的好处之一是官方利益和民间利益可以相互沟通，政府把自己的一部分职能转移到联合会这类组织来履行，比如环保知识培训等，体现了德国整个国家及社会制度的根本原则，即本书开篇所述的辅助性原则。

德国目前共有 83 个工商联合会，每一家都有一名专职的环保问题联络员，向德国企业尤其是中小企业提供环保问题法律条文，提供企业有关环保问题培训信息。工商联合会从 1974 年起还经营起一家"废物回收再生交易所"，其目的就是变废为宝，即把一家企业的废料变成另一家企业的"二手原料"，其交易方式似乎等同于北京的图书调剂市场。

3. 重点原则

有时用同一笔数目的款项，用于一处的边际收益要比用在另一处的边际收益要大得多。也就是说，要从经济学的成本效益角度上来选择环保的侧重点，做到用一定的环保资金投入带来最大的环保收益。因此，一种有着创新意义的环保政策也应注意治理环境的主次和优先顺序。

（二）德国的环保经济措施

德国对环保企业及环保项目采取补贴和资助等办法，以促进环保产业的发展。

1. 补偿手段

对企业放弃环境破坏行为提供补贴支持。当国家给企业在使用成本较为有利的旧设备和全面的治理旧设备方面以一定的活动空间时，则可应用补偿手段。补偿手段应当能够刺激寻找新技术，并加以应用，要充分利用企业在信息方面的优势。向企业提供环境保护补贴，促进企业开发对环境较为有利的生产程序、产品和投入品。

由政府来资助环境技术研究和开发，即促进环境技术革新。推行与环保目标挂钩的政府购买政策。为清除已经发生的许多环境公害提供公共支出。对使用者采用污染较低，但成本较高的产品提供使用者补贴优惠，如对货车主人把噪声大的旧货车更换成低噪声新货车提供补贴。加强环保信息和环保咨询。

2. 税收手段

征收环境税和有害物质税（如二氧化碳税）。税收手段在环保中起一定的作用，它可以服务于多种目的。它的理想状态是，当环境质量改善到一定程度时，根本不征收这一税款。国家通过税收支出措施提供直接或间接的环境保护。

3. 排污交易权手段

排污交易权是指国家管理部门制定一个总的排污量上限，根据排污量上限发放排污许可。这里的排污量上限不是针对某一个别企业，而是针对所有企业。

4. 推行环保责任制

如签订行业协定，或通过半官方和非官方的联合会来负责相应行业的环保工作。

使用对环境有害的设备的企业和个人必须承担强制的担保责任。强制的担保责任对企业既是一种约束，也是一种激励，它促使企业在设备的使用过程中更多地考虑安全措施，尽量减少设备对环境的危害。

5. 排污者付费

排污者付费，即从排污者处收取用于政府避免、消除或者补偿环境污染的费用。这是最首要的原则。也是促使企业和家庭提高环境意识和觉悟、遵循预防污染原则的基础。德国贯彻排污者付费原则的政策工具是多种多样的，如发放环境许可证，收取有害物质税、环境税，侧重于对环保有利的产品的政府采购，政府对某些产品生产或对某些生产程序的禁令等。

德国于 1990 年与捷克签订协议对易北河进行联合治理与保护。两国都关闭易北河周边的化工厂，德国做表率首先进行关闭。同时，德国还采用了生态补偿的方式，在 2000 年赠予捷克 900 万马克用于修建捷克与德国交界沿河城市的污水处理厂。德国乡村每户人家都备有塑料箱用于接雨水，作为浇花、冲厕所等日常生活所用。

对于本国的地表水污染，德国也采取了严格的管理措施。过去 20 年中，通过采取诸如在全国范围内强制要求乡镇及工厂与污水处理厂连通、对污水处理规定严格的标准和排污付费等措施，调动了企业从技术上解决污水净化中存在问题的积极性。

（三）生态市场经济是德国经济的发展方向

环保产业是近期内在世界发达国家，特别是在德国兴起的一种新兴产业。它的迅速发展，带来了就业的扩大和市场经济建设的大发展。

1. 市场和产业规模

在德国，不仅立法本身规制着国家、企业和家庭的环境保护行为，而且公民日益增长的环保觉悟本身也推动了环保事业尤其是环境产业的发展。环境产业的发展可以大大地改变人们把环保事业看作一种负担的态度。因为它对人类一方面是负担，另一方面也带来了赢利和提高经济效益的机会。

随着企业和家庭对环保意识的加强，投入增多，德国的环境产业已经具备了可观的规模。环境技术市场蓬勃兴起，它在德国年销售额增长率平均为 6%～8%。1993 年，德国环境技术市场销售额达 625 亿马克，比德国的塑料和钢铁市场规模还要大，后两者的年销售额分别达 590 亿马克和 370 亿马克。根据德国赫尔穆特·凯泽企业咨询公司的预测，到 2000 年，德国环境技术市场年销售额可达 970 亿马克。

1993 年，全世界环境技术市场的销售额达到 5 780 亿马克，西欧占 35% 的份额，其中德国独占 10.8%。根据赫尔穆特·凯泽企业咨询公司的估算，到 2000 年，全球环境技术市场销售额将达到 9 040 亿马克。

德国在环保技术市场方面有着明显的优势，已经发展成为重要的出口市场之一，德国的环保技术出口在全世界独占鳌头。国际上所有的环境技术专利申请中，有 21% 来自德国，居世界领先地位。明显超过美国（占 13%）和日本（占 9%）。德国占世界环保物资的市场份额达 20.5%，雄踞榜首，其次才是美国（17.1%）和日本（12.7%）。

根据德国技术后果预测办公室的材料，在世界环境技术出口市场上，德国目前占据了 21% 的份额，在发达国家中居首位。美国占 16%，位居第二，接下来为日本、意大利、英国和法国，分别占 13%、10%、9% 和 8%。

但是，到目前为止，德国所销售的产品主要是传统技术产品，如用于各种清理和燃烧设备的净化和过滤技术。

从中长期角度看，环境市场的未来在于绿色生产。德国及其他发达国家正在开发综合环境保护技术。它们不仅能够更为有效地保护环境，而且通过节约资源和能源降低生产成本，提高生产率。欧美一些经济部门已经捷足先登。如几乎所有的冰箱厂家都改用无氟利昂生产程序，造纸厂不再用氯化物处理纤维，而且更多地回收旧纸。化工业更多地采用可溶解于水的颜料和油漆。德国联邦研究部每年为综合环境保护技术研究和开发支出 2 500 万马克。在 2013～2014 年，受到该部资助的罗佛·奥卜塔（Lowe Opta）有限公司推出了一种有利于回收的生态彩电。机身由可回收利用的轻质钢制成。内部结构简化到最低程度，易于拆卸、归类和回收利用。

预防污染技术创新对整个环保产业来说是革命性的。尽管如此，预防污染技术在环保技术市场销售额的比重低于 20%。由于德国政府目前的政策倾斜于促进事后污染处理技术的开发和应用，在德国约有 8 500 家厂家拥挤在这一受到大量补贴的事后污染处理技术市场，忽略了代表未来方向的对事前预防污染技术创新的开发投资。德国的环保技术市场结构还有待调整。

2. 绿色工作岗位

根据德国经济研究所的数据，1994 年德国私人及公共环保支出为 144.24 亿美元，占国内生产总值的 1.7%。

在西德，直接从事环境工作的人数，1990 年为 20 余万人，他们中有一半人归属地方自治政府。20 余万人中有 5 万多人从事废水与垃圾处理以及街道清洁工作，有 35 043 人工作在计划部门、管理部门及执行部门。此外各有约 3 万人分别在产业部门、废旧物资批发贸易部门和官方与私人的清除残渣企业中专门从事或间接从事环保工作。

据德国环保专家于尔根·布拉泽查克先生介绍，1990 年德国西部的环保支出总额为 320 亿马克（1988 年价格），其中大约 150 亿马克用于环保投资，90 亿马克用于环保方面的日常费用开支，将近 80 亿马克用于环保商品和环保劳务的出口。通过上述支出，总共提供了 34 万个工作岗位，其中约 20 万人直接从事环保商品和劳务的生产，约 14 万人间接从事环保产前部门的生产。在德国，这些数字是十分可观的。

到 2000 年，预计东西德将共有 110 万个环保工作岗位。在整个 20 世纪 90 年代，西德的环保就业人数将增加 2.5%，东部达 5%～6%。东德环保领域就业增长快的原因主要是东德还存在大量的旧有环境污染问题，需要整治。①

以上充分表明，环保产业大大促进了就业岗位的扩大和市场经济建设的迅速发展。

二、美国环境保护市场机制

以环评法的制定与执行为据，美国是最早提出公众环境参与权利理念的国家。它主要有三种理论依据：

（一）公民环境权理论

20 世纪 70 年代，美国学者提出了环境权理论。他们认为，"每一个公民都有在良好环境中生活的权利，这是公民环境权最基本的权利之一，应该在法律上得到确认并受到法律的保护"。在对环境权利的呼吁下，一些国家及国际组织均相应地将"环境权"写入了环境保护法律文件之中。

（二）环境的公共信托理论

美国学者萨克斯在 20 世纪 70 年代初提出了环境资源管理的公共信托理论，他认为公共信托理论有以下三个相关的基本原则：第一，将水、大气等对全体公民生存至关重要的公共资源作为私有财产是不合适且不明智的；第二，大自然对人类的恩惠不受个人的经济地位和政治地位的影响，公民可以自由地合理利用；

---

① 冯兴元："德国的环境保护与市场经济建设考察"，载中国社会科学院网站，http://bic.cass.cn/index.asp。

第三，政府不能为了其本身的利益将可广泛使用的公共物予以限制或改变分配形式。实质上，是以信托的形式将本应由公众行使的管理环境资源权利，转交于民选的环境资源管理机关即政府机关来行使。政府机关对公众负责，公众可通过行政或司法等程序对政府的管理行为进行监督。

（三）环境公共财产理论

环境公共财产理论认为，空气、阳光等人类生活所必需的环境要素，在被污染以后尤其难以恢复，而不是像古典经济学所认为的那样取之不尽、用之不竭的"自然财产"，应该作为全人类的公共财产。譬如说，一公分的土壤要经过250年形成，破坏后造成水土流失将需要250年才能得以恢复。由于干旱，2013年江西省90万人面临水资源缺乏问题。有人说，地球上剩下的最后一滴水将是人类的眼泪。所以说，自然资源并非"取之不尽、用之不竭"，而必须悉心保护、合理开发、科学利用。任何人不得对其非法占有、支配和损害。

（四）水资源保护

美国环保署内设水源管理部，负责给各州政府提供技术支持，管理饮用水改进设施的贷款性基金，以及全国饮用水数据库和全国各类污水（包括矿山污水、工业污水等）的地下注入。美国有些地方如加利福尼亚州非常缺水，保护好水源非常重要。如果水源质量好，水处理成本就低，也可减少工作失误和危害。美国的饮用水安全法要求各州保护水源：一是水源评估，划定保护区；二是列出所有可能给水源带来危害的因素；三是将已有信息与水文信息整合在一起，建立对水源的充分了解；四是——也是最重要的，向公众公布评估、危害因素、污染状态、水文情况等全部内容，这是法律明文要求的。各州相应地有自己的保护方法，有自己的保护法律，但是，向公众公布环境信息是联邦法律的规定，不可或缺。

（五）财政支持政策

美国联邦和州一级政府对环保工程项目的资金支持采取两种方式：一是项目免税政策，二是直接的资金补贴政策。

三、低碳经济的先行者——英国

（一）低碳经济概念的提出

2003年，英国在国家能源白皮书《我们能源的未来：创建低碳经济》中首次提出此概念，低碳经济是低碳发展、低碳产业、低碳技术、低碳生活等一系列经济形态的总称。英国在其后"巴厘岛线路图"中对其进行了进一步的肯定。他们的具体计划是：

（1）到 2020 年，温室气体的排放在 1990 年的基础上减少 34%；

（2）到 2020 年，英国将有 120 万人从事绿色职业，700 万栋房屋将进行能源革新，超过 150 万户家庭将得到政府赞助自产清洁、可再生能源（如沼气），40% 的电力将来自低碳能源包括可再生能源、核能和清洁煤；

（3）新车平均碳排放量减少 40% 等。

（二）英国个人碳交易

个人碳交易是一个有吸引力而又简单的概念，包括个人碳排放津贴（Personal carbon allowances）、个人碳排放配额（Personal carbon rations）、碳排放信用额度（Carbon credits）等。

个人碳交易是一个包含了大量特殊政策建议的概念集合，旨在以更有效、更公平的方式来改变人们的行动以减少碳排放。尽管个人碳交易有不同的版本，而它们的共同特征是给予每个人免费的可交易碳津贴，涵盖了直接源于其家庭能源利用以及个人交通排放的碳，而不包括体现在购买的商品或服务中的碳排放；且这种津贴将逐年减少以与国家长期的碳减排目标相一致。在个人碳交易的整体概念框架下，有多种不同的具体政策建议。其中两个经常被学者们提及的是个人碳排放津贴（Personal carbon allowances，PCA）和可交易能源配额。

个人碳排放津贴的主要内容：每个成年人都分得数量一致的可交易碳津贴，这包括来自于他们家庭能源利用以及个人交通（含飞机旅行）所排放的碳量；家庭中未成年人的津贴较成年人少，且由其家长负责管理。个人碳交易的另一种实施形式是由 Fleming1997 年首次提出的可交易能源配额，其所涵盖的范围比个人碳排放津贴更广，包括了整个经济社会的碳排放量。对于个人部分，除了不包括飞机旅行的碳排放外，其他与个人碳排放津贴完全一致。可交易能源配额由许多碳单位（Carbon units）组成，每个碳单位代表了排放一吨 CO_2 的权利。在这种体系下，任何组织必须通过全国性的拍卖来购买碳排放许可，这种形式将取代当前实施的欧盟排放交易体系（EUETS）。Fleming 认为可交易能源配额为人们对气候的担忧和飞涨的油价找到了解决问题的答案。

个人碳交易系统的引入将赋予人们新的权利和义务，会影响到他们每天的生活，促使人们在作出与碳相关的购买决策时深思熟虑，人们会不断改变自己的生活方式，从而造就一个低碳的社会。

（三）英国在发展低碳经济中的收获

走上一条可持续发展的道路。有人曾质疑，发展低碳经济会提高工业发展的成本，降低人们的生活水平。然而，低碳经济将会出现由发展新能源如核能、风能、生物能而衍生出来的新行业、新就业机会、新贸易机遇等，从而形成新的经济增长点。所以，发展低碳经济并不会导致就业率降低，反而将促进经济的健康发展。为此，英国制定了《英国低碳工业战略》《英国可再生能源战略》《低碳交通——更环保的未来》等战略文件。

四、挪威

20 世纪 60 年代和 70 年代，严重的空气和水污染促使挪威于 1972 年成立了环境部。如今通过国内和国际措施，在酸雨大气层问题的解决、空气和水污染的控制以及废物管理上有很大的改善，这是一个漫长和艰难的过程，成功的原因在于有得力有效的环境经济措施。

挪威是世界上第三大原油出口国，汽油价格却排在世界的前列，原因在于强制性的财政税、二氧化碳排放税和 CUR 税。中国有丰富的煤和低成本的劳动力，可以开征能源税和反映环境成本的 CUR 税、二氧化碳税，从而促使能源集中密集的工业节约能源消费，最终可缓解中国很多省份的电力缺乏和避免停电。

挪威的经验是，没有一个单一的方法可以解决环境问题，对环境的考虑和把有效的资源利用到所有的经济活动中，做到这一点并不容易。但是好的政策结合不同的措施是成功的必要条件。至关重要的一点是在国家和地方具备很强的环境领导制度。省级及以下政府要将可持续发展与明确的管理责任、报告要求以及积极有回报的发展联系起来，避免腐败，并提供经济补偿。环境发展取得良好效果的应该得到奖励。

为了制定恰当的国家政策，省级和当地有关部门应定时提供空气和水污染等环境的报告，有责任独立组织监督以保证信息量的准确性。好的结果需要全面的支持和各层次的培训。省级和当地环保部门的培训对确保《环境法》的执行是必要的。挪威政府为了制定恰当的国家政策，需要省级和地方有关部门定时提供空气和水污染等环境的报告，需要有责任的社会独立组织进行监督以保证信息量的准确性。因为好的结果需要全面的支持和各层次的培训。所以挪威对省级和地方环保部门进行培训，确保《环境法》的有效执行。并且，挪威把环境知识培训作为模范项目来进行，借以强化环保法规的执行。

挪威与俄罗斯及东欧国家在能源效率和环境管理领域上进行合作，取得了良好的效果。要发展绿色经济，加强商业领域内的环境管理也是重要的。面对环境挑战的责任，不应只要求公众和政府部门，所有的工商界都应付出努力，为环保作出贡献。许多商界领导把环境因素和环境计划结合起来，以取得 ISO144000 的环境证书，并履行企业社会责任的承诺及 CSR，好处在于提高效率和节省成本。这一点可以从针对汽车业、旅游业和电业的 ISO144000 认证中以及挪威的模范项目中表现出来，对投资于清洁设备生产和治理污染空气及水源系统的企业，提供经济帮助和税收优惠是保证商界参与的一个方法。

在挪威，对建筑物的隔离标准设定要求，既控制能源利用，又保证舒适程度，将 40% 的能源消费用于建筑物。在中国，也可以在能源和水资源上设定要求，以取得更好的质量和降低资源的浪费。质量高的建筑物建设成本比较高，但运营费用比较低，原因是对水和能源的有效利用，此类规定应伴有对投资于节省水和能源有效环境科技的经济帮助和税收优惠，这样可以鼓励工商业投资于此类科技。

总的来说，挪威的经验是信息分享、对话和公众参与，这是通向将所有相关领域和潜在伙伴动员起来，最终取得绿色经济发展的道路。

五、芬兰

（一）立法

20 世纪 80 年代以后，政府制定和修订了一整套完备的环境法律、法规，并辅之以有效的监督和惩罚机制，这对环境产业的发展起到了决定性的作用。

（二）行政手段

行政手段是对立法的补充，主要包括：依法制定各种环境标准，依法对企业、设施等实施环境许可证、强制报告、审计及损害环境赔偿制度，鼓励企业使用环境标志等。

（三）经济手段

一是加大对环境的投资，使得环境是除福利之外政府支持最多的领域；二是允许达到环保标准的环境投资项目享受加速折旧的优惠。

六、瑞典

（一）完善环保法律和政策

从 20 世纪 60 年代起，瑞典政府开始有计划地制定各种环保法律和政策，出台了一部综合性的环境法——瑞典环境法典，将环保纳入了法律的轨道。瑞典又在西方国家中较早地制定了保护环境的经济办法，即对环境排放实行征税和收费的办法。

（二）多渠道支持环境研究

政府部门下属的局主要负责环保管理工作，其大部分经费用于支持高校环境科研工作，同时瑞典还有许多基金会支持环境研究和开发项目，尤其是 1994 年成立的战略环境研究基金会，对环境产业的发展提供了重要的支持。

（三）政府部门和公共部门采购和投资

政府在市场上选购环境友善的商品和服务，选用新的环境技术，同时对环境开发项目和示范设备进行投资，促进了环境产业的发展。

（四）积极参与环保领域国际竞争

瑞典国际开发署（Sida）通过为发展中国家提供无息贷款和资助双边环境科技合作项目来支持瑞典环保企业和研究机构，促进环保产业发展。

七、匈牙利

（一）新环境法案

1995 年，匈牙利通过了新环境法案，变消极环境保护为经济环境保护，即以防止环境污染为主。法案规定：在制订国家社会、经济计划和重大区域性开发中，在作出法律和经济决策前，决策者必须对所有可能影响环境保护的因素做详尽调查；明确环境用户、地方政府和中央政府分担环保费用的基本原则；按照市场经济原则，运用适当的经济手段鼓励环保基金会建立和改变环境用户和环境污染者的态度。

（二）实施经济调控手段

设定不同的经济收费和税收种类，如产品费、排污费、用户费、消费税等，用于环保。

（三）研究和发展

设立了"国家环境管理研究项目"，每年给予专款资助，同时大力加强研究人员和经合组织以及欧盟国家的研究人员在环境方面的国家合作。

八、日本

（一）环境基本法

日本的环境基本法包括环境污染防治、自然资源管理和生态保护方面的内容，是上承宪法下启各单行污染防治法律的基本框架法，它原则性地规定了国家进行环境保护的基本制度和组织方法，社会各主体在环境保护中的义务和责任。

（二）环境投资的主体结构

日本环境投资的主体分为中央政府及其附属的金融机构、地方政府和企业。政府负责环境基础设施建设的投资；企业除了负担企业内部的污染防治投资外，还要部分承担相关的环境基础设施建设费用；中央政府附属的金融机构负责对企业和部分环境基础设施建设提供资金支持。

（三）环境投资的资金援助

日本在激励和帮助企业进行污染投资上，建立了一套成功有效的援助机制，包括中央政府下属的公共金融机构的优惠贷款、税收优惠政策和政府的直接补贴。

（四）环境教育和公众参与

日本基本上已经形成了针对中长期目标的专业和非专业性正规教育，针对政府官员和企业管理人员的专门教育，以及针对一般市民的社会性教育等环境教育体系，与此相应的是公众参与也呈现出多样化和深刻化的特点，大致表现为预案参与、过程参与、末端参与和行为参与。

第四节 中西环境经济刺激制度比较

一、财政援助

环境污染的防治、生态的保护和建设都需要以资金的投入作保障，而这笔奖金往往较多，为了减轻治理和保护都过重的经济负担，国家需要提供一定的物质保证，从而鼓励和调动治理和保护的积极性。这是一种积极的干预手段。这种财政援助主要包括用于污染处理或处置设施建设、综合利用、回收利用和对自然资源的保护方面。

美国在环境保护财政援助上作了详尽的规定。1974 年，美国《大气净化法》中规定对大气污染控制机构和从事此类活动的其他有关机构、燃料和车辆减少排污的研究、大气污染防止和控制计划等提供技术服务和财政援助，并给予有关的机构与个人补贴。1980 年，美国《固体废弃物处置法》明确规定：联邦有必要采取各种行动，包括财政与技术援助，指导能减少各种废弃物和不可利用的废品的产生的新工艺和改进工艺的发展，示范、推广以及提供既省钱又实用的固体废弃物处置办法。如规定对废旧轮胎按标准处理，则国家给予相当于该轮胎购买价格5%的补助金。为执行此项规定，联邦在1978~1979年财政年度内拨款25万美元。同时资源回收系统对固体废弃物设施发放补助金作了限制性规定，要求设施必须具有合理性、合法性、先进性，并规定补助金的资金总额占该工程费用的50%~75%。

我国于1984年6月公布的《环境保护资金渠道的规定》第2条规定："各级经委、工交部门和地方有关部门及企业所掌握的更新改造资金中，每年应拿出7%用于污染治理。污染严重治理任务重的，用于污染治理的资金比例可适当提高。"1973年《关于保护和改善环境的若干决定》中就提出：综合利用产品，国家要在税收和价格政策上给予适当照顾。1992年4月，国务院办公厅转发的国家环保局和建设部《关于进一步加强城市环境综合整治工作的若干意见》指出：城市人民政府应采取有利环境综合整治的经济政策，开辟各种资金渠道：要管好、用好城市维护建设资金、环境保护补助资金，并适当增加预算内的环境保护补助资金；综合利用产品的利润留成应当用于治理工业"三废"；土地使用权有偿转让收入，应重点用于城市建设和土地开发。1992年9月国务院批准发布的《我国环境与发展十大对策》和1996年8月国务院《关于环境保护若干问题决定》都提及了对环境保护方面的财政投入，但遗憾的是，对环境保护的财政援助多在政策性文件中涉及，而在法律中并未多见，并且相比美国在财政援助方面的规定，我国的规定多是原则性的，在实践中并无太多的可操作性。现行财政政策不利于环保产业发展。保护环境、治理污染需要环保产业的发展来提供必要的设备和技术，而发展环保产业需要解决两个方面的问题：（1）资金。环保产业都是一些投入大、见效慢的基础设施项目，需要投入大量资金。目前，用于环保项目的资金来源主要有排污费、财政投资和财政补助。在"六五"期间用于环境保护的资金约为170亿元。在这些资金中，企业自筹占了相当比重，银行贷款和利用外资仅占4%，财政直接投入更少。（2）技术。用于环境保护的工程项目都是运用高新技术，而这些技术的成熟与否对工程具有决定性的意义。从治理污染的项目看，许多技术都是边生产边研制，对企业生产不利，对整个环保产业的发展也存在消极影响。也就是说，治理污染的技术需要先行一步，需要政府建立环境保护技术研究开发基金，以保证环境污染治理的顺利进行。为此，需要采取得力措施，解决环境保护中的技术风险和资金问题。但是，由于政府对环境保护重视不够，财政直接投入少，贴息政策运用不灵活，银行资金也没有足额投入，在一定程度上阻碍了环保产业的发展。

二、税收手段

税收手段是指国家通过征税、加税、免税、减税等方式，鼓励人们为环境公益行为，抑制不利于环境的行为。目前，许多国家采用税收手段来实施对环境的管理。日本不仅对污染防治设施不征收任何固定不动产税，而且采用加速折旧的方法使企业纳税减少，如污水处理设施一年可折旧50%，与之相对的是，对污染企业实行征税，以用于环境恢复和排除积累性污染。在德国，为调动企业对环保进行投资的积极性，联邦政府在所得税法中规定了对环境保护投资的刺激措施，即允许折旧超过正常的折旧。根据规定，企业及其他纳税人，凡在建筑物内采取规定的节约热能或噪声治理措施者，享受折旧费优惠。1974年生效的德国《所得税法》规定：凡具备法定条件，1974年12月31日以后和1981年1月1日前购置或建造的有损耗的或移动的和不可移动的固定资产经济商品，可在购置或建造的会计年度内折旧60%以下，以后每年按购进或建造成本的10%折旧，直到折旧完为止。

我国税收制度比财政援助显得更有可操作性，在环境保护方面发挥了一定的作用，但同工业化国家相比，还存在着很大差距。一是涉及环境保护的税种太少。环境问题涉及社会经济生活的各个方面，关系到未来，需要从多个角度进行调节，而目前的税种中只有资源税、固定资产投资方向调节税和所得税涉及环保问题，其他主体税种如增值税对综合利用"三废"生产的项目没有优惠政策、消费税对汽油消费没有什么限制功能，显然对环境保护关心明显不够。二是现有涉及环保的税收对环境保护的调节力度不够。比如，就资源税来说，税率过低，各档之间的差距过小，对资源的合理利用起不到明显的调节作用；征税范围狭窄，对生活必需品的水却没有列入，起不到调节作用。三是对排放污染项目缺乏制约作用。比如，固定资产投资方向调节税仅对环保项目本身免税，却对排污项目没有限制作用。此外，我国税法执法不严，在一定程度上使税收对环境保护的支持作用打了折扣。

欧盟一些国家征收碳税的效果表明，碳税是一个有效的环境经济政策工具，可以较好地起到减少污染物排放以及二氧化碳排放、提高能源效率的作用。开征碳税国家的生物燃料使用范围大幅扩展，化石燃料的使用则明显减少，这使得这些国家的能源供给结构发生了显著优化，碳税开征带来了这些国家温室气体排放量的降低。

欧盟一些国家在引入碳税时，大都遵循了宏观税收强度中性原则，即在开征碳税的同时，降低其他税种（社会保障税和企业、个人的所得税）的税负，从而保持宏观税负水平不变。这实质是通过税收结构的优化达到了"双重红利"的效果：一方面，增强了税制在环境保护方面的效应，更加"绿色化"；另一方面，减少了其他税收负担，降低了征税的福利成本，这种双重红利的效果，会大大减少改革阻力，保证改革的顺利进行。我国可以适当借鉴这方面的经验。

应该看到，各国在开征碳税时的经济社会背景是不同的，也有各自的政策目的。例如，1991 年，瑞典开征碳税时已经初步解决了环境污染问题，当时的主要目的是进一步减少对化石燃料的使用，提高能源效率，减少污染物和温室气体排放；德国实施生态税改革则是希望通过引入生态税，在提高能源效率的同时解决社会保障成本和经济增长方面的问题。基于国情优化税制的结果是，开征新税并没有对 GDP 增长产生明显负面作用，从长期来看恰恰是更好地促进了经济增长。

三、信贷手段

目前"赤道原则"已经成为国际项目融资的一个新标准，全球已有六十多家金融机构宣布采纳"赤道原则"，其项目融资额约占全球项目融资总额的85%。而那些采纳了"赤道原则"的银行又被称为"赤道银行"。在我国的银行业中，目前只有兴业银行一家"赤道银行"，这也从一个侧面反映出我国"绿色金融"的发展尚处于起步阶段。

用优惠贷款方式鼓励企业进行污染防治和废物综合利用在有关法律中予以规定，发放低息贷款或优惠贷款是政府对环境进行管理的一种间接手段。这种经济手段的运用，能减轻政府在财政援助中的重负，同时又可以鼓励单位或个人积极进行环境治理和加强环境管理。日本自 1970 年以来，一直以低于市场 1%～2% 的利率，向企业提供用于修建防治污染设施的贷款，贷款的偿还期为 10 年以上，这些低息贷款的绝大部分，提供给中小企业用于污染防治设施的建设。我国在这方面也作了相关规定。1984 年 5 月颁布的《关于环境保护工作的决定》中规定："企业用于防治污染或综合利用三废项目的资金，可按规定向银行申请优惠贷款。"1985 年 9 月颁布的《关于开展资源综合利用若干问题的暂行规定》第 10条规定："对微利和增产国家急需原料的综合利用项目，各专业银行应当积极给予贷款扶持，还贷期限可以适当延长。"1986 年 1 月颁布的《节约能源管理暂行条例》第 41 条规定："对国家信贷计划内的节能贷款，实行优惠利率，并可由有关主管部门按国家规定给予贴息；允许贷款企业在缴纳所得税前，以新增收益归还。对社会收益较大而企业效益较小的节能基建拨款改贷款的项目，有关主管部门可按国家规定豁免部分或者全部本息。"但是相对西方国家，我国的信贷政策还不够完善。贷款优惠分为长期贷款、贴息贷款、低息贷款、无息贷款，其中最重要的是长期贷款和贴息贷款，因为还贷压力较轻，而我国多采用低息和无息贷款，且还贷时间过短。此外对贷款资金的监控机制亦不够健全，一些低息贷款并未真正用在环保事业上。

客观地讲，虽然目前我国金融机构普遍对发展"绿色金融"颇为关注，但在具体实践中却又面临着诸多障碍，如"绿色金融"业务风险较高而收益偏低、信息沟通机制有待完善、金融机构缺乏专业领域的技术识别能力、相关政策不完善等。不过，笔者认为，要破解这些"瓶颈"，可以借鉴一下发达国家，特别是德国的成功经验。德国是国际"绿色金融"主要发源地之一，经过数十年的发展，其相关政策已经较为成熟，体系也比较完善。分析来看，德国实施"绿色金融"的经验主要有：

首先，国家参与。这是德国发展"绿色金融"过程中最重要的特征。举例来说，德国出台政策，对环保、节能项目予以一定额度的贷款贴息，对于环保节能绩效好的项目，可以给予持续 10 年、贷款利率不到 1% 的优惠信贷政策，利率差额由中央政府予以贴息补贴。实践证明，国家利用贴息的形式支持环保节能项目的做法取得了很好的效果，国家利用较少的资金调动起一大批环保节能项目的建设和改造，"杠杆效应"非常显著。

其次，发挥政策性银行的作用。德国复兴信贷银行在整个"绿色金融"体系中始终发挥了重要的作用，不断开发出"绿色金融"产品。值得一提的是，复兴银行节能环保的金融产品从最初的融资到后期金融产品的销售都没有政府的干预，各项活动都通过公开透明的招标形式开展，保证了过程中的公正、透明，政府的主要作用就是提供贴息及制定相关的管理办法，以保障资金高效公平的使用。

最后，环保部门的认可。这是德国发展"绿色金融"取得成功的关键。在德国"绿色金融"政策实施过程中，环保部门发挥着重要的审核作用，以确保贴息政策能够准确地支持节能环保项目。每个节能环保项目要想得到贴息贷款，必须得到当地或上级环保部门的认可后才能申请。

第五节　外国环境经济制度对我国的借鉴意义

通过对国外环境经济政策的对比分析，外国可供我国借鉴的经验主要有：将环境保护纳入社会、经济发展的决策和规划的全过程；在污染控制上将法律与技术控制相结合；将行政管理与公众参与相结合；建立综合管理模式；加大对环境违法行为的处罚力度以及加强政府同各科研机构、社会团体的联系等。

随着我国社会主义市场经济体制的建立和完善，环境经济政策的重要作用已经日益显现。应该本着有效性、公平性、合法性、可接受性、监督管理的可行性以及经济效益等原则来选择环境经济政策。

建立和完善我国环境经济政策体系的总体设计思路是：改进环境资源核算指标来进行环境经济核算；政府积极介入因市场失灵导致的环境问题，在财政、信贷和生态补偿等方面制定相关的政策。同时，对排污收费、排污许可制度、押金退还制度、退还的排污费和环境标准等环境经济手段提出了实施建议，以期在可持续发展的基础上实现经济发展与环境保护的双赢。

第四章 环境保护中的法经济学原理在我国的实践

第一节 我国环境经济演化的过程

一、中国环境经济启蒙

20 世纪 80 年代初期以前中国实施计划经济核算体系，20 世纪 90 年代中国社会科学院对绿色经济进行了较为系统的研究。在实践方面，2002 年中国修订的国民经济核算体系中增加了自然资源实物量核算表，可视为中国绿色经济实践的雏形。2004 年春季，国家正式提出绿色 GDP 考核，并由国家环保总局、国家统计局联合启动了"综合环境与经济核算（绿色 GDP 核算）研究"项目，这种核算方法下的绿色 GDP 就是从传统的 GDP 中扣除资源耗减和环境退化成本，将环境要素纳入国民经济核算体系。"绿色 GDP"可概括为"四减一加"，即减去资源能耗、环境退化、生态破坏、污染治理的成本，加上环境和生态改善带来的效益后的国内生产总值，以尽可能真实科学地反映国民经济增长的实际情况。

最初的计划是在东北、华北、西北、华南、东南、中南各选一个省试点。由于一些省表现出极大的兴趣，到 2005 年年初，试点省份最终确定为北京、天津、重庆、河北、辽宁、浙江、安徽、广东、海南、四川十个省市。试点工作包括三方面内容：一是建立地区环境核算框架，二是开展污染损失调查，三是开展环境核算。但 2006 年《中国绿色国民经济核算研究报告 2004》公布后，不少省份立即要求退出核算试点。至此，绿色 GDP 遭遇搁置，不再公布。但绿色 GDP 的实践并未停止，无论是政界、理论界还是实务界，都在致力于"低碳经济""绿色经济""循环经济"等各种可持续发展模式的探索、研究和实践。在此过程中，"绿色 GDP"也并未被彻底摒弃，2009 年年底，作为过渡性规范的《中国资源环境核算体系框架》进入了多部门会签阶段。但该指标体系只表现大气、水、森林等资源的总体数量，并不为其定价，严格意义上并不能作为可持续发展或绿色经济的评价指标，其约束地方行为的作用非常有限。关于这次挫折，笔者曾撰文分析其中各方面的原因，关键是对经济发展与环境保护的关系如何在制度上进行合理设计，但有个前提，就是使二者有更紧密联系的机制。

二、中国的环境经济的复兴

（1）以"生态文明"为标志，以低碳经济为重点。2007 年中国提出："要建设生态文明，基本形成节约能源资源和保护生态环境的产业结构、增长方式、消费模式"。生态文明作为一种新型的文明又被形象地比喻为"绿色文明"。中国生态文明建设旨在推动整个社会走上生产发展、生活富裕、生态良好的三生共赢的文明发展道路，这与联合国绿色经济的概念具有高度的一致性。2009 年以来，在联合国"绿色经济"和"绿色新政"倡议的引领下，主要经济发达国家积极进行了一场以发展绿色经济为核心的"经济革命"，将绿色经济作为未来经济的主力引擎。中国政府也积极响应，在气候变化哥本哈根会议前不久，美国总统奥巴马访华发表的中美联合声明中对气候变化应对、环保和能源等涉及绿色经济的重要问题达成共识。2009 年 8 月，国务院总理温家宝主持召开国务院常务会议时提出，"要培育以低碳排放为特征的新的经济增长点，加快建设以低碳排放为特征的工业、建筑、交通体系，开展低碳经济试点示范。"全国人大常委会于 2009 年 8 月 27 日表决通过的《关于积极应对气候变化的决议》指出：要紧紧抓住当今世界开始重视发展低碳经济的机遇，加快发展高碳能源低碳化利用和低碳产业，建设低碳型工业、建筑和交通体系，大力发展清洁能源汽车、轨道交通，创造以低碳排放为特征的新的经济增长点，促进经济发展模式向高能效、低能耗、低排放模式转型，为实现我国经济社会可持续发展提供新的不竭动力。这标志着绿色经济在中国的复兴。

（2）以低碳排放为特征的新的经济增长点，即把碳减排作为推动经济增长的动力，这种双赢的或加法的方法和理念，与绿色 GDP 考核的制约的或减法的方法和理念形成了明显的对比。这一时期中国实施绿色经济取得的成效主要表现为，在经济保持持续高速增长（年增长超过 9%）的同时，资源、能源的消耗、污染物和温室气体的排放同步快速降低。2008 年，中国单位 GDP 能耗为 1.102，同比降低 4.59%，2009 年上半年比 2008 年上半年降低了 3.35%。到 2009 年 6 月，中国单位 GDP 能耗在三年半内下降了 13.1%。2010 年单位产值能源消费量又比 2009 年下降了 4%。通过一系列低碳政策和节能措施的实施，尤其是节约能源相关法令的实施，2006~2008 年，中国单位 GDP 能耗的下降相当于节能约 2.9 亿吨标准煤，相当于减少二氧化碳排放 6.7 亿吨，到 2010 年的五年内中国至少减排了 15 亿吨二氧化碳。

以河北省张家口市为例，该城市被国务院确定为资源枯竭型城市之一，无论是经济发展，还是环境保护和就业等各方面都承受着更严峻的压力。2009 年以来，该城市运用行政和市场相结合的机制，实施了以低碳为目标的合同型能源管理等绿色经济手段，取得了良好的效果。2010 年财政收入比 2009 年增长超过 30%，同时二氧化硫和化学需氧量（COD）等主要污染物减排和能源的节约均达到国家的要求（年度碳减排的测量尚在进行中，这个结果与能源的节约紧密相联）。通过治理北京市水源地洋河及湿地环境等环保和生态建设工程增加了就业，吸引了包括北欧投资银行贷款项目在内的多个低碳环保技术创新的投资项目，真正做到了经济与环保双赢，并为今后的持续发展奠定了坚实的基础。

三、中国环境经济的具体举措发展历程

（一）运用经济手段保护环境

1992 年 9 月，国务院批准发布的《我国环境与发展十大对策》已经将"运用经济手段保护环境"单列为一条。并规定：按照资源有偿使用的原则，要逐步开征资源利用补偿费，并开展对环境税的研究；对环境污染治理、废物综合利用和自然保护等社会公益性项目，要给予必要的税收、信贷和价格优惠。1996 年 8 月，国务院《关于环境保护若干问题的决定》进一步强调完善环境经济政策，切实增加环境保护投入，国务院有关部门要在基本建设、技术改造、综合利用、财政税收、金融信贷及引进外资等方面，抓紧制定、完善促进环境保护、防治环境污染和生态破坏的经济政策和措施。以上这些构成我国适用经济刺激制度的原则性规定，为我国的环境经济刺激制度的构建和发展奠定了基础。

（二）利用经济手段促进中国的可持续发展

经过二十多年的发展，我国制定和实施了一系列关于防治环境污染、保护自然资源的法律法规，在环境保护中确立了"预防为主，防治结合"、"谁开发，谁养护，谁污染，谁治理"和"强化环境管理"三大政策，形成了以环境影响评价制度、"三同时"制度、征收排污费制度、环境保护目标责任制度、城市环境综合整治定量考核制度、限期治理制度、排污许可制度、污染集中控制制度八项制度为基本内容的环境管理体系。上述以行政管理为主的管理体系，侧重于污染物产生后的达标排放，总体上属于"末端"治理措施。至于"预防为主"原

则，虽然早在 20 世纪 70 年代就已提出，但由于行政管制的力度不够，又缺乏有效的经济刺激制度，因而并未得到充分落实。随着社会主义市场经济体制的建立，在强化"直接控制"的同时，完善经济手段以保护环境资源的呼声很高。中国政府在《环境与发展十大对策》中指出："各级政府应当更好地运用经济手段来达到保护环境的目的"；在《中国 21 世纪议程》中指出："为适应中国社会主义市场经济体制的建立，对已有的立法进行调整，引入符合市场经济规律和市场机制的法律调整手段"，"通过调整各种经济政策，在国家宏观调控下，运用经济手段和市场机制促进可持续的经济发展"。可见，利用经济手段促进中国的可持续发展已被摆到了极为重要的位置。

（三）环境资源法越来越多地采用经济政策和经济手段

自 1978 年中共十一届三中全会以来，中国的环境资源法也越来越多地采用经济政策和经济手段。《中国 21 世纪议程》明确要求："将环境成本纳入各项经济分析和决策过程，改变过去无偿使用环境并将环境成本转嫁给社会的做法"，"有效地利用经济手段和其他面向市场的方法来促进可持续发展。"

在中国的环境资源法规和其他有关法规政策文件中均有实施环境经济政策和经济手段以保护环境和资源的内容，例如，强调把环境和自然资源纳入国民经济核算体系中；强调税收政策在综合决策中的作用；强调环境与资源的保护与利用政策要同部门发展政策及宏观经济政策相结合；强调经济手段与命令控制手段的结合；强调"谁污染谁治理""谁开发谁保护"的责任原则。从政策执行主体的角度，可以将目前中国法律规定实行的经济政策和经济手段分为三个方面：一是由环保部门执行的经济政策，如排污费、生态环境补偿费和"三同时"中的经济政策（如明确环境保护投资占建设项目投资的比例，规定环境影响评价费用和"三同时"保证金等）；二是由各资源、产业部门执行的经济政策，如矿产资源补偿费、水产资源保护费、土地损失补偿费、城建环保投资、奖励废物回收利用政策、育林费、林业基金、行业造林专项资金、造林和育林优惠贷款、防治水土流失专项资金等；三是由综合管理部门执行的经济政策，如城镇土地使用费、耕地占用税、资源税、奖励资源综合利用政策（包括资源综合利用利润留成环保投资）、企业更新改造环保投资、清洁生产费用、环保产业优惠政策、有益于环境的财政税收政策、银行环境保护贷款等。

我国一些地方法规在采用适应社会主义市场经济的经济政策和经济措施方面却相当积极，已经规定"排污权转让和抵消""征收生态环境补偿费""环境保护经济优惠""环境保护基金""固体废物交换市场""污染者承担区域环境综合整治费用"等在国家环境资源法律中没有规定的经济政策和市场机制。例如，

《海南省环境保护条例》（1990年2月）规定："在实行污染物排放总量控制区域内，排污者可将节余的排放限量，用于抵消其新建污染源的污染物排放量或转让他人。抵消和转让的办法，由省人民政府环境保护行政主管部门制定"（第37条）。《山西省工业固体废物污染防治条例》（1993年9月）规定："各级人民政府应鼓励综合利用煤矸石、粉煤灰、炉渣等工业固体废物，按照国家有关规定减免工业固体废物综合利用项目的固定资产投资方向调节税和工业固体废物综合利用项目生产产品的增值税、产品税及该产品实现的利润所得税。对综合利用工业固体废物的单位和个人，财政、信贷部门应予以扶持或优惠"（第24条）；"各级人民政府应当在有条件的地区，逐步建立工业固体废物交换市场，促进工业固体废物的综合利用"（第25条）。《西藏自治区环境保护条例》（1992年6月）规定："财政、金融、物价、税收、物资和能源等部门应按照国家有关规定，对环境保护实行优惠政策，鼓励开展资源、能源的合理利用和废气、废水、废渣的综合治理与利用"（第13条）；"排放污染物超过标准而又不能治理达标的单位和个体经营者，必须参加所在地区的环境综合治理和污染物集中治理，并按各自排放的污染物种类、数量和浓度承担相应的治理费用、劳务份额"（第33条）。《福建省环境保护条例》（1995年7月）规定："各级人民政府必须将环境保护规划和计划纳入国民经济和社会发展规划和计划，增加环境保护投入，将环境保护资金纳入各级财政预算。省、地（市）应当建立环境保护基金。县级以上人民政府及其有关部门应当制定适合本地实际情况的环境保护优惠政策"（第5条）。《黑龙江省工业污染防治条例》（1996年11月）规定："各级人民政府应当根据国家有关规定鼓励对工业废物进行综合利用"（第31条）；"工业企业要积极利用或处理所排放的废水、废气、废渣；不能利用和处理并造成环境污染危害的，应当无偿给付一定费用供给有利用能力的单位使用"（第33条）。《贵州省环境保护条例》（1992年5月）、《云南省环境保护条例》（1992年11月）等已经规定征收生态环境补偿费制度，如《辽宁省环境保护条例》（1993年9月）第30条规定："实行生态环境补偿制度。凡经批准开发、利用自然资源，造成生态环境破坏的单位和个人，必须缴纳生态环境补偿费，用于保护生态环境。"鉴于环境保护资金对环境保护工作的极端重要性，《宁夏回族自治区环境保护条例》（1990年4月）用一个专章7个条文对"环境保护资金"渠道作了明确规定，即"各级人民政府应单列一定数额的资金用于环境保护事业，并随着经济和社会发展逐年予以增加"；"一切新建、扩建、改建的工程项目，防治污染所需资金纳入固定资产投资计划"；"各有关部门和企业应根据国家和自治区的规定，每年从更新改造资金中拿出一定比例用于污染治理；该项资金可以累积使用，但必须专款专用。乡镇、街道和其他集体企业治理污染的资金，应从企业公积金、合作事业基金或更新改造资金中安排"；"缴纳排污费的企业事业单位可依照规定向环境保护行政主管部门申请使用环境保护专项资金，用于治理污染"；"企业为防治污染、开展综合利用项目所产产品实现的利润，投产后五年内，由税务部门批准，免缴所得税，留给企业继续治理污染，开展综合利用。企业用自筹资金和环境保护专项资金治理污染的项目，以及因治理污染搬迁另建的项目，由税务部门批准，免缴建筑税"；"城市维护费，可结合城市基础设施建设用于综合性环境污染防治工程"；"治理污染示范工程资金纳入当地基本建设投资计划。环境保护部门所需科技三项费用，从财政预算科技三项费用中解决"。

（四）绿色会计制度的运用

20 世纪 80 年代后期，我国一些财税专家紧跟国际绿色潮流，就有关绿色会计税收进行了研究，国家相继开征了资源税和排污费。1992 年中发办 7 号文件明确提出："运用经济手段保护环境，按照资源有偿使用的原则，要逐步开征资源的利用补偿费，并开展对环境税的研究，研究并试行把自然资源和环境纳入国民经济的活动核算体系，使市场价格准确反映经济活动造成的环境代价。"

1995 年 3 月，国际会计与报告标准政府间专家工作组第十三届会议召开，主题为绿色会计，这标志着环境问题作为世界发展的重要课题已向纵深发展。丹麦更在同年通过了绿色会计法，强制要求高污染企业提交绿色会计报告，内容包括企业消耗的能源、原料以及污染信息等，成为第一个采用绿色会计的国家。我国也于 1995 年年初步进入"绿色 GDP"阶段，在此阶段，国家制定的能源价格、资源价格、环境价格、生态补偿规则等都以绿色会计制度为依据。

1998 年 2 月，联合国国际会计与报告标准政府间专家工作组第十五次会议讨论通过了《环境会计和报告的立场公告》，这是国际上第一份关于绿色会计和报告的系统的国际指南。

在我国 2001 年召开的九届政协四次会议上，致公党提出"关于实行绿色会计制度的建议"，国家财政部高度评价了该提案，认真落实有关建议，并于当年成立了环境会计专业委员会，促成了全国首届环境会计专业会议的召开。次年，我国财政部的有关领导提出将要启动绿色会计；及至 2007 年"两会"之际，节能环保多次被提及，从全国范围来看，自上而下，都把节能环保放在举足轻重的位置上，绿色会计势在必行。

（五）环境经济政策及试点

2012 年环保部门主动协调和配合发展改革委、财政部、国土资源部、商务部、税务总局、人民银行、银监会、保监会等部门，推动出台了《关于落实环保政策法规防范信贷风险的通知》《关于环境污染责任保险工作的指导意见》《燃煤发电机组脱硫电价及脱硫设施运行管理办法》《关于逐步建立矿山环境治理和生态恢复责任机制的指导意见》《环境保护、节能节水项目企业所得税优惠目录（试行）》和《环境保护专用设备企业所得税优惠目录》等环境经济政策文件。

地方积极开展环境经济政策试点工作。河北、山西等 20 多个省市出台了绿色信贷政策实施性文件，湖南、江苏等 10 个省市开展了环境污染责任保险试点，湖北、广东等地开展了排污收费改革，辽宁、浙江、海南等 10 多个省市开展了重要生态功能区、流域和矿产开发生态补偿试点，河南、山东等 10 多个省市出台了排污权有偿使用和排污权交易的政策性文件，开展排污权交易试点探索。

环境经济政策成效初步显现。4 万余条企业环境违法信息进入人民银行征信系统，成为信贷重要依据。开展环境污染责任保险的地区、行业和企业数量不断增加，利用市场手段防范环境风险、维护污染受害群众利益的新机制正在形成。环保专用设备、环保项目和资源综合利用等方面的税收优惠政策，对企业加大环境保护投资起到明显的推进和引导作用。200 多种"双高"产品被取消出口退税，并被禁止加工贸易。燃煤发电机组脱硫电价等价格政策，有力促进了重点行业节能减排。

（六）近年来，中国的环境经济政策轮廓渐趋明朗、力度日渐增大

2008 年，《关于落实环境保护政策法规防范信贷风险的意见》《关于环境污染责任保险的指导意见》以及《关于加强上市公司环境保护监督管理工作的指导意见》等多项环境经济新政策相继出台。这些环境经济政策的目的在于对新时期的多元利益关系进行初步界定，按照市场经济规律的要求，运用价格、税收、财政、信贷、收费、保险等经济手段，调节或影响市场主体的行为。

（七）环境保护经济手段"单一化"向"多元化"转变的发展历程

20 世纪 80 年代初仅征收超标排污费，80 年代中期对污染治理企业开始实施补贴和税收优惠并在排污企业中试行排污许可证交易，90 年代以后基本形成了生态环境补偿费、"三同时"保证金、SO_2 收费、废物回收押金等多手段并存的环保手段"多元化"格局。

中国的环境经济政策经历了一个不断演化的过程，通过对中国环境经济政策的演变分析可以看出，环保部门执行的环境经济政策主要有：排污收费、排污申报登记与排污许可证、"三同时"制度和生态环境补偿费。产业部门执行的环境经济政策主要有：矿产资源补偿费、土地损失补偿费、城建环保投资、废物回收

利用、育林费、林业基金、行业造林专项奖金和造林、育林优惠贷款等。综合管理部门执行的环境经济政策主要有：城镇土地使用税、耕地占用税、城乡维护建设税、资源税、资源综合利用、综合利用利润留成环保投资、企业更新改造环保投资、清洁生产、有益于环境的财政税收政策、银行环境保护贷款等。

四、中国环境经济存在的主要问题

目前，我国环境经济存在的主要问题有：行政手段和计划手段强于经济手段、部门规定多于法律规定、环保部门自身的政策规定多于相关部门的协同规定、义务性规定多于责任性规定、原则性规定多于确切性规定以及环境经济政策间相互摩擦、撞车多于相互间的衔接、配套等。环境经济政策在一国的经济发展中发挥着重要的作用，是决定一国是否能够真正地实行环境、资源、经济和人口和谐、可持续发展的关键要素。

（一）行政手段的不足

多数国家特别是发展中国家的环境资源立法在前一阶段主要采取行政手段（如行政命令和颁发许可证等）来保护环境。从 20 世纪 60 年代后期起，防治环境污染和持续利用自然资源开始成为人们关注的焦点。与此同时，有关决策者、管理部门积极寻求防治环境污染和有效利用、持续利用资源的途径和手段；其中有不少人呼吁采用经济手段和市场机制。但是，由于现实存在的严重的污染问题，当务之急是治理污染，命令控制手段自然成了保护环境和资源的主要措施。

实践证明，采取应急性的命令控制手段，特别是从法律上规定一些具有法律强制性的行政命令手段，较快改善了环境质量。如果说这种行政命令方式有缺陷，那就是忽视了经济成本和效益的计算。一些国家的经验表明，尽管命令控制手段在很多情况下产生了有益的效果，但也带来了一些问题和副作用，例如，通过命令控制手段推行环境保护措施的成本或达标成本远远高于人们预期的水平，某些命令控制手段有可能妨碍经济的发展。在这种情况下，人们开始寻求既不制约或妨碍经济发展，又能实现环境和资源保护目标的其他手段。针对命令控制手段可能造成的高额成本和不经济的低效率状况，人们试图寻求成本更低、更有效的经济刺激手段。

（二）我国目前环境经济手段很少，也没有形成一个完整独立的政策体系

环境经济手段很少，也没有形成一个完整独立的政策体系的原因之一是没算好两笔账。第一笔是照目前高能耗、高污染的模式发展下去，也就是不实行环境经济新政策，我们重化工业的发展空间还有多大，还将付出多少环境资源代价？

第二笔是实行了环境经济新政策后，我们的 GDP 增长速度要下降多少？政策实施和增长模式转型成本到底有多大？中国经济社会发展能否承受得起？算不清这两笔账，决策起来就少了些科学依据。双赢的道路变成了两难的选择。好在环境恶化的形势即便不用数字，只凭眼睛也能看到。形势不允许我们在"万事俱备"下再去实施那些理想的环境经济政策，只能边算账、边研究、边试点、边总结，联合各方力量，全面推动建立有中国特色的环境经济政策体系框架。

（三）部分手段实施范围狭小

在目前运用的环保经济手段中，除了排污收费、补贴、税收优惠和矿产资源税是面向全国实施外，其他几种重要的手段都只是面向某些地区实施，如生态环境补偿费限于广西、江苏、福建、山西、贵州、新疆和陕西榆林地区，"三同时"保证金限于抚顺、绥化和江苏省等。实施范围的狭小限制了这些手段环保功能的发挥和环境管理总目标的实现。

（四）排污收费标准偏低

按现行的物价水平，我国排污收费标准仅为污染治理成本的50%左右，某些项目的收费甚至不到污染治理成本的10%。例如，二氧化硫排放量执行的收费标准为0.63元/千克，而火电厂烟气脱硫平均治理成本则为4~6元/千克。过低的收费标准使得排污企业宁愿交纳排污费，也不愿主动治理或减少排污，出现"交排污费、买排污权、随意排污"现象。排污收费制度仅仅发挥了筹集污染治理经费的功能，却未能达到促进污染物减排的目的。

（五）环境税缺位

目前我国尚未开征独立的环境保护税，只有一些具有环保功能的税收措施散见于一些一般性税种中，如消费税将鞭炮、焰火、石油制品及摩托车、小汽车等对环境造成污染的消费品列入征收范围，并对小汽车按汽缸容量大小确定高低不同的税率；增值税对利用煤矸石、煤泥、油母页岩和风力生产的电力实行减半征收等。不可否认，这些税收措施在一定程度上促进了纳税人环保意识的提高和环境质量的改善。但是，面对日趋严重的环境污染，这些措施远远不够，开征独立的环境保护税已刻不容缓。

（六）排污权交易立法不健全

从1985年开始试点排污许可制度，到1993年包头、柳州、太原、平顶山、贵阳和开远等城市实施大气排污权交易政策，再到2002年7月国家环保总局召开山东、山西、江苏、河南、上海、天津、柳州七省市"二氧化硫排放交易"试点会议，我国的排污权交易取得了一定的进展并在制度建设方面逐步完善。但是，我国至今尚未制定出全国统一的排污权交易法规，排污权交易也没有写入《环境保护法》。《大气污染防治法》《水污染防治法》等污染防治单行法中虽有关于排污总量控制及排污许可制度的规定，但缺乏配套的交易制度。某些地区虽然根据当地条件出台了区域性排污交易条例，但是这些条例的法律位阶偏低，适用范围较窄，有的还缺乏具体操作规程。比如，《上海市环境保护条例》中虽提到了排污指标的有偿转让，但却没有进一步的实施细则。立法的不健全，使得污染企业在排污权交易时法律依据不足、规范性差、随意性大。

第二节　中国环境问题运用法经济学研究的可能

法经济学是典型的西方"舶来品"，我们在中国研究法经济学，不能不考虑到研究对象、研究任务和研究方法的差别。由于中国法制建设同西方发达资本主义国家的法制（法学研究）在社会文化背景、社会制度、发展阶段以及法律运作模式等诸多方面都有很大区别，因此，简单地照搬西方国家经验或研究结论均非妥当。

各国国情不同，法律体系、结构、运作机制也各具特色，如何将法经济学研究范式与中国的法治实践相结合，是中国的法经济学研究者务必慎重对待的。以美国与中国法经济学研究的差异为例，包括：（1）从对象上看：美国主要是司法取向，局部（如总统令）涉及立法方面，而中国则是立法取向与司法取向并重，而以立法取向为主，这既体现在"有法可依，有法必依，执法必严，违法必究"的社会主义法制方针上，也是"依法治国，建设社会主义法治国家"的应有之义；（2）一般来说，美国的学术研究是经济—文化取向的，而中国是文化—政治取向的；（3）美国实行资本主义制度，中国则以社会主义制度为核心；（4）美国的法经济学建立在一个相当成熟的市场经济国家的土壤上，而中国则正处于向市场经济过渡的社会整体转型时期。

但是，不管是多么先进的理论，只有在其逻辑推论和我国法制建设的经验事实相一致时，这个理论才是暂时可接受的；而如果它和我国的经验事实不一致，则不应成为现有理论的俘虏，而应进一步了解我国的法律现实，根据实践和经验现象构建一个可以解释这个现象的新理论。也许这正是对法经济学理论——中国的法经济学理论的发展作出贡献的绝好机会。

中国目前正处在社会全面转型和日益国际化的重要历史时期，依法治国，建设社会主义法治国家，推进政治文明和宪政文明的深化发展，积极回应经济全球化与知识经济的时代趋势，已成为当前最重要的政治任务之一。变革的时代需要创新的理论。波澜壮阔的现代法制建设与法律改革给我们提供了学术研究的"富矿";与"国际通行规则接轨",发挥追赶型法制现代化国家的比较优势,展现了作出理论贡献的良好前景。20 世纪 90 年代前后,伴随着一大批国外法经济学的著作论文被译介到中国,法经济学崭新的研究视角和精确、科学的实证分析方法,着实令人耳目一新。越来越多的中国学者尝试将法经济学的基本理论和研究方法同本国实际相结合,深入进行立足于现实法律"问题"的经济分析,作出了一批有价值的研究成果。

中国的环境保护经济刺激制度在理论和实践领域都十分薄弱。我们需要学习国外的法经济学理论,借"他山之石,可以攻玉"。经济刺激制度在理论和实践领域薄弱与我国长期受计划经济影响有关,也与我国市场经济发育不成熟有直接关系。然而,中国有比西方更迫切实现经济可持续发展的需要,这使得经济刺激手段在中国环境保护领域备受热议和关注。基于对经济刺激手段优越性与局限性的全面考量,目前积极可行的做法应是在保持政府直接管制主导地位的同时,充分利用经济刺激手段,以期达到环境治理的综合效果。

综观国内外法经济学的研究,在经过一个学科间概念移植和初步应用的阶段之后,都面临拔高和深化的双重问题,这也就提出了未来法经济学研究的两大可能进路:(1)在更高和更广阔的视域构建法经济学的本体论框架。即对构成法律本体的权利义务进行深入分析,找到附着在法律规范、法律关系、法律原则、法律责任以及法律制裁等法律元素之上的经济性特征,研究其机理,确定其完善之途。(2)立足于应用研究和个案分析,实现法经济学研究的实证化和本土化。对于现代法治实践中的热点或难点课题,广泛使用调查访问和数据统计的方法,进行实证分析和应用性研究,实事求是,以得到尽可能客观、中肯的评价结果,揭示出法律运作低效率的"症结"所在,发现多种约束条件下相关法律资源的最优均衡点,探讨法制实践活动低成本高收益的实现规律。

总之,站在新世纪社会科学研究的制高点上,面向蓬勃发展的社会转型与改革潮流,系统梳理现有的法经济学理论资源,恰当选择理论研究视角,运用科学的经济研究方法和法学研究方法,全面构建中国的法经济学学说体系,对于丰富我国法学理论的研究维度,提高法学理论对社会实际问题的解释力,增进法学与相关社会科学的对话与交流,都有着极大的理论意义和现实意义。面对形势的需要,中国的法经济学研究任重而道远。只有立足于中国国情,瞩目于研究"中国的"法律问题,才有可能建立法律经济分析的"中国学派",开拓宽广的学术研究领域。同时还要不断创新理论、完善体系、扩展内容、加强实践,以法律人的不懈努力,为我国法学研究和法制建设作出实实在在的贡献。

第三节　法经济学原理在我国环境法中的体现

福利经济学家庇古指出应将外部性内部化，从而提出了经济惩戒原理。新制度经济学家科斯则认为：在产权严格封闭的前提下，可以采取许可证原理。

无论是"庇古理论"还是"科斯理论"，都成为我国解决环保问题的思想来源。从近年来我国处理一系列环保问题的方式来看，都是使用了"庇古理论"中的思想。

一、经济惩戒原理的应用

（一）罚款

在我国目前解决环保问题的具体实施中，罚款这种形式已经十分普遍。

设置环境行政罚款的目的是为了提供一个可替代的惩罚系统和对现存环境执行手段的一种补充。从政府来看，环境行政罚款制度"处理了轻微的环境犯罪，而这些犯罪因为环境刑事追诉的复杂性和高额耗费通常是不被追诉的"。

（二）治理费用

当负外部性形成，也就是环保问题已经产生后，就要面临环境治理的问题。而治理被污染的环境就需要支付费用，从而导致社会成本的出现。

此时，该社会成本应由当事人给予购回。因此，"治理费用"也就构成了经济惩戒总费用的组成部分。由我国处理环保问题时的反馈可知，有关治理费用来源于政府的专项经费，而不是当事人的交纳。

1. 排污收费制度

排污收费是我国环境管理中最早提出并普遍实行的管理制度之一，它大体经历了三个发展阶段。一是排污收费制度的提出和试行阶段。1979 年 9 月颁布的《环境保护法（试行）》第 18 条规定，"超过国家规定的标准排放污染物，要按照排放污染物的数量和浓度，根据规定收取排污费"，从法律上确立了我国的排污收费制度。也是"污染者付费原则"的具体表现。二是排污收费制度的建立和实施阶段。1982 年 2 月，国务院在总结全国 27 个省、自治区、直辖市开展排污收费工作试点经验的基础上，发布了《征收排污费暂行办法》，对实行排污收费的目的及排污费的征收、管理和使用作出了统一规定。三是排污收费制度发展、改革和不断完善阶段。1988 年 7 月，国务院颁布了《污染源治理专项基金有偿使用暂行办法》，在全国实行了排污费有偿使用。20 世纪 90 年代以来，国家颁布了新的污染超标收费标准和超标噪声收费标准，统一了全国污水排污费征收标准，并根据我国酸雨污染越来越突出的问题，在广东、贵州两省和青岛等九市开展了二氧化硫收费试点工作。

中国的排污收费有两个层次，性质是不同的。一是超标准排污费，这是一种经济补偿性质。企业超标排放污染物损害和降低了环境质量，对社会造成了很大的经济损害，因此应承担治理责任和实行经济补偿，但这种补偿只是一种欠量补偿。例如，1996 年我国征收的排污费是 40.96 亿元，而当年仅工业污染的经济损失即已超过 1 000 亿元。二是排污收费，即不管是否超标，只要是排污就要按排污量来收费，这是根据环境资源有偿使用的原则来确定的。因为向环境排放污染物，就是使用环境的自净能力（环境容量），环境自净能力也是一种自然资源，属国家所有。资源不能无偿使用，使用环境资源应该交资源费，排污收费是一种环境自净能力的使用费。

在法律上，排污收费的法律规定及标准如：在全国人大常委会颁布的 6 个环境保护法律中，对排污收费制度都作了明确规定；国务院就排污收费工作颁布了两个办法，并在 12 项行政法规中对排污收费制度作了补充规定；各省、自治区、直辖市制定了 60 多项排污收费的地方法规，使中国的排污收费形成了国家法律、行政法规、地方法规和部门规章四个层次组成的法律体系。

在收费标准上，以略高于污染治理运转费为原则，中国规定了五大类 100 多项排污收费标准；各省、自治区、直辖市还制定了数十项地方补充收费标准，使排污收费制度逐步走上了定量化、规范化、科学化的轨道。

回顾三十多年来排污收费的工作历程，以《征收排污费暂行办法》（1882 年）为开端，随后制定了《排污费征收使用管理条例》（2003 年）以及相关实施办法和细则，可以说中国的排污收费制度，基本上形成了理论上有基础、法律上有依据、衡量上有标准、执行上有程序、实践上有成效，取得了明显的经济效益、社会效益和环境效益。

2. 生态环境补偿费

资源开发过程中对生态环境造成了严重破坏，但在开发过程中和开发后并未作出相应补偿，致使生态环境恶化加快。例如，晋、陕、蒙、"黑三角"是我国重要的能源基地，开发建设十年来已经进入开采期，但是，仅这一地区的水土流失面积就占全区总面积的 86.5%，土壤侵蚀模数高达 1 万~3 万吨/年，向黄河输沙量近 4 亿吨/年，占向黄河总输沙量的 1/4，为黄河粗泥沙的主要来源。全区人为破坏植被面积 266 000 亩（1 亩 = 666.6m²），弃土弃渣总量 3.3 亿吨，新增入黄河粗泥沙 3 000 万吨/年，由于人为弃土弃渣，水土流失越来越严重。据调查，神府、东胜矿区废土废渣总量的 60% 直接倾倒于河流，有的地方河道淤积，造成泄洪困难，带来严重的生态问题。所以，按照"谁利用谁补偿"的原则，应该征收生态环境补偿费。

生态环境补偿费不同于资源费（或资源税），它是开发建设活动利用生态环境使生态环境质量降低而应缴纳的一种补偿费，是对生态环境质量降低造成的间接经济损失的一种补偿，计算起来比较复杂。征收生态补偿费在我国尚处于试点阶段。下面简单介绍一些试点情况。

据 1993 年调查，全国有广西、福建、江苏三省和徐州市、三明市、惠东县制定了生态环境补偿费的管理办法。截至目前，辽宁、云南、河北也作出了有关规定，山西、内蒙古、湖北、陕西、新疆正在制定有关规定。全国 145 个地、市、县已开展生态环境补偿费工作，其中纳入国家环保局自然保护司试点的就有18 个单位。

目前，生态环境补偿费的征收对象主要是从事矿藏、土地、旅游、自然资源、药用植物、电力资源开发的企业事业单位。

总结各地试点经验，目前生态环境补偿费的征收主要可以归纳为以下 6 种模式。

（1）按基本建设投资总额征收补偿费的模式。如辽宁省，按项目总投资的0.5% ~ 1% 计征；上海浦东新区按建设用地投资的 0.4% 计征。

（2）按产品销售总额征收补偿费的模式。如湖北大冶县采矿企业按矿产品销售值的 0.5% 征收，选矿企业按矿产品销售总值的 1% 征收；广西武鸣县对铜矿按产品销售总额的 6% 征收。

（3）按产品单位产量征收补偿费的模式。如福建按单位产量征收，煤矿 1 元/吨，石灰石 0.15 元/吨，金矿 6.0 元/吨，钨矿 3.0 元/吨，锰矿 0.5 元/吨，铜矿4.0 元/吨，铁矿 0.5 元/吨，铅锌矿 5 元/吨。

（4）按生态环境破坏占地面积征收补偿费模式。如黑龙江伊春市对黄金生产按 350 元/亩征收生态环境补偿费。

（5）综合性征收补偿费模式。广东惠东县对污染项目按总投资额的 0.5% ~0.8% 计征；生态破坏的区域性开发建设项目按规划建设用地面积 0.5 元/m² 计征，对其他开发利用环境资源的建设项目和码头、公路、铁路、水力、发电、矿山、采石等按总投资额的 0.1% 计征，城镇自来水按每销售 1m³ 在原水费的基础上增加 0.03 元计征，其费用由供水单位用于保护水源和环保部门正常检测水质业务开支。

（6）抵押金制度。即对建设单位在开工之前预收恢复生态环境的抵押金，在建设单位完成生态恢复之后及时归还。如果建设单位不能如约恢复当地的生态环境，环保部门就可以用抵押金委托有关单位代理恢复。

生态环境补偿费主要用于生态环境的恢复和整治、对重大生态环境破坏的调查处理、生态环境整治恢复示范工程和生态环境科学的研究、农村环境综合整治试点和生态建设试点、生态环境保护奖励、征收生态环境补偿费的业务建设。

浙江、贵州等省份已经积极开展相关工作并取得了一定成效。但是生态补偿涉及复杂的利益关系调整，目前对生态补偿原理性探讨较多，缺乏实践经验。需要建立完整的运行体系来确定生态补偿的资金来源、补偿渠道、补偿标准、补偿方式和保障体系等问题。据悉，我国《生态补偿条例》已纳入立法计划。

3. 资源补偿费

资源补偿费是利用者在开发、利用自然资源时向国家缴纳的一种费用，在于补偿其开发、利用自然资源过程中国家所受到的损失。

自然资源作为一种稀缺、珍贵的物品，对它的开发、利用不能是无偿的，而是必须建立在有偿开发的基础之上，以控制和促进对资源更加科学、合理地开发和利用，节约使用资源，否则，资源开发的无偿性和低成本必将导致自然资源的大量浪费和不合理地消耗，给国家和社会的经济发展带来无穷灾难，破坏经济和社会的可持续发展。对开发利用自然资源者收费是世界多数国家的通行做法，我国在计划商品经济条件下也已确立了资源补偿费制度。例如，《矿产资源法》明确规定："国家对矿产资源实现有偿开采。开采矿产资源，必须按照国家有关规定缴纳资源税和资源补偿费。"《水法》规定："对城市中直接从地下取水的单位，征收水资源费；其他直接从地下或江河、湖泊取水的，可以由省、自治区、直辖市人民政府决定征收水资源费。"这些措施对提高自然资源的利用效率，促进自然资源的合理利用与保护起到了积极作用。随着市场经济的发展，其功能逐步加强，但缺陷也日趋明显。一方面，收取资源补偿费的范围（包括自然资源的范围和开发利用者的范围）狭小，许多国有自然资源仍处于任意、无偿使用状态；收取的费用远远低于自然资源本身的价值，往往无法通过市场供求关系反映出其稀缺性。这就使得许多自然资源利用效率低下，浪费严重，促使生态环境的破坏、退化并加剧了环境污染。另一方面，现实中苦乐不均的现象十分严重。由于管理上的缺陷，能交纳资源补偿费的大多是开发利用自然资源的国有大中型企业，如矿山、冶金企业等，而浪费严重的乡镇、村办和私营企业等小型企业，由于量多面广，往往鞭长莫及。这不仅违背了保护自然资源的初衷，而且造成了市场条件下的不平等竞争。

我国已从1986年开始建立环境资源补偿费制度，但实施效果并不理想，原因主要有三个：一是收费的范畴相对过窄，对传统的土地和矿产资源使用补偿费已有相应的制度规定，但是对青岛、宁波等沿海地区有限的滩涂资源、渔业资源未作规定；二是建立的制度拘于形式，由于体制涉及不合理，收费渠道不顺畅，监管力度不够等原因，使得资源补偿费收不上来或者收不全；三是收费标准不够合理，收费的本质属性是对资源耗费成本的补偿，如果收取的费用远低于资源本身的价值，则无法通过供求关系反映出资源的稀缺性。为此，首先应在立法上明确资源消耗补偿机制，将补偿纳入常态化、法制化的范畴，其次在具体操作上要适当拓宽补偿费的收取范围，完善收费体制，加强监管，确立科学的资源成本收益分析方法，使资源补偿费确定接近资源耗费的未来机会成本，使得经济手段确定发挥其应有作用，以充分发挥资源的经济效用，形成均衡状态。

针对上述情形，一方面，应当扩大资源补偿费的征收范围，提高收费标准，使其能够反映出资源稀缺性和实际价值；另一方面，必须加强对自然资源补偿费征收工作的管理，特别是严格审批手续，强化征收环节，保证把应收的资金收上来。同时，应当结合国家产业政策，对国家保护的行业或者开发、利用自然资源成绩突出的企业实行减免收费、税收优惠或奖励，做到既不损害本来就相对薄弱的原材料产业，又能从总体上提高自然资源的利用效率，减轻环境资源的压力。

4. 环境税

随着社会主义市场经济的发展，环境税在保护环境资源中的地位和作用将不断增强。对严重危害环境的产品征收"污染产品税"，这不仅有利于环境资源的合理、持续利用和改善，有利于履行有关保护环境资源的国际条约，也可以作为环境基金的一个来源。此外，为了鼓励污染防治和自然资源的保护，对采用清洁工艺技术以及安装"末端"处理设施的企业、环境保护工程项目、生态恢复工程项目等提供减免税、加速折旧等优惠；对严重浪费自然资源的行为征税，如征收土地闲置税等。

环境税对开发、利用、保护和改善环境资源有着显著的刺激（鼓励或抑制）效果。受传统产品经济的影响，我国的环境税收法律制度还比较薄弱。目前对煤、石油、天然气、盐等征收的资源税收及城镇土地使用税等，主要目的是调整企业间的级差收入、促进公平竞争，对促进环境资源的合理利用和保护、改善的意义不明显；在奖励综合利用以及节约能源方面，环境立法采用了一些税收调节手段，如规定综合利用产品在投产 5 年内免交所得税和调节税，综合利用的技术引进项目和进口设备、配件可以视为技术改造项目而享受减免税优惠等。

随着社会主义市场经济的发展，环境税在保护环境资源中的地位和作用将不断增强。但是，我们应当汲取西方国家的经验教训，针对我国的主要环境问题，通过立法促进环境税的分期分批实施。除现有的一些环境税收规定外，目前首先应当对含硫燃料征收硫税，对严重危害环境的产品征收"污染产品税"。这不仅有利于环境资源的合理、持续利用和改善，有利于履行有关保护环境资源的国际条约和公约，也可以作为环境基金的一个来源。此外，为了鼓励污染防治和自然资源的保护，应当对采用清洁工艺技术以及安装"末端"处理设施的企业、环境保护工程项目、生态恢复工程项目等提供减免税、加速折旧等优惠；应当对严重浪费自然资源的行为征税，如征收土地闲置税等。

2009 年 1 月，成品油税费改革正式实施，从保护环境和节约资源的角度看，此次成品油税费改革，不仅拉开了我国资源税费改革的大幕，更极大地推进了我国税收体系的绿色化程度。成品油税费改革实施后，汽油、柴油等成品油消费税将实行从量定额计征，而不是从价计征，促使消费者改变汽车消费观念，鼓励购买节油汽车和发展公共交通。同时将推动汽车行业的产业结构升级，促进新能源和新技术的应用。

2009 年 3 月，环境保护部常务会议确定了我国环境税费政策改革总体思路：坚持制约机制和激励机制并重，既对高污染、高环境风险产品、工艺、企业加征税费，又充分利用减税措施，在所得税、增值税、消费税、营业税改革等方面融入环保要求，建立起支撑环境保护事业发展的环境税费政策体系。

二、许可证原理的应用

科斯是在批评庇古原理的基础上发展出自己的理论的。庇古原理有个弊端，即只是通过经济手段来实现"外部性内部化"的目标，而现实的环境保护问题仍然日益严重。许多环境资源的不可再生性，根本无法允许庇古原理的长期使用。因此，建立在产权严格封闭基础上的许可制度被提出来了。

（一）许可证的购买或拍卖

一国或地区根据本年度允许排放污染物的总量，对当事人就许可排放量给予发照。许可证发放的方式可以建立在当事人购买和在交易市场公开拍卖的形式上。后者有助于提高排放门槛，从而增大当事人污染物排放的机会成本。目前这一方式已经在我国执行，主要针对碳排放领域。

1. 环境保护许可制度

环境保护许可制度，是指从事有害或可能有害环境的活动之前，必须向有关管理机关提出申请，经审查批准，发给许可证后方可进行该活动的一整套管理措施。

环境保护许可证，从其作用来看，可以分为两大类：一是防止环境污染许可证，二是保障自然资源合理开发和利用的许可证。

（1）防止环境污染许可证，主要有：① 排污许可证：在水污染防治法实施细则和大气污染防治法中作出了规定。② 海洋倾废许可证：在海洋环境保护法第 55 条第 2 款、海洋倾废管理条例中作出了规定。③ 危险废物收集、储存、处置许可证：在固体废物污染环境防治法中作出了规定。④ 废物进口许可证：在固体废物污染环境防治法中作出了规定。⑤ 放射性同位素与射线装置的生产、使用、销售许可证：在放射性污染防治法中作出了规定。

（2）防止环境破坏许可证及其法律来源，主要有：① 林木采伐许可证：森林法；② 渔业养殖使用证、捕捞许可证：渔业法；③ 野生动物特许猎捕证、狩猎证、驯养繁殖许可证：野生动物保护法；④ 采矿许可证：矿产资源法；⑤ 水资源开采许可证：水法。

我国环境保护行政许可门类较为齐全。根据国家法律、法规和国务院决定，各级环保部门实施了 37 项行政许可，涉及对项目建设环境管理，放射性同位素和射线装置监管，民用核设施、民用核安全设备监管等的审批，以及排放污染物许可、处置危险废物资质许可及其他特殊环保业务资质许可等，覆盖了环保行政管理的主要领域。

2. 环境标志制度

环境标志作为市场经济条件下强化环境管理的一项有力措施，已被发达国家的实践所证实。从 1993 年 3 月起，我国也开始了环境标志认证工作，环境标志制度作为一项引导性政策，目前在我国实行的是自愿申请原则，随着推行清洁生产和污染预防政策以及世界经济一体化的要求，我国的环境标志产品认证制度要与国际通用标准相衔接，它将从非强制性的引导性政策上升为稳定、普遍的强制性法律制度。

因此，建立完善的环境标志制度应是我国环境经济立法的发展方向之一。

（二）剩余污染定额的转售

许可证原理不仅能锁定一国或地区的年度污染物排放总量，并在当事人之间竞争的态势下提高排放的进入门槛。该原理还有一项重要的制度安排，即某当事人在年度内未用完被许可的排放量，那么该当事人可以售卖剩余排放许可量，从中获得收入。这一制度安排不仅激励当事人改进生产工艺，提升减少污染物排放的热情，还能通过市场的调节优化许可证的配置。

1. 环境价值评估

环境政策的目标是将外部环境成本内部化，恰当的环境政策依赖于环境成本的评估。在涉及环境影响的费用效益分析中，在制定适当的环境标准、环境收费等政策时，都需要将环境损害或环境效益货币化。环境价值评估是环境管理科学化的基础。

中国的环境质量价值评估始于20世纪80年代初。首先受到国际金融组织在项目评估规定方面的推动，后有一批环境和经济学家积极从事评估技术研究。到90年代，不同层次的评估结果陆续面世。

（1）环境价值论。要评估环境价值，首先必须确认环境服务是有价值的。由于以前长期无偿使用环境（随意向大气、水体排放废气、废水等），确认环境有价，成了评估其价值之前必须要解决的一个问题。

传统上坚持的是劳动价值论（劳动是价值的源泉），而自然环境不是劳动的产物，那么，环境的价值来源是什么？环境的价值来源成了环境价值论中的主要问题。有学者认为环境价值来源于主体对客体的需求，由于人们对环境有各种需求，所以环境便具有了生存价值、发展价值、文化价值和生态价值；并认为环境价值论是整个环境科学的基础。也有学者认为环境价值来源于① 环境有用性；② 环境的唯一性；③ 环境损害的不可逆性；④ 人类对环境认识的不确定性。李金昌（1995年）认为环境价值有两个来源，一是天然生成，二是人类创造，并进一步把环境价值分为两部分："一部分是比较实的物质性产品价值，可以称为有形的资源价值，简称资源价值；一部分是比较虚的舒适性的服务价值，可以称为无形的生态价值，简称生态价值"。笔者对环境价值的概念界定接近于前者所指的环境的"生态价值"。环境的"资源价值"是资源经济学的研究对象，环境的"生态价值"是环境经济学的研究对象。新古典经济学认为，有用性和稀缺性决定了一个物品的价值，其同样适用于环境物品。

（2）环境影响评价。对环境质量价值的评估和对环境价值论的倡导同时进行。价值评估的现实推动力来自于环境影响评价制度。《环境保护法》（1979 年）制定了环境影响评价制度，评价报告书中有"环境经济损益分析"一项，需要估价环境影响的货币价值。国际金融组织贷款的建设项目对环境影响评价有更详细的要求，世界银行和亚洲开发银行要求必须进行环境经济核算。世界银行、亚洲开发银行为此会同国家环保局等国内部门组织培训班（1995 年，1996 年），推广环境质量价值评估技术。从 1995 年开始，国家环保局与英国海外开发署（ODA）联合开办了中国环境管理的实用经济学培训班，引进、推广了许多环境价值评估技术，推动了环境价值评估在中国的深入发展。

（3）价值评估实践及结果。20 世纪 80 年代后期以来，环境价值评估技术开始应用于中国，大量评估实践是对中国环境污染和生态破坏损失的估价，少数用于对环境效益的估价。其中有两次大规模、在全国水平上的调查评估。一个是国家组织跨部门的"公元 2000 年中国环境预测"（1990 年）工作的一部分，评估结果为："六五"期间，全国环境污染损失平均 381.56 亿元（1983 年），占 1983 年中国 GNP 的 6.75%。另一个是国家环保局"七·五"课题《中国典型生态区生态破坏及其保护恢复利用研究》的一部分，评估结果为：1985 年全国生态破坏经济损失值为 831.47 亿元（1980 年）。还有其他一些不同水平上的评估研究。所有这些评估实践所用的主要方法是市场价值法、人力资本法、恢复费用法、影子工程法、机会成本法等。这些方法的主要缺陷是不符合福利经济学中对福利变化的衡量原则，但其简单易行、直观通俗。还有的研究借用别人或他国的研究评估结果，加以推广，应用于中国环境。不同研究所得的结果不尽相同，不同结果的简单比较是不适当的，因此所用评估方法在操作中可能存在很大差别。

2. 排污权交易制度

相对于"命令和控制"措施，排污权交易制度是一种灵活的污染控制手段。在污染物"总量控制"下，企业可以根据自身状况及市场条件选择自行削减排污量或到市场上购买排污指标，从而为企业实施费用最小的排污"达标"方案提供了新的途径，这不仅可以实现政府既定的环境目标，而且也可以节省污染控制的总费用。在这里，环境资源所有权的可转让性是排污权交易的理论基础，就其本身来说是一种市场方法。而行政只对其过程进行指导、监督、服务，控制最终排污量。这种间接管理减少了管理成本却更有成效。我国在 16 个城市开展排放大气污染物许可制度试点的同时，也在 6 个城市进行了"大气排污交易政策"的试点。结果表明，该政策为空气质量非达标区提供了发展经济的可能性，加快了实现区域大气环境质量目标的步伐，同时促进了技术进步、产业结构优化和工业的合理布局，并使区域大气污染防治费用趋于最小。

实行排污权交易的前提是实行污染物排放总量控制。目前存在的主要问题有：第一，法律层面缺乏保障。当前关于排污权交易的规定仅出现在国务院和国家环保总局发布的政府文件中，没有专门性立法。而根据《行政许可法》第 9 条的规定："依法取得的行政许可，除法律、法规规定依照法定条件和程序可以转让的外，不得转让。"这使目前进行的排污权交易遭到违法的质疑。

第二，技术层面缺乏支撑。构建排污权交易体系必须以实现污染总量控制为前提。我国实行的排污收费制度只征收超标排污部分的费用，环境标准制度则普遍标准偏低，这使得排污总量的确定成为排污权交易的难点。

第三，排污交易市场不规范。国内目前尚未建立起成熟的排污权交易市场机制，排污权交易市场需要有成熟的买卖双方和中介机构。政府除了适度的引导和监督以外，一般不干涉排污权交易。然而在我国的试点过程中虽然采取拍卖形式但仍然能够看到背后的"政府之手"。

长期以来，我国受计划经济的影响，几乎没有水权、水价、水市场的观念，水资源无价或低价、水权无偿无限期无流动、水资源无市场的现象相当严重。地表水与地下水、供水与用水、供水与排水、上游与下游、干流与支流之间的部门和地区分割的"多龙管水"体制一直没有解决。城市用水采用"官督官办"的办法，实际上处于没有竞争的垄断状态，水管理少、慢、差、费现象相当严重。水权包括水资源的所有权和使用权。水价包括资源水价、工程水价和环境水价。在我国，一般认为，水的所有权属于国家，而水的使用权则非常复杂；其实，笼统地说水的所有权属于国家是不够准确的。例如，老百姓用的水的所有权也是国家的吗？老百姓不能自由处置（如买卖、赠与等）吗？要建立水市场，必须树立"水是商品"、"水资源有价"、"水权有价"、"水资源和水权是可以交易、转让的"观念。

现在国际上流行的 PPP，即政府与民营企业合作，进行特许权经营，政府和特许经营者都严格遵守特许合约。

水市场和水管理孕育着全球最大的商机。目前每年人们生活用水和企业生产用水需要4 000亿美元，相当于石油工业的49%，超过制药业的1/3。随着水资源危机的加剧，水在21世纪对人类的重要性将与石油在20世纪对人类的重要性一样。

2000年11月24日，浙江省东阳市和义乌市签订的有偿转让横锦水库的部分用水权的协议，开创了我国首例水权交易的先河。义乌市是全国最大的小商品流通中心，拥有"华夏第一市"的中国小商品城。同时，义乌市是一个缺水的城市，曾经吃尽缺水的苦头。在1997年以前，特别是1994年、1995年，义乌市居民吃水主要靠污染严重的义乌市江水。每到枯水季节，居民家中水管流出来的水都有一股刺鼻的怪味，许多义乌市居民只好买矿泉水做饭，说当时的义乌市"水比油贵"一点也不过分。1997年，义乌市建成了八都水库，暂时缓解了供水紧缺的现象。但是根据义乌市的发展规划和发展趋势，在10年内义乌市将发展成为一个拥有50万人口的大城市，而当时的供水能力只能维持到2003年，水已经成为制约义乌市发展的"瓶颈"因素。而与义乌市相隔不远的东阳市水资源相对比较丰富，该市位于义乌市上游，人均水资源拥有量达2 126立方米，比义乌市多一倍，仅其境内的横锦水库的总库容就相当于义乌市全市大小水库的近2倍，而且水质优良，常年保持1类水质。东阳市除了保持正常的生活、灌溉用水外，每年要向下游弃水3 000多万立方米。为了解决用水问题，义乌市于2000年11月24日用2亿元一次性买断了东阳市4 999.9万立方米水的永久使用权，完成了国内第一宗水权交易，这是对人权和水价的最明确无误的承认。东阳市除获得2亿元水权费外，还获得每年500万元的水综合管理费（按每年实际供水0.1元/立方米计算），水资源优势最终转化为经济优势。中国大陆第一宗水权交易可能会开辟中国水资源市场的一个新时代，该项交易引起了一系列理论问题和实际问题的讨论。目前中国水市场被国内外公司看好，具有很好的发展前景。

3. 碳排放权交易

碳排放权交易，源于全球变暖和两个重要的国际公约：《联合国气候变化框架公约》和《京都议定书》。人类对化石燃料无节制地开采使用，大规模排放大量温室气体，导致地球气候变化。为了控制这种无节制的大规模排放全球100多个国家签订了《京都议定书》。《京都议定书》规定了发达国家的减排义务，同时提出了三个灵活的减排机制，碳交易是其中之一。具体来说，就是每年给一个国家，一家公司，发放一个碳排放指标（配额，限制每年只能排放多少吨二氧化碳）。如果某公司节能减排，这个指标没用完，剩余的部分可以拿到国际市场上交易；相反，如果某公司碳排放超过配额，超过的部分，要到国际市场购买。于是，碳排放成了一个公司的资产负债表的一部分。碳排放权交易，目前比较成熟的是欧洲的 EU-ETS 交易系统，它有一整套的交易规则。

自 2000 年起，我国 SO_2 排放量达 1 995 万吨，首次超过美国成为世界 SO_2 第一排放大国，环境的恶化日益成为制约我国发展循环经济的重要障碍。我国于 20 世纪 80 年代末 90 年代初在上海率先尝试了碳排放交易试点工作。2002 年，国家环境保护总局选择在山东、山西、江苏、河南、上海、天津、柳州七省市开展 SO_2 排放总量控制及排污交易试点。2007 年又在浙江省嘉兴市建立排污权交易中心，进行化学需氧量（COD）排放权的交易。2008 年起，上海环境能源交易所、北京环境交易所、天津排放权交易所 3 家交易所相继成立，并开始了碳排放交易。

国家发改委于 2011 年 10 月 29 日下发通知，批准北京、天津、上海、重庆、广东、湖北和深圳七省市开展碳交易试点工作，要求在 2013 年启动碳交易试点，2015 年基本形成碳交易市场雏形。据了解，被确定为试点之后，各地都已发布了碳排放权交易试点工作实施方案，工作都在稳步推进，七个试点分头探索、自寻路径，在碳交易体系的政策法规、核查核算、配额分配、交易机制、平台搭建等领域作出了具有各自特色的成果。希望能在 2015 年将碳交易扩大到全国范围。

目前全国碳市场建设加速，据了解，国家将于 2016 年底或 2017 年初率先选取六个行业进行排放权交易。

广东省的进展是，广东试点启动于 2012 年，所选取的四个行业企业的排放量占到广东全社会排放的 60% 以上。

2013 年 12 月 19 日，广东作为全国 7 个试点地区之一，正式启动碳排放权交易。近两年来，广东碳交易市场初具规模，成为仅次于欧盟、韩国的全球第三大碳交易市场。

广东 2014 年度履约期结束后，广东碳市场并未像去年同期出现成交清淡的情况，相反，2014 年 7 月，广东省顺利完成首年度履约工作，配额履约率达 99.97%。2015 年 7 月，广东以 100% 的企业履约率顺利结束 2014 年度碳排放履约期。

广东省率先成功探索了配额有偿分配机制。广东免费配额比例从之前的全行业 97% 降低到以电力行业为代表的 95%，既实现了逐步降低有偿配额比例的承诺，又尊重了现实情况。此次配额政策保留价首次实现了与二级市场价格的有效联动，通过将保留价交由二级市场决定，真正发挥了市场的定价功能和资源配置的作用。与二级市场联动的政策保留价也更加合理地反映市场实际供需情况，使得有交易需求的市场参与方真正获得进场交易的动力。

《2015年广东国家低碳省试点工作要点》文件已明确提出适时扩大碳排放管理和交易范围。

广碳所还根据市场需求对挂牌点选交易方式、配额交割和结算方式进行调整，并于今年8月经广东省发展和改革委员会批准，对现行《广州碳排放权交易所（中心）碳排放权交易规则》进行了修订。

深圳是国内第一个启动碳排放权交易的城市，深圳碳市场提前开始探索并取得了一定的成绩，占全市碳排放总量40%的机构上线交易。深圳碳排放权交易所和世界银行国际金融公司（IFC）签署合作协议，开发创新性碳交易产品，2014年5月初和中广核风电有限公司以及其他合作伙伴合作，成功发行国内首单"碳债券"。此外，深圳碳市场已经正式向国家相关部门申请开展碳期货交易试点，并积极引进境外机构投资者。全球最大的碳排放权交易所——美国洲际交易所中国区总经理黄杰夫也明确表示，碳金融是碳市场未来发展的必然方向。

北京市则在各试点中首先发布了场外交易的细则。北京市发改委发布《关于发放2013年碳排放配额的通知》，宣布配额发放完成，并公布配额调整措施及时间。随后，北京市又发布《关于开展碳排放权交易试点工作的通知》，以通知并附带具体文件的形式公布了北京市碳交易工作安排及核算报告指南、配额核定办法等。此后，北京市发改委又同北京市金融工作局共同发布《关于印发北京市碳排放配额场外交易实施细则（试行）的通知》，率先提出了对场外交易的实施，体现了其在未来碳金融发展上的雄心。

目前，天津市碳排放权交易市场各项基本要素建设已初步完成，包括制定区域碳市场管理办法，建设碳交易注册登记系统和交易平台，建立统一的监测、报告、核查体系，完善市场监管体系等。天津将本市钢铁、化工、电力、热力、石化、油气开采等重点排放行业和民用建筑领域中2009年以来排放二氧化碳2万吨以上的企业或单位纳入试点初期市场范围。

在2013年至2015年的试点阶段，上海市纳入配额管理范围的试点企业有191家，主要来自于钢铁、化工、电力等工业行业，以及宾馆、商场、港口、机场、航空等非工业行业。上海试点阶段，2013年至2015年各年度企业碳排放配额全部实行免费发放。试点企业已通过登记注册系统取得了各自的配额。

我国碳排放权交易试点工作迈出实质性步伐，2013 年 6 月 18 日，深圳碳排放权交易启动之后有 635 家工业企业和 200 家大型公共建筑被纳入碳排放权交易试点企业，成为首批受控企业。这意味着，这些企业将承担控制二氧化碳排放的强制性义务，否则将面临处罚。排放超标的企业须到碳交易市场购买配额，配额有盈余的企业则可选择到碳交易市场出售配额。

目前各地试点工作陆续推进，各银行也在积极备战"碳金融"。有预测称，通过 7 省市试点，我国有望成为全球碳排放权交易第二大市场，覆盖 7 亿吨碳排放。

不过，我国碳排放交易还仅处于地方性试点阶段，距离全国性碳排放交易市场还有很长的一段距离。

国内各大银行也嗅到这一商机，欲图淘金碳市场，纷纷推出"碳交易"服务。民生银行将节能减排贷款与碳金融相结合，推出以清洁发展机制（CDM）项下的排放指标作为贷款还款来源之一的节能减排融资模式。中国银行和深圳发展银行发行了挂钩碳排放交易的理财产品。中国农业银行推出清洁发展机制顾问业务，开始提供"碳交易"服务。

除了碳排放权方面的金融产品，兴业银行可持续金融中心还在研究开发节能减排方面的其他创新产品，包括合同能源管理贷款、排污权抵押贷款等。目前，兴业银行绿色金融融资余额已经超过千亿元，并形成了绿色金融融资和排放权金融服务两大服务系列。浦发银行同样也组建了绿色信贷团队，截至 2012 年第三季度，浦发银行已经为国内 53 个绿色信贷项目提供超过 33 亿元的贷款。

开展碳排放权交易，对于银行履行社会责任、开拓中间业务、促进经营战略转型具有重大意义。但是目前国内碳金融尚属跑马圈地阶段，对于具体参与方式，金融机构还在摸索中。

国内的碳交易潜力很大，但目前多是自愿减排及交易项目，规模尚小，不足以支撑一个大市场。只有各个地区和行业间碳排放指标产生足够差价，才会吸引金融机构进入。

碳金融的发展需要财税、环保及外汇管理等各项配套政策的大力扶持，目前政策缺位，没有完整的发展低碳经济的规划和系统性的引导支持政策，导致商业银行的外部激励动力不足。

为此，我国今后还应在这些方面下工夫。从国际限制碳排放的视角来看，许可证针对一国的排放总量是争论的焦点。不难想象，未来我国国内各省市的定额确定，也将形成博弈。

碳交易是大势所趋，可是目前在中国，碳交易仍是一个封闭的市场，上海的市场只能在上海有效，深圳的只能在深圳，如果要成为一个开放的市场，就要基于一个条件，配额能够跨区域的认可和流动的碳市场。希望通过碳交易试点，在交易机制、交易规则和核算体系等方面进行技术和机制的创新探索，为最终在全国建立统一的碳市场，找到"既适合国情、又简单适用"的市场体系。

然而，中国碳交易尚处于初级阶段，中国的碳排放交易制度该走什么样的道路？比起欧盟的排放权交易机制而言，中国尚没有形成类似的交易体系。因为中国排放限制如何进行，莫衷一是。业内人士表示，目前大家耳闻的北京、上海等地的环境交易所，只是碳交易制度下的交易中心，并且这些交易中心是先于制度明确而建立的情况，因此必然先天不足，尚难发挥作用。

第四节　我国环境法律经济制度

目前我国环境形势非常严峻，我国环境问题的特点是：发达国家上百年工业化过程中分阶段出现的环境问题，已在我国二十多年的发展中集中出现，环境污染呈现出压缩型、叠加型、复合型、耦合型的特点。

因此，国务院《关于落实科学发展观加强环境保护的决定》指出，健全环保价格、税收、信贷、贸易、土地、政府采购政策，对不符合产业政策和环保标准的企业，不批地，停信贷，不办理工商登记或者依法取缔。

温家宝同志在第六次全国环保大会上提出了环境保护要实行"历史性转变"，要从主要用行政办法保护环境转变为综合运用法律、经济、技术和必要行政办法解决环境问题。

2014年国家发展改革委先后出台并完善居民用水、用气、用电的阶梯价格政策，用价格杠杆培养居民节约意识；通过对部分产能过剩行业实行更严格的差别电价政策，加速推动相关行业转型升级或淘汰出局。

一、"三同时"保证金

"三同时"保证金，是指建设单位在建筑项目施工前向环境行政主管部门缴纳规定的保证金，保证建设项目中防治污染的设施，必须与主体工程同时设计、同时施工、同时投产使用。为了推动建设项目"三同时"制度以及企业环境保护目标责任制度的落实，许多地区的环保部门在实践中探索实行保证金（也有的称为抵押金或执行债券）制度。由于缺乏明确的法律依据，各地主要根据国家有关文件或地方相应规定执行保证金制度，其实施依据、收取保证金的时间、标准以及财务管理制度、监督机制等大都各不相同或极不完备。尽管这项制度存在着这样或那样的不足，但提高了"三同时"制度的执行率，加强了建设项目后期的环境管理，增强了企事业单位领导的环境保护意识，促进了污染防治措施的落实，使环境保护部门在"三同时"制度管理方面变被动为主动。

二、资源补偿费

资源补偿费是资源的开发、利用者在开发、利用自然资源时向国家缴纳的一种费用，在于补偿其开发、利用自然资源过程中国家所受到的损失。自然资源作为一种稀缺、珍贵的物品，对它的开发、利用不能是无偿的，而必须建立在有偿开发的基础之上，以控制和促进对资源更加科学、合理地开发和利用，节约使用资源，否则，资源开发的无偿性和低成本必将导致自然资源的大量浪费和不合理地消耗，给国家和社会的经济发展带来无穷灾难，破坏经济和社会的可持续发展。对开发利用自然资源者收费是世界多数国家的通行做法，我国在计划商品经济条件下也已确立了资源补偿费制度。例如，《矿产资源法》明确规定："国家对矿产资源实现有偿开采。开采矿产资源，必须按照国家有关规定缴纳资源税和资源补偿费。"《水法》规定："对城市中直接从地下取水的单位，征收水资源费；其他直接从地下或江河、湖泊取水的，可以由省、自治区、直辖市人民政府决定征收水资源费。"这些措施对提高自然资源的利用效率，促进自然资源的合理利用与保护起到了积极作用。

三、环境税

由于经济发展必然伴随着环境资源的消耗和一定程度的破坏，环境税便是作为控制资源粗放利用而开征的一个税种，把应由资源开发者或消费者承担的对生态环境污染或破坏后的补偿以税收形式进行平衡。

狭义的环境税，是英国经济学家阿瑟·庇古提出的，即根据污染所造成的危害对排污者征税，用税收弥补私人成本与机会成本之间的差距。广义的环境税，是指对环境资源开发、利用者，按照其开发利用自然资源的程度或破坏、污染程度征收的一种税，包括对开发者征收的补偿税，对排污者征收的排污费，对消费者征收的产品税。现代意义的环境税，既可以增加政府的财政收入，又能为人类的生活环境保持良好状态提供资金，将环境污染、生态破坏行为造成的外部成本内部化，成为筹集财政收入的一个渠道；同时还可以通过税收，调整和改变个体或企业的生产消费方式，促使其行为符合环境保护的要求。

随着社会主义市场经济的发展，环境税在保护环境资源中的地位和作用将不断增强。对严重危害环境的产品征收"污染产品税"，不仅有利于环境资源的合理、持续利用和改善，有利于履行有关保护环境资源的国际条约，也可以作为环境基金的一个来源。此外，为了鼓励污染防治和自然资源的保护，对采用清洁工艺技术以及安装"末端"处理设施的企业、环境保护工程项目、生态恢复工程项目等提供减免税、加速折旧等优惠；对严重浪费自然资源的行为应当征税，如征收土地闲置税等。

许多国家已规定了征收环境税。例如，法国《环境法典》规定了有关矿物燃料与可再生资源的税收政策。德国《废水纳税法》规定把废水排入水域要缴税，由州政府征收。纳税视废水的有害性而定，只要是废水排放者就负有纳税义务。荷兰则规定了对处理生活垃圾、提取地下水征税。目前在欧洲国家开始普遍推行所谓"生态税"改革的政策，就是将征税的基础逐步从劳动力转向能源利用和环境污染治理，这一转换过程被认为能产生环境改善与减少税收对经济扭曲的"双赢"的结果。

从世界各国的实践来看，环境税既包含针对污染行为课征的独立性税种，如燃料使用税、水污染税、二氧化碳税、噪声税、矿物油税和汽车税等；也包含增值税、消费税、所得税等一般性税种中为保护环境而设立的各种税收调节措施。环境税在实施时有两种手段，一是对污染行为征税，促使污染者减少污染；二是进行税收支出，对有利于防止污染的行为给予优惠，激励保护环境。

环境税在保护环境方面的特点表现在：（1）通过影响企业的税收负担刺激企业减少污染排放；（2）对有利于保护环境和污染治理的生产经营行为或产品进行税收支出，可以引导企业选择环保性生产设备和生产工艺、研发新的环境友好型技术和产品，提高企业保护环境的积极性；（3）与征收排污费相比较，税收手段具有透明性，可以防止政策执行过程中各类"寻租"行为的发生。

四、排污权交易制度

排污权交易是在环保部门的监督管理下，排污企业之间以排污权指标为标的进行的交易活动。排污权交易主要包括两部分内容：一是政府管理机构确定污染控制总量并向企业发放排污许可证，企业根据排污许可证向特定地点排放特定数量的污染物，即实行排污许可制度；二是排污许可证赋予的排污权可以通过市场进行交易。

与前面两个经济手段相比，排污权交易有两个重要特点：第一，由于排污许可证所允许的污染物排放总量是有限的，所以排污权交易便于环境管理总目标的实现。第二，通过市场自由交易，排污权从治理成本低的企业流向治理成本高的企业，有利于整个社会以最低成本实现污染物总量的减排。

相对于"命令和控制"措施，排污权交易制度是一种灵活的污染控制手段。在污染物"总量控制"下，企业可以根据自身状况及市场条件选择自行削减排污量或到市场上购买排污指标，从而为企业实施费用最小的排污"达标"方案提供新的途径，这不仅可以实现政府既定的环境目标，也可以节省污染控制的总费用。在这里，环境资源所有权的可转让性是排污权交易的理论基础，就其本身来说是一种市场方法。而行政只对其过程进行指导、监督、服务，控制最终排污量。这种间接管理减少了管理成本却更有成效。我国在 16 个城市开展排放大气污染物许可制度试点的同时，也在 6 个城市进行了"大气排污交易政策"的试点。结果表明，该政策为空气质量非达标区提供了发展经济的可能性，加快了实现区域大气环境质量目标的步伐，同时促进了技术进步、产业结构优化和工业的合理布局，并使区域大气污染防治费用趋于最小。

五、环境标志制度

环境标志亦称绿色标志、生态标志，是指由政府部门或权威机构依据一定的环境标准向有关厂家颁发证书，证明其产品的生产、使用及处置过程全部符合环保要求，保障人体健康，对环境无害或危害极少，同时有利于资源的再生和回收利用。它也是一种标在产品或其包装上的标签，它表明该产品不仅质量合格，而且在生产、使用和处理处置过程中符合特定的环境保护要求。

环境标志按规定有如下几种：ISO14020 标准规定了各国发展环境标志计划必须遵从的自愿、公开、科学、公正和防止贸易壁垒等 9 条基本原则；ISO14024 标准规定了对产品和服务中的环境行为进行第三方认证的基本要求，称为Ⅰ型环境标志；ISO14021 标准规定了产品从工艺设计、原料选用、过程控制及废弃物处置利用等自我环境声明的 18 条要求，称为Ⅱ型环境标志；ISO14025 标准规定了以生命周期理论为基础量化的环境信息申明，称为Ⅲ型环境标志。

实施环境标志认证，实质上是对产品从设计、生产、使用到废弃处理处置，乃至回收再利用的全过程的环境行为进行控制。它由国家指定的机构或民间组织依据环境产品标准及有关规定，对产品的环境性能及生产过程进行确认，并以标志图形的形式告知消费者哪些产品符合环境保护要求，对生态环境更为有利。

随着环保意识的加强，环境标志产品受到重视，消费者更注重购买环保产品。但是有很多不法厂商，擅自在产品包装上印刷环保认证标志，消费者难辨真假。发放环境标志的最终目的是保护环境，一方面通过环境标志告诉消费者哪些产品有益于环境，并引导消费者购买、使用这类产品；另一方面通过消费者的选择，引导企业生产对环境有益的产品。但是市场上假冒的环境标志产品，产品质量低劣，成本低、价格低，不利于消费者对真环保产品的购买。

为了鼓励绿色消费，政府不仅要加大对假冒环境标志产品的打击力度，而且要对获得中国环境标志认证的产品减免税收。通过减免税收，增加其竞争优势。目前，我国共有近200家企业，40多个大类，500多种产品获得了中国环境标志认证。对这些产品减免税收，降低其生产成本，增加其降价空间，使其在价格上处于有利地位。不仅能鼓励消费者购买绿色环境认证产品，而且能鼓励生产者生产绿色环保产品。

环境标志作为市场经济条件下强化环境管理的一项有力措施，已被发达国家的实践所证实。从1993年3月起，我国也开始进行环境标志认证工作，环境标志制度作为一项引导性政策，目前在我国实行的是自愿申请原则，随着推行清洁生产和污染预防政策以及世界经济一体化的要求，我国的环境标志产品认证制度要与国际通用标准相衔接，它将从非强制性的引导性政策上升为稳定、普遍的强制性法律制度。

六、绿色信贷

"绿色信贷"作为首个实施的环境经济政策，是将环境/生态因素纳入信贷决策体系，通过关注环保、生态等具有长远效益的产业，以未来良好的环境效益和社会效益支持银行信贷业务的长远发展。目前，国际上比较成熟的环保信贷准则是由国际金融公司（IFC）提出的"赤道原则"。

早在1974年，联邦德国就成立了世界第一家政策性环保银行，命名为"生态银行"，专门负责为一般银行不愿接受的环境项目提供优惠贷款。而2002年，世界银行下属的国际金融公司和荷兰银行，在伦敦召开的国际知名商业银行会议上，提出了一项企业贷款准则。这就是国际银行业赫赫有名的"赤道原则"。这项准则要求金融机构在向一个项目投资时，要对该项目可能对环境和社会的影响进行综合评估，并且利用金融杠杆促进该项目在环境保护以及周围社会和谐发展方面发挥积极作用。

目前，"赤道原则"已经成为国际项目融资的一个新标准，全球已有60多家金融机构宣布采纳"赤道原则"，其项目融资额约占全球项目融资总额的85%。

而那些采纳了"赤道原则"的银行又被称为"赤道银行"。在我国的银行业中，目前只有兴业银行一家"赤道银行"，这也从一个侧面反映出我国"绿色金融"的发展尚处于起步阶段。

目前，国内银行越来越多地在贷款环节开始关注环保，但是我国在"绿色信贷"的推进中主要有三大不足：一是内在激励机制不足，在经济上对环保违法企业缺乏惩戒，对环境保护做得好的企业缺乏扶持和鼓励。二是信息沟通机制有待完善。地方环保部门发布的企业环境违法信息针对性和时效性不强，不适应银行审查信贷申请的需要，而银行缺乏执行"绿色信贷"的专门机构，不能提供使用环境信息的反馈情况。三是"绿色信贷"的标准笼统，缺乏具体的信贷指导目录、环境风险评级标准，商业银行难以制定相关的内部实施细则。

2007 年 7 月，原环保总局、中国人民银行、中国银监会联合发布了《关于落实环保政策法规防范信贷风险的意见》，标志着"绿色信贷"这一经济手段全面进入我国污染减排的主战场，特别是在气候变化背景下更是具有了深远的意义。银监会 2014 年年初制定了《绿色信贷指引》，对银行业金融机构有效开展绿色信贷，充分发挥银行业金融机构在引导社会资金流向、配置资源方面的作用。

2009 年，我国出现第一个绿色信贷银行"兴业银行"，目前该行已初步形成以能效融资、环境金融、碳金融 3 个板块为主体的绿色金融服务，如面向企业客户的节能减排"8+1"融资服务模式、为碳交易前中后各环节量身定制金融服务等，同时探索尝试将低碳理念引入到个人金融领域，率先在国内发行面向个人客户的低碳信用卡等。几年来，"绿色金融"战略实践不仅没有成为银行的财务负担，还开创了新的业务领域，成功拓展原本难以介入的企业和项目，带来了优质的资产和新收入来源。

实践中，一些商业银行积极开展金融创新，在"绿色经营"中积累了宝贵经验。截至 2013 年一季度末，兴业银行"绿色金融"支持项目累计实现在我国境内节约标准煤 6 112.27 万吨，减排二氧化碳 17 995.42 万吨，还有众多其他废气。相当于关闭了 412 座 100 兆瓦火电站，或北京 7 万辆出租车停驶 124 年。

七、绿色保险

2008 年 2 月，原国家环保总局和中国保监会联合出台了《关于环境污染责任保险的指导意见》，该保险赔偿的损害包括：环境污染造成生命丧失与伤害带来的经济损失，污染事故造成的直接财产损失，污染带来的财产价值的减少，消除损害而采取必要措施发生的合理费用。绿色保险是对环境污染责任保险制度的形象称呼，它是以企业发生污染事故对第三者造成损害时依法应承担的赔偿责任为标的的保险制度。

在我国才刚刚起步的"绿色保险"，在国际上是普遍采用的制度，此次环保总局和保监会联合发布的只是一个"指导意见"，并不是详细、严密的保险条款。那么，如今这项被称为"绿色保险"的环境污染责任保险制度实施得究竟如何呢？如今社会和企业对此褒贬不一，有些人士在深入调研后，更是指出"绿色保险"遭到了不同类型的石油化工、危险废物处置等行业与企业的冷遇，这一举两得的好事究竟为何遭此冷遇呢？这难道仅仅只是政府的一厢情愿？还是保险业与企业的"同床异梦"造就了异常冷清的"绿色保险"市场？这种尴尬显然非常值得我们深思。

"绿色保险"制度是我国建立环境经济政策的又一大探索，国际经验证明，一个成熟的"绿色保险"制度应该是一项经济与环境"双赢"的制度，也是一个加强环境监管的制度。它是对过去"企业违法污染获利，环境损害社会埋单"现状的一种因应，可见"绿色保险"制度的建立有其历史的必然性与必要性。当然，我们若要顺利推进"绿色保险"，一个健全的法律和完善的制度就是重要前提，具有可操作性的配套法律制度也是势在必行。

八、绿色证券

早在 2007 年 7 月，我国就已出台了《关于落实环保政策法规防范信贷风险的意见》，2008 年有两个类似文件也非常值得我们关注，即《关于环境污染责任保险的指导意见》和《关于加强上市公司环保监管工作的指导意见》。这被业内人士形象地分别称为"绿色信贷""绿色保险"和"绿色证券"，也有人将这三大环境经济政策称为"三把利剑"，是我国对环境污染问题的崭新"亮剑"！这标志着我国环境经济政策开始步入实质性操作阶段，无疑可以称得上是我国环境法律的一个重大事件，显然具有重要的理论与现实意义。

2008 年 2 月 25 日，原国家环保总局发布出台的《关于加强上市公司环保监管工作的指导意见》，要求对从事火电、钢铁、水泥、电解铝行业以及跨省经营的"双高"行业（13 类重污染行业）的公司申请首发上市或再融资的，必须根据环保总局的规定进行环保核查，也就是说，环保核查意见将作为证监会受理申请的必备条件之一。这就是我们称之为继绿色信贷、绿色保险之后的第三把环境经济政策"利剑"的绿色证券。这一绿色保险的指导意见将以上市公司环保核查制度和环境信息披露制度为核心，遏制"双高"行业过度扩张，防范资本风险，并促进上市公司持续改进环境表现。此次发布的意见虽然不是完全意义上的绿色证券，但已在核心领域取得重要进展。

为了进一步规范上市公司的环保核查，环保部还发布了《上市公司环保核查行业分类管理名录》，明确列举了必须通过环保核查的火电、钢铁、水泥、电解铝、煤炭、冶金、建材、采矿、化工、石化、制药、造纸、纺织、制革14大重污染行业，涵盖了上百个企业类型。

几年以来，环保部受理了多家上市公司的环保核查申请，已阻止了上百亿的重污染项目融资。首次环保核查未通过率就超过了50%。这对于抑制污染行业上市融资，推动企业履行社会责任，具有积极的效果。另外，上市公司环境披露制度也得到了证监会的大力支持，如上海证交所发布的《上市公司环境信息披露指引》。

九、绿色贸易

绿色贸易有许多内容，我国目前重点做的是两个方面，一是限制"两高一资"产品的出口，二是中国对外投资企业的环境责任问题。环保部组织制定了新的"双高"目录（即"高污染、高环境风险产品"名录），在各综合经济部门的支持下，对这些产品采取了限制措施，遏制了"产品大量出口、污染留在国内"的现象。2007年6月，环保部制定并提出对50多种"双高产品"取消出口退税的建议，被财政部、税务总局所采纳，当前这些产品的出口量下降了40%。2008年1月，环保部再次发布农药、无机盐、电池、涂料、染料等6个行业140多种"双高产品"目录，涉及出口金额20多亿美元，并提交各经济综合部门。

"双高"产品目录，得到了有关部门的重视和采纳。国家发布的禁止加工贸易名录中，采纳了环保部提交的全部产品名录，并首次明确将"双高"产品作为控制商品出口的依据。随后，财政部、税务总局在2014年7月底发布的取消出口退税的商品清单中，40个商品编码的商品中有26个是"双高产品"。下一步，我们还要继续完善"双高"产品名录制定及商品编码等工作，积极参与制定稀缺资源产品出口管理政策，控制"双高一资"产品的出口。

另一个新的进展是，"走出去的中国企业履行环境责任"的问题已经引起了我国的高度关注，环保部将争取与有关部门编制中国对外投资环境保护指南等指导性文件，引导和规范中国海外投资企业的环境行为。

十、其他手段

（一）押金—退款制

押金—退款制是指对那些具有潜在污染性的商品征收附加费，当污染避免时附加费将被退还。押金—退款制的实质是鼓励具有潜在污染性商品的生产者和使用者安全地处置相应商品。这一制度在发达国家广泛用于金属罐、玻璃瓶、塑料包装盒、电池等商品。

（二）执行鼓励金

执行鼓励金的目的是对污染者提供附加的经济刺激，促使其遵守环境法规的要求。执行鼓励金有两种方法：一是对违反环境法规的污染者收取违章费用；二是执行保证金，即为了督促污染者遵守环境法规而预先收取一笔费用，一旦当事人遵守了法规即退款。

（三）生态环境补偿费

生态环境补偿费的实质是要求从事自然资源开发的单位或个人为其行为后果承担经济责任，以缴纳补偿费的形式补偿开发行为对生态环境造成的不良影响。生态环境补偿费包括生态环境破坏的费用和生态环境恢复的费用。

（四）补贴

补贴是出于预防和治理的需要，对环境管理中的薄弱环节进行资助，其目的在于鼓励污染削减。补贴主要有软贷款和税收补贴等形式。软贷款是面向环境治理项目发放的优惠贷款，具有期限长、利率低的特点。税收补贴主要是对污染治理设备实行加速折旧和免税。

第五节　我国环境法律经济制度的基础性与派生性模式

随着社会主义市场经济体制的建立，在强化"直接控制"的同时，完善经济手段以保护环境资源的呼声很高。中国政府在《环境与发展十大对策》中指出："各级政府应当更好地运用经济手段来达到保护环境的目的"；在《中国21世纪议程》中指出："为适应中国社会主义市场经济体制的建立，对已有的立法进行调整，引入符合市场经济规律和市场机制的法律调整手段"，"通过调整各种经济政策，在国家宏观调控下，运用经济手段和市场机制促进可持续的经济发展"。可见，利用经济手段促进中国的可持续发展已被摆到了极为重要的位置。

一、基础性模式——老元素：环境保护与污染防治

经过三十多年的发展，我国制定和实施了一系列关于防治环境污染、保护自然资源的法律法规，在环境保护中确立了"预防为主，防治结合"、"谁开发，

谁养护，谁污染，谁治理"和"强化环境管理"三大政策，形成了以环境影响评价制度、"三同时"制度、征收排污费制度、环境保护目标责任制度、城市环境综合整治定量考核制度、限期治理制度、排污许可制度、污染集中控制制度八项制度为基本内容的环境管理体系。

（一）预防为主，防治结合

预防为主、防治结合、综合治理原则是由预防、防治和综合治理三个部分组成的，是对防治环境问题的基本方式、措施以及组合运用的高度概括。所谓预防，是指在预测人为活动可能对环境产生或增加不良影响的基础上，事先采取防范措施，防止环境污染和破坏的产生或扩大，或把不可避免的环境危害减少或控制在可容忍的限度之内。

这里的预防，是指防治一切环境污染或环境破坏造成的危害，包括通常不会发生的危害、时间和空间上距离遥远的危害以及累积型危害。所谓防治，是指对已经产生的环境问题，运用科学技术和工程办法消除或减少其有害影响。由此可见，预防与防治都是保护环境的方法与措施，两者相互联系并在一定条件下可以相互转化。但是由于预防可以避免环境问题的发生或扩大，实现防患于未然；治理是对已经产生的环境问题的治理，仅仅是一种事后的救济；从总体上来看，从预防与治理的功能来看，应当以预防为主。但是预防并不能消除和减少已经产生的环境危害，也不可能在没有任何经验的条件下防治所有环境问题的产生。对于由于条件限制而无法认识、预测和防治的环境问题，只能进行治理。因此，在强调预防为主的同时，绝不能忽视治理，而应当坚持防治结合。

从总体来看，这一原则针对环境问题的特点，明确了防治环境问题的基本方法和措施。该原则突出预防兼顾治理，重视防治结合，强调综合运用各种手段、措施和对各种防治方法的优化组合，明确了防治环境污染和破坏的基本方法和途径，体现了我国环境保护工作由消极、被动、事后、单一方式向积极、主动、事前事后、多种方式结合的转变，有利于以较少的投入获得最优的经济、社会和环境效益。

（二）谁开发，谁养护，谁污染，谁治理

中国在参照"污染者付费原则"的基础上，于1979年在《环境保护法》（试行）第6条中规定了"谁污染谁治理"原则，即"已经对环境造成污染和其他公害的单位，应当按照谁污染谁治理的原则，制定规划，积极治理，或者报请主管部门批准转产、搬迁"。在1989年施行的《环境保护法》中删去了"谁污染谁治理"的字样，改为由具体的制度和措施规定来隐含这一基本原则。2014年新出台的《环境保护法》第 5 条规定，"环境保护坚持保护优先、预防为主、综合治理、公众参与、损害担责的原则"。"损害担责"是"污染者担责"的"缩略语"而已。从学理上解读，该原则是发展了的污染者付费原则，解读该原则，须从考察污染者付费原则的产生、发展历史出发。这一点在我国环境立法史上，是环境基本法对环境法基本原则的首次直接规定，具有重要的历史意义。

所谓开发者养护，是指对环境和自然资源进行开发利用的组织或个人，有责任对其进行恢复、整治和养护。强调这一责任的目的是使资源开发对环境和生态系统的影响减少到最低限度，维护自然资源的合理开发、永续利用。

所谓污染者治理，是指对环境造成污染的组织或个人，有责任对其污染和被污染的环境进行治理。其目的仍在于明确污染者的责任，促进企业治理污染和保护环境。

并且，将其作为一项法律原则隐含地规定于法律条文中，还有利于立法者以及执法者在解释该原则时不受直接规定的局限，例如，"开发者养护"就是这种解释的产物，因为其基本思想与污染者治理具有一致性。作为对环境法基本原则的概括，"开发者养护、污染者治理"则更为精辟和全面。

从中国环境法律的规定来看，该原则并不包括对污染损害和环境破坏所造成的被害人的损失予以赔偿。关于环境污染损害的赔偿，适用《民法通则》和有关环境立法对环境污染损害赔偿责任的特别规定（无过失责任）。

"谁污染，谁治理"的制度设计尽管具有管理成本低、权责明确的特点，但是在实践中由于各污染企业受到自身规模、经济实力和技术水平的限制，不可能每个污染企业都投建相关的污染处理设施，不但企业负担过重而且也不经济。为了适应实践的需要，产生了许多专门提供污染处理的企业，实行治污集约化。例如，在某些国家随着污染许可证交易的扩大，政府逐渐推出排污权交易过程，通过建立相关的"控污银行"作为市场中介组织来引导排污权的交易。另外，考虑到公平原则，给予没有造成污染的社会主体以更多的主动权，鼓励他们参与环境保护活动。例如，目前在美国允许环境保护组织和环境保护基金参与排污权的交易，通过买卖来影响企业污染成本，使环境污染受害者或可能受害者可以在事前更主动地加入污染防治，而不是仅仅依靠污染发生后的政府补偿或司法赔偿。

（三）强化环境管理制度

1. 环境影响评价制度

环境影响评价制度指在某地区进行可能影响环境的工程建设，在规划或进行建设活动之前，对建设项目的选址、设计和建成投产使用后可能对周围环境产生的不良影响进行调查、预测和评定，并提出防治环境污染和破坏的对策措施，并按照法定程序进行报批的法律制度。

环境影响评价制度，是实现经济建设、城乡建设和环境建设同步发展的主要法律手段。建设项目不但要进行经济评价，而且要进行环境影响评价，科学地分析开发建设活动可能产生的环境问题，并提出防治措施。通过环境影响评价，可以为建设项目合理选址提供依据，防止由于布局不合理给环境带来难以消除的损害；通过环境影响评价，可以调查清楚周围环境的现状，预测建设项目对环境影响的范围、程度和趋势，提出有针对性的环境保护措施；环境影响评价还可以为建设项目的环境管理提供科学依据。

环境影响评价制度的实施，无疑可以防止一些建设项目对环境产生严重的不良影响，也可以通过对可行性方案的比较和筛选，把某些建设项目的环境影响减少到最低限度。因此，环境影响评价制度同国土利用规划一起被视为贯彻预见性环境政策的重要支柱和卓有成效的法律制度，在国际上越来越引起广泛的重视。

但是，各国在执行此项制度中也遇到一些问题。首先，把环境影响评价作为限制发展的一种手段，目的在于使经济增长与环境保护协调起来，但限制过严则会影响经济发展和资源开发，从而影响社会的需求，这就产生了掌握到何种程度才算适宜的问题。其次，环境影响评价是一项综合性的复杂的技术工作，需要多学科配合和采用各种新技术。对于它的可靠性问题，综合性预测的标准和方法如何确定的问题，某些环境因素如生态影响如何确切计量的问题，都须进一步研究解决。最后，评价工作本身，特别是某些大型项目的评价，工作量大、技术性强、耗费时间长（有的需要 5 年、10 年）、成本高（一般占项目总投资的 0.5%～5%），加上手续繁杂，群众意见又常常极不一致，有些建设项目往往因此而延误工期。

2. "三同时"制度

"三同时"制度是极具中国特色的、中国的独创，是在中国社会主义制度和建设经验的基础上提出来的行之有效的环境管理制度，也是在中国出台最早的一项环境管理制度。"三同时"制度，是指新建、改建、扩建项目和技术改造项目以及区域性开发建设项目的污染治理设施必须与主体工程同时设计、同时施工、同时投产的制度。

"三同时"制度适用于在中国领域内的新建、改建、扩建项目（含小型建设项目）和技术改造项目，以及其他一切可能对环境造成污染和破坏的工程建设项目和自然开发项目。它与环境影响评价制度相辅相成，是防止新污染和破坏的两大"法宝"，是中国预防为主方针的具体化、制度化。

凡是通过环境影响评价确认可以开发建设的项目，建设时必须按照"三同时"规定，把环境保护措施落到实处，防止建设项目建成投产使用后产生新的环境问题，在项目建设过程中也要防止环境污染和生态破坏。建设项目的设计、施工、竣工验收等主要环节落实环境保护措施，关键是保证环境保护的投资、设备、材料等与主体工程同时安排，使环境保护要求在基本建设程序的各个阶段得到落实，"三同时"制度分别明确了建设单位、主管部门和环境保护部门的职责，有利于具体管理和监督执法。

2010年，我国建设项目"三同时"执行率达到98%，完成有关验收项目环保投资2 000多亿元，带动了我国环保治理水平的整体提升。在实施排污收费制度方面，2011年，全国排污收费突破200亿元，从1978年至今累计收费达2 042.3亿元，为环保事业发展提供了专项资金。

3. 排污收费制度

排污收费，是指向排污者根据污染物的排放量征收一定的费用或税收，以促使排污者采取措施控制污染。排污收费政策早在1978年就在我国提出并开始实践，迄今为止已经成为应用最广泛的环境经济政策。当时整个国际社会没有一个国家有排污税费制度，中国是第一个实行该制度的。当时我国还是税费不分的，所设计的排污收费制度，并不是后来教科书写的"基于成本"或"外部性内部化"之类的，而是为了筹措环保资金。因为当时实行严格的计划经济，企业没钱防治环境污染，非常困难，中国"发明"了排污收费制度，通过行政强制性的手段收取一笔费用，作为专项资金用于环保补助。

排污收费制度实施近三十年来，排污收费资金的使用对中国的环境保护有显著的作用。这种作用主要体现为增加了污染的治理能力，同时加强了环保系统的建设。但是，在运行过程中也存在着一些问题，比如收费对象、收费标准、资金使用等，需要尽快进行改革。目前，我国的排污收费标准太低，对污染者的刺激作用很小，污染者宁可缴纳排污费也不去治理污染，这对环境保护很不利。同时收费不全面，收费对象主要集中于大中型企业和事业单位。另外，由于国家没有统一的管理模式，各地按照自己的利益确定管理模式，造成了排污收费管理上的混乱，资金被挤占、挪用的现象非常严重。应当结合税制改革的进程，实现排污收费收支两条线，设立专门账户，实行专款专用；同时扩大征收范围，提高收费标准。

我国的环境经济政策虽然种类较多，但真正在全国范围内实施并发挥作用的并不多。其中，排污收费制度相对而言是比较典型和成熟的制度。征收排污费制度是对向环境排放污染物或者超过国家排放标准排放污染物的排污者，按照污染物的种类、数量和浓度，根据规定征收一定的费用。征收排污费是利用经济杠杆的调节作用，从外部给企业一定的经济压力，使排污量的大小同企业的经济效益直接联系起来。企业为了不交或少交排污费，就必须健全企业的管理制度，明确生产过程中各个岗位的环境责任，降低原材料消耗，开展对污染物的综合利用和净化处理，使污染物排放量不断减少。多年来，经过不断调整和完善，排污收费制度对遏制环境污染起到了一定的作用。但由于环保部门行政权力有限，法律规定的处罚额度太低，排污收费制度在调控企业经济活动方面仍显得软弱无力，"违法成本低、守法成本高"的怪圈长期难以打破。不仅如此，目前在我国，排污收费在本质上只是环保部门进行环境管理的一种辅助手段，仅仅属于局部、微观的调控，还远未达到对市场运行机制进行整体宏观调控的作用。

4. 环境保护目标责任制度

环境保护目标责任制是我国现行的环境管理八项制度之一。环境保护目标责任制是在第三次全国环境保护会议上被确定为八项环境管理制度之一的，它的内容涵盖了其他各项环境管理制度，在环境保护管理工作中发挥了重要作用。

环境保护目标责任制是一种具体落实地方各级政府和有关污染的单位对环境质量负责的行政管理制度。一个区域、一个部门乃至一个单位环境保护的主要责任者和责任范围，运用目标化、定量化、制度化的管理方法，把贯彻执行环境保护这一基本国策作为各级领导的行为规范，推动环境保护工作的全面、深入发展，是责、权、利、义的有机结合。每届政府，在其任期内，都要采取措施，使环境质量达到某一预定的目标。

环境目标是根据环境质量状况及经济技术条件，在经过充分研究的基础上确定的。目标责任制通常是由上一级政府对下一级政府签订环境目标责任书体现的，下一级政府在任期内完成了目标任务，上一级政府给予鼓励，没有完成任务的则给予处罚。

它明确了保护环境的主要责任者、责任目标和责任范围，解决了"谁对环境质量负责"这一首要问题，按要求是"一把手"负总责。

5. 城市环境综合整治定量考核制度

城市环境综合整治，就是把城市环境作为一个系统，一个整体，运用系统工程的理论和方法，采取多功能、多目标、多层次的综合战略、手段和措施，对城市环境进行综合规划、综合管理、综合控制，以最小的投入换取城市质量优化，做到经济建设、城乡建设、环境建设同步规划、同步实施、同步发展，从而使复杂的城市环境问题得以解决。

这项制度要对环境综合整治的成效、城市环境质量，制定量化指标，进行考核，每年评定一次城市各项环境建设与环境管理的总体水平。

多年来，城市环境综合整治工作取得了一定成绩，但由于城市工业和人口集中，长期积累下来的环境问题较多，环境综合整治工作进展落后于城市环境保护发展的需要。首先，城市环境综合整治的理论、规划、工作程序、效果评价等还不够完善，没有做到法律化、程序化与定量化。各城市间综合整治的进展也不平衡。其次，市长负责制，部门参加，环境保护部门监督管理，分工合作，各负其责的综合整治管理体制还没有完全建立起来，各部门参与环境综合整治的工作还不够积极主动。

6. 限期治理制度

限期治理制度是我国《环境保护法》中一项基本的环境保护制度。根据《环境保护法》的相关规定，限期治理制度是指对造成环境严重污染的企事业单位和在特别保护的区域内超标准排污的已经建成的设施，依法采取限定时间、限定内容、限定效果完成治理任务的制度。从法律性质上讲，限期治理制度是一项行政命令，属于行政行为。

7. 排污许可制度

排污许可证制度是指凡是需要向环境排放各种污染物的单位或个人，都必须事先向环境保护部门办理申领排污许可证手续，经环境保护部门批准后获得排污许可证后方能向环境排放污染物的制度。

继 1987 年原国家环保局在上海、杭州等 18 个城市进行了排污许可制度试点之后，在 1989 年第三次全国环保会议上，排污许可制度作为环境管理的一项新制度被提出来。鉴于排污许可制度是以污染物总量控制为基础的，国家从 1996 年开始，正式把污染物排放总量控制政策列入"九五"期间的环保考核目标，并将总量控制指标分解到各省市，各省市再层层分解，最终分到各排污单位。总量控制是"十五"期间我国环保工作的重点。上海市已经以地方法规的形式出台了"污染物排放许可证管理规定"，其管理的基本程序是：排污申报登记；排污审核、核发排污许可证；证后监督管理；年度复审。

污染物排放许可制度的实施对环境监测和环境管理提出了更高的要求。尽管除了个别情况下基于确保财政收入的需要而由国家通过法律设立特别许可外，规定不得随意将许可制度与创收相联系，不得滥设许可证乱收费。但排污许可制度却有其特殊性，即行政主体不仅作为监督管理者，而且作为公众环境权益的监护人，作为环境容量资源公共所有者的代理人。资源是有价的，环境容量资源也不能无偿获得，在管理、转让这种环境容量资源时，既要尽到管理者的职责，又要行使代理人的权利，向环境容量资源的使用者收取一定的费用，以支付相应的行政成本和保护、改善环境的费用。

实施污染物排放许可制度后，容许排污权交易是国内环保制度的重大创新。排污单位经治理或产业（包括产品）调整，其实际排放物总量低于所核准的允许排放污染物总量部分，经环保部门批准，允许进行有偿转让。但是，由于在现行的管理安排中，采取的是由政府征收排污费的制度，是一种非市场化的配额办法，而不是使用市场交易的方式。所以从国内的情况来看，将排污权的交易具体化为一项可以操作的制度安排，并加以实际实施，需要在运行机制上进行探索。2001 年 9 月，亚洲开发银行资助的"二氧化硫排污交易制"在山西省太原市 26 家企业试点，首开国内排污权交易之先河。

8. 污染集中控制

上述以行政管理为主的管理体系，侧重于污染物产生后的达标排放，总体上属于"末端"治理措施。至于"预防为主"原则，虽然早在 20 世纪 70 年代就已提出，但由于行政管制的力度不够，又缺乏有效的经济刺激制度，因而并未得到充分落实。

另外，有些环境经济政策虽然有政策性规定，但是由于没有配套的措施，也没有起到应有的作用。例如，中国人民银行早在 1995 年就制定政策，要求各级金融机构对"不符合环保规定的项目不贷款"，可由于没有配套的措施，这项很好的环境经济政策并没有得以实施。又如，虽然我国已建立了差别税收政策，但种类较少、应用领域较窄。

最近十年来是我国环境保护较为重视的时期，一些环境经济政策也逐步推出。根据专家的统计，我国的环境经济政策在以下几个方面已经发挥作用：一是开始用发行国债的方式为环境保护筹措资金。二是利用外资成为污染治理的重要资金渠道。三是环境保护企业在股票市场上市融资，特别是"BOT"的融资运作方式提供了解决环境保护资金问题的可行之路。四是污染治理设施建设和运行的市场化运作。五是建立了多种形式的环境保护基金。六是与环境有关的税收优惠政策得到了改进。七是银行对环保项目和企业给予信贷优惠。八是公共财政单设"环境保护"类。九是发行环境保护彩票。十是试点排污权交易。

二、派生性模式——新元素：生态文明与低碳经济

在可持续发展阶段，无论是发达国家还是发展中国家的环境资源立法都在试验、采用新的环境经济手段，其中包括但不限于以下几种派生模式：

（一）绿色税收

所谓环境税，是以保护环境为主要目的而征收的税收的总称，不是一个单一

的环境税种。环境税主要是指对开发、保护、使用环境资源的单位和个人，按其对环境资源的开发利用、污染、破坏和保护的程度进行征收或减免。这一措施目前已被西方国家广泛应用。如果宽泛理解，环境税包括专项环境税、与环境相关的资源能源税和税收优惠，以及消除不利于环保的补贴政策和收费政策。一般来说，环境税是依据"谁污染，谁缴税"的原则设置的，把环境税收取得的收入专项用于环境保护，使税收在环保工作中发挥巨大的作用。环境税在发达国家应用得十分普遍，主要有二氧化硫税、水污染税、噪声税、固体废物税和垃圾税5种。

通常做法仍是"激励"与"惩罚"两类。一方面对于环境友好行为给予"胡萝卜"，实行税收优惠政策，如所得税、增值税、消费税的减免以及加速折旧等；另一方面针对环境不友好行为挥舞"大棒"，建立以污染排放量为依据的直接污染税，以间接污染为依据的产品环境税，以及针对水、气、固废等各种污染物为对象的环境税。

除环境税外，差别税收也是税收政策的组成部分。具体来说，就是根据纳税对象的行为、产品、生产方式、环境保护活动等决定其纳税水平。

关于环境税收体制的设计，目前学界提出了三套方案，即独立型环境税、融入型环境税以及环境税费三种环境税征收方案。

所谓独立型环境税，是在现有的税收体系外再新增一种环境税，包括一般环境税、直接污染税和污染产品税。其中，一般环境税是基于收入的环境税，目的是筹集环境保护资金。直接污染税则以"污染者付费"为征收原则，计税依据是污染物排放量。以"使用者付费"为原则的污染产品税的征收对象是煤炭、燃油等潜在污染产品，可细化为燃料环境税、特种产品污染税等。

与独立环境税方案相比，融入环境税方案并不设立环境税税种，但通过对消费税、资源税、水资源环境税、城市维护建设税、耕地占用税以及车船使用税等部分现有税种的改革和完善，加上环境收费制度的配合，起到环境税的作用。该方案建议，在消费税中新增资源消耗大的、污染严重的产品税目。

环境税费则是通过环境税和环境收费的共同作用来影响污染者的生产和消费行为。建议是维持现行环境收费制度，将污水处理收费、二氧化硫排污收费等目前环境收费中几个大的收费项目转为环境税，并重点考虑制定碳税、生态税。

鉴于环境税涉及复杂的利益关系，而且专业性和技术性也很强，笔者的看法是，应当采取先易后难、先旧后新、先融后立的策略，首先消除不利于环保的补贴和税收优惠，其次综合考虑环境税费结合，再次实施融入型环境税方案对现有税制进行绿色化，最后引进独立型环境税。

环境税对开发、利用、保护和改善环境资源有着显著的刺激（鼓励或抑制）效果。受传统产品经济的影响，我国的环境税收法律制度还比较薄弱。目前对煤、石油、天然气、盐等征收的资源税收及城镇土地使用税等，主要目的是调整企业间的级差收入、促进公平竞争，对促进环境资源的合理利用和保护、改善的意义不明显；在奖励综合利用以及节约能源方面，环境立法采用了一些税收调节手段，如规定综合利用产品在投产 5 年内免交所得税和调节税，综合利用的技术引进项目和进口设备、配件可以视为技术改造项目而享受减免税优惠等。

随着社会主义市场经济的发展，环境税在保护环境资源中的地位和作用将不断增强。目前，我国税种虽然很多，但还没有独立的环境税，致使环境保护的税收政策力度不够，主要表现在以下几个方面：

第一，缺少以保护环境为目的的专门税种。除了资源税外，专门针对环境问题的征税根本不存在。这样就限制了税收对环境污染的调控力度，也难以形成专门的用于环境保护的税收收入来源，弱化了税收在环境保护方面的作用。

第二，现有税种中有关环保的规定不健全。如资源税仅对矿产品和盐类资源课税，征收范围过窄，基本上只属于矿藏资源占用税；消费税也没有将"白色污染"制品等有害消费品纳入征管范围。

第三，考虑环境保护因素的税收优惠措施单一，缺乏针对性、灵活性，影响税收优惠政策实施效果。如国际上通用的加速折旧、再投资退税、延期纳税等方式均可应用于环保税收政策，以增加税收政策的灵活性和有效性，而我国几乎没有这方面的内容。

我们应当汲取西方国家的经验教训，针对我国的主要环境问题，通过立法促进环境税的分期分批实施。除现有的一些环境税收规定外，目前首先应当对含硫燃料征收硫税，对严重危害环境的产品如含 cfc 的产品征收"污染产品税"。这不仅有利于环境资源的合理、持续利用和改善，有利于履行有关保护环境资源的国际条约和公约，也可以作为环境基金的一个来源。此外，为了鼓励污染防治和对自然资源的保护，对采用清洁工艺技术以及安装"末端"处理设施的企业、环境保护工程项目、生态恢复工程项目等应当提供减免税、加速折旧等优惠；对严重浪费自然资源的行为应当征税，如征收土地闲置税等。

我们如果引进环境税，就可以实现税收增加、环境保护、社会公平的"三赢"目标。实行环境税，环境经济政策等于成功了1/3。但鉴于环境税收涉及面大，认识不一，还需要一步步来。

第一步，清除那些不利于环保的相关补贴和税收优惠政策。比如，按照国务院关于限制"两高一资"（高能耗、高污染、资源性）产品出口的原则，取消或降低这类产品的出口退税（率）。

第二步，研究融入型环境税改革方案。比如，我们应重点研究适合征收进出口关税、降低或者取消高污染产品的出口退税名录，提出有利于环境保护的企业所得税、消费税和资源税改革建议方案，并在条件成熟时，择机出台燃油税。

第三步，研究独立型环境税方案。环保总局正在研究对产生重污染的产品征收环境污染税的问题。即为了区域经济结构调整与产业技术升级换代，也为了有效降低重污染产业和产品的比重，必须向重污染企业或产品征收环境污染税。我们还要进一步研究开征污染排放税与一般环境税，条件成熟时还可设计不同的碳税政策。

（二）环境收费

现行环保收费制度包括：排污收费、污染处理费、生态环境补偿费、水资源费、矿区使用费、矿产资源补偿费和土地使用费（或场地占用费）。1982 年，国务院颁布了《征收排污费暂行办法》，标志着我国排污收费制度的正式确立。截至 2005 年，全国 31 个省、市、区已全面开征排污费，县级开征面达到了 91%。至 2004 年年底，全国累计征收排污费 793.06 亿元，并设立了污染源治理专项基金。2004 年当年排污费征收户数达到 71.66 万户，征收额度为 93.96 亿元。"九五"期间全国共使用排污费 250 亿元，其中用于污染治理的达 143.65 亿元，占全社会污染治理投资的 19.8%。

我国《排污费征收使用管理条例》第 2 条规定："直接向环境排放污染物的单位和个体工商户，应当依照本条例的规定缴纳排污费。排污者向城市污水集中处理设施排放污水、缴纳污水处理费的，不再缴纳排污费。"根据这一规定，排污者可以选择缴纳排污或污染处理费。通常，污染处理费有污水处理费和垃圾处理费两种。污水处理费包括企事业单位污水处理费和城市生活用水处理费两种。

生态环境补偿费是按照"谁开发谁保护，谁破坏谁恢复，谁利用谁补偿"和"开发与保护、增值并重"方针开征的一种环境保护费用。生态环境补偿费始于 1992 年，共涉及 14 个省。目前已经制定了生态环境补偿费征收管理办法的有广西、江苏、福建等省（区），辽宁、广东、河北等地的有关环境保护法规中也有相应规定。生态环境补偿费包括的项目很多，我国实施较好的是森林生态环境补偿费。

水资源费在全国范围内征收始于 1997 年 10 月 28 日国务院批准颁布实施的《水利产业政策》，该政策规定："国家实行水资源有偿使用制度，对直接从地下或江河、湖泊取水的单位依法征收水资源费。"1998 年 1 月 21 日公布实施的

《水法》进一步明确，除对城市直接从地下水取水的单位征收水资源费外，省、自治区、直辖市人民政府可决定对其他取水的单位征收水资源费。而如今，中国的排污收费水平过低，不但不能对污染者产生压力，有时反而会起到鼓励排污的副作用。

矿区使用费和矿产资源补偿费依据《开采海洋石油资源缴纳矿区使用费的规定》（1989 年 1 月 1 日发布）和《中外合作开采陆上石油资源缴纳矿区使用费暂行规定》（1990 年 1 月 15 日发布）征收。目前我国的矿区使用费只对开采海洋石油、天然气资源的中国企业和外国企业及在中国境内从事合作开采陆上石油、天然气资源的中国企业和外国企业征收。鉴于目前海洋石油、天然气主要以中外合作方式开采，实际上矿区使用费只限于中外合作开采石油、天然气（包括海上和陆上的油、气）的企业。矿产资源补偿费自 1994 年 4 月 1 日起对采矿权人征收，体现了国家作为矿产资源所有者的权益，建立了促进矿产资源保护和合理利用的经济激励机制。根据《矿产资源补偿费征收管理规定》（1994 年 2 月 27 日发布），矿产资源补偿费纳入国家预算，实行专项管理，主要用于矿产资源勘查。

土地使用费，是指中外合资经营企业、中外合作经营企业、外资企业在中国投资经营期内向地方政府缴纳的用地费（内资企业缴纳城镇土地使用税），不包括征地、拆迁和基础设施建设费用。土地使用费征收标准由省、自治区、直辖市人民政府根据本地区具体情况自行决定。[①]

研究新的，保留老的。对那些传统的环境收费政策仍应继续执行，研究出台新的收费政策。重点要推进资源价格改革，包括水、石油、天然气、煤炭、电力、供热、土地等价格；落实对污染者收费的政策，包括完善排污收费政策、提高污水处理费征收标准、促进电厂脱硫、推进垃圾处理收费；促进资源回收利用，包括鼓励资源再利用、发展可再生能源、垃圾焚烧、生产使用再生水、抑制过度包装等。国际经验表明，当污染者上缴给政府治理的费用高于自己治理的费用时，污染者才会真正感到压力。

为此，我们要主动联合有关部门，运用价格和收费手段推动节能减排。一是推进资源价格改革，包括水、石油、天然气、煤炭、电力、供热、土地等的价格；二是落实污染者收费的政策，包括完善排污收费政策、提高污水处理费征收标准、促进电厂脱硫、推进垃圾处理收费；三是促进资源回收利用，包括鼓励资源再利用、发展可再生能源、垃圾焚烧、生产使用再生水、抑制过度包装，等等。

---

① 侯瑜：“中国现行环境保护税费政策评析及建议”，载《税务与经济》2008 年第 4 期。

对开发利用自然资源者收费是世界多数国家的通行做法，我国在计划商品经济条件下也已确立了资源补偿费制度。例如，《矿产资源法》（1986）明确规定："国家对矿产资源实现有偿开采。开采矿产资源，必须按照国家有关规定缴纳资源税和资源补偿费"；《水法》（1988）规定："对城市中直接从地下取水的单位，征收水资源费；其他直接从地下或江河、湖泊取水的，可以由省、自治区、直辖市人民政府决定征收水资源费。"这些措施对提高自然资源的利用效率，促进自然资源的合理利用与保护起到了积极作用。随着市场经济的发展，其功能逐步加强，但缺陷也日趋明显。一方面，收取资源补偿费的范围（包括自然资源的范围和开发利用者的范围）狭小，许多国有自然资源仍处于任意、无偿使用状态；收取的费用远远低于自然资源本身的价值，往往无法通过市场供求关系反映出其稀缺性。这就使得许多自然资源利用效率低下，浪费严重，促使生态环境的破坏、退化并加剧了环境污染。另一方面，现实中苦乐不均的现象十分严重。由于管理上的缺陷，交纳资源补偿费的大多是开发利用自然资源的国有大中型企业，如矿山、冶金企业等，而浪费严重的乡镇、村办和私营企业等小型企业，由于量多面广，往往鞭长莫及。这不仅违背了保护自然资源的初衷，而且造成了市场条件下的不平等竞争。

针对上述情形，一方面，应当扩大资源补偿费的征收范围，提高收费标准，使其能够反映出资源稀缺性和实际价值；另一方面，必须加强对自然资源补偿费征收工作的管理，特别是严格审批手续，强化征收环节，保证把应收的资金收上来。同时，应当结合国家产业政策，对国家保护的行业或者开发、利用自然资源成绩突出的企业实行减免收费、税收优惠或奖励，做到既不损害本来就相对薄弱的原材料产业，又能从总体上提高自然资源的利用效率，减轻环境资源的压力。

我国于 20 世纪 70 年代末 80 年代初制定了征收排污费制度，这是"污染者付费原则"的具体表现。在现行的环境资源法律体系中，除了《水污染防治法》对水污染物实行排污收费、超标排污征收超标准排污费外，总的来说，实行的是超标排污收费制度，即只对超过浓度标准排放污染物者征收排污费。虽然该制度对控制污染物的产生和排放，促进排污者加强经营管理、节约和综合利用资源、治理污染、改善环境等发挥了一定的作用，并筹集了一部分污染防治资金，但从总体上来看经济刺激功能极其微弱。首先，收费标准偏低，企业所交的超标准排污费只相当于污染治理费用的 10% ~ 15%，更远远低于污染物的正常处理费用，客观上鼓励企业宁愿交纳排污费也不积极治理污染，形成"谁污染，谁受益"的格局；其次，实行单因子收费，即同一排污口有两种或两种以上污染物时，按收费最高的一种污染物计算收费数额，不利于促使排污者削减污染物，也不利于其公平竞争；最后，超标排污收费制度实质上是计划经济体制下以资源分配、无偿使用为主要特征的产品经济在环境保护领域的具体体现，排污者只要不超过污染物排放标准，就可以无偿使用环境纳污能力资源和自净能力资源，许多排污浓度小但排污量很大、污染严重的企业也可不交排污费，这在很大程度上加剧了资源浪费和环境污染。而在市场经济条件下，经济利益成为社会关系的纽带，提高环境资源利用效率以及保持社会公平要求，摒弃"环境资源无价值"的传统观念而遵循有价、有偿使用的原则，要求提高收费标准和实行多因子累计收费。否则，经营者仍会逃避防止、减少和治理污染的责任，这既造成环境资源的浪费和污染，又使污染治理投入多、排污少的经营者与污染治理投入少、排污多的经营者处于不平等的竞争状态。

随着经济的大规模迅速发展，环境污染的压力越来越大，仅污染源排出的未超标部分的污染物就侵占了大部分的区域环境容量甚至已经超过了该区域的环境容量。在这种情况下，如果仍然只对超标排污者征收排污费显然已无法保证和改善环境质量，远远不能满足环境与经济协调发展的要求。从长远来看，以污染物的"总量控制"取代目前的"浓度控制"是必然的趋势，但考虑到实际需要和条件的限制，污染物的"浓度控制"与有条件的"总量控制"（所谓有条件的"总量控制"，是指针对某些特殊区域、某些特定种类的污染物实行"总量控制"）将在较长时间内共存，最后逐步过渡到"总量控制"。

"总量控制"下应当实行排污即收费、超标排污属于违法并加重收费的制度。而在实行"浓度控制"的条件下，变现有的超标排污收费制度为达标排污即收费、超标排污加倍收费并予以处罚的制度也同样是必要的、可行的。首先，其必要性在于消除不同法规间的不协调。根据《标准化法》的规定，强制性标准必须执行，对违反者要处以罚款甚至追究刑事责任。而现行《环境法》只要求超标排污者交纳排污费，即并不认为超标排污系违法行为。这就直接违反了《标准化法》的规定，造成法律体系内部的不协调。此外，现行《环境法》规定，对投入生产或使用时未达到建设项目环境保护管理要求（包括符合污染物排放标准）的新建、改建、扩建项目，可以依法处罚。这就出现了建设项目投入生产或使用时超标排污视为违法并予以处罚，而投产后超标排污仅征收超标准排污费、不算违法也不受处罚的自相矛盾的境况。其次，其可行性可以从我国的法律实践中得出结论。现行《标准化法》《药品管理法》《产品质量法》《食品卫生法》等法律分别规定对违反"强制性标准""药品标准""保障人体健康和人体安全标准""卫生标准"的单位和个人予以处罚，即都实行超标违法原则。如果在《环境法》中实行超标违法并予以处罚的制度，同样也不会超过一般企业的承受能力，不会出现处罚面过大、执法困难的局面。这是因为国家污染物排放（浓度）标准是根据国家环境质量标准和国家经济技术条件制定的，其中针对重点污染源或产品设备的专项标准是根据国家一般的污染治理水平即最佳实用技术（bpt）确定的。

当然在污染物"浓度控制"与有条件的"总量控制"并存的情形下，考虑到企业的实际承受能力和区域环境的具体特点，实行排污收费、超标排污违法并加倍收费制度应当遵循灵活处理、区别对待、逐步到位的原则。一般地，凡实行"总量控制"的区域和污染物，新建、改建、扩建、技术改造的污染源应当立即实行该制度，而对现有的污染源则要根据国家的产业政策、企业自身的经济技术条件等规定一定的宽限期。凡实行"浓度控制"的区域和污染物，应侧重于实行超标排污加重收费，并可责令其限期治理，其中新建、改建、扩建、技术改造的污染源应立即实行超标排污加重收费，而对现有污染源则应逐步地、定期地提高收费标准。此外，还应合理调整污染物排放标准和各污染源的排污量指标，最大限度地保证公平。

（三）绿色资本市场

当前企业融资渠道主要有两条：间接融资——通过商业银行获得贷款；直接融资——通过发行债券和股票进行融资。对间接融资渠道，中央可推行"绿色贷款"政策，对环境友好型企业或机构提供贷款扶持并实施优惠性低利率，而对污染型企业的新建项目投资和流动资金进行贷款额度限制并实施惩罚性高利率。在直接融资方面，可联合证监会等部门，研究一套针对"两高"企业的，包括资本市场初始准入限制、后续资金限制和惩罚性退市等内容的审核监管制度。凡没有严格执行环评和"三同时"制度、环保设施不配套、不能稳定达标排放、环境事故多、环境风险大的企业，在上市融资和上市后再融资等环节进行严格限制；而对环境友好型企业的上市融资提供各种便利条件。构建绿色资本市场可能是当前全国环保工作的一个突破口，是一个可以直接遏制"两高"企业资金扩张冲动的行之有效的政策手段。通过直接或间接手段"斩断"污染企业资金链条，等于对它们开征了间接污染税。

对间接融资渠道，我们推行"绿色贷款"或"绿色政策性贷款"，对环境友好型企业或机构提供贷款扶持并实施优惠性低利率；而对污染企业的新建项目投资和流动资金进行贷款额度限制并实施惩罚性高利率。简单地说，一方面，环保部门应积极为银行部门提供相关项目的环境信息，如提供拟查处的环境违法企业与项目的名单。另一方面，人民银行和银监会应配合环保部门，引导各级金融机构按照环境经济政策的要求，对国家禁止、淘汰、限制、鼓励等不同类型企业的

環境保護——一种法经济学的思路

授信区别对待。尤其不要对没有经过环评审批的项目提供新增信贷，避免出现新的呆坏账。前不久，环保总局与银监会、央行共同发布了《关于落实环保政策法规防范信贷风险意见》，这应成为绿色信贷的基础文件。

与间接融资渠道相比，我们在直接融资渠道上的"招"应更硬。企业发行股票、债券，都要通过证监部门这道关。我们要联合证监会等部门，研究一套针对"两高"企业的，包括资本市场初始准入限制、后续资金限制和惩罚性退市等内容的审核监管制度。凡没有严格执行环评和"三同时"制度、环保设施不配套、不能稳定达标排放、环境事故多、环境影响风险大的企业，要在上市融资和上市后的再融资等环节进行严格限制，甚至可考虑以"一票否决制"截断其资金链条；而对环境友好型企业的上市融资应提供各种便利条件。

（四）绿色信贷

我国在没有设立生态银行的情况下由行政主管部门推动了绿色信贷实践。绿色信贷，是指银行机构在投融资行为中要注重对生态环境的保护及对环境污染的治理，注重环保产业发展，通过对社会资源的引导，促进社会经济的可持续发展。自 2007 年 7 月原国家环保总局、中国人民银行和中国银行业监督管理委员会联合发布《关于落实环保政策法规防范信贷风险的意见》以来，为了保障绿色信贷政策的贯彻实施，国务院、相关部委和部分省市发布了一系列的规范性文件。2008 年 8 月 15 日，中国人民银行营业管理部、北京市发改委、北京市环保局、银监会北京监管局 4 部门联合发布了《关于加强"绿色信贷"建设支持首都节能减排工作的意见》，提出了要以"绿色信贷"支持节能减排。2009 年 5 月 25 日，国务院颁布了《国务院批转发展改革委关于 2009 年深化经济体制改革工作意见的通知》，指出要探索建立环境法制、绿色信贷、政绩考核、公众参与等环境保护长效机制（环境保护部牵头）。2009 年 6 月 5 日，国务院颁发了《国务院办公厅关于印发促进生物产业加快发展若干政策的通知》（国办发〔2009〕45号），规定银行等金融机构运用绿色信贷标准扶持生物产业和生物技术的发展。2009 年 6 月 6 日，环境保护部印发了《关于全面落实绿色信贷政策进一步完善信息共享工作的通知》。中国人民银行石家庄中心支行、河北省银监局、河北省环保厅于 2009 年 6 月 16 日联合发布了《河北省绿色信贷政策效果评价办法（试行）》，首次推出信贷调控扣分项，突出强调绿色环保项目审批中的"一票否决"制。同时，该办法将对河北省境内具有放贷业务的各级银行业金融机构执行绿色信贷政策的情况进行打分，对被评定为不达标等级的金融机构，将给予通报批评并责令限期整改。内蒙古乌海市人民政府办公厅于 2009 年 8 月 13 日发布了《主要污染物减排和环境保护工作考核奖惩办法》，细化了绿色信贷的实施要求，提高了绿色信贷政策的可操作性。国家审计署于 2009 年 9 月 4 日发布了《关于加强资源环境审计工作的意见》，强调金融审计要关注银行贷款的投向及用途，关注"绿色信贷"政策执行情况，揭露其违背国家环保和产业政策，支持"两高"（高耗能、高排放）和产能过剩行业，造成资源浪费和环境污染等问题。这些规范性文件对绿色信贷的贯彻实施起到了极大的推动作用。但是，正如银监会相关人士指出的那样，尽管绿色信贷政策得到了银行业的积极响应，由于还没有统一的执行标准，缺乏激励、考核等相关实施机制，使得绿色信贷停留在政策层面上，具体的操作还很滞后。目前主要依靠银行内部控制机制来推动绿色信贷执行，造成各银行绿色信贷"各成一家"的局面：根据 2008 年各银行公布的社会责任报告，中国工商银行把"四个必须"作为授信的前提条件；对限制类项目，一律不增加融资；对淘汰类项目，禁止各类融资支持；对"两高"行业内企业实行名单制管理；建立了 CM2002 系统，以完善对法人客户环保风险的识别、度量、反馈与处置机制。中国建设银行在对"两高一剩"行业实行名单制管理的同时，在授信业务合同中增加了与耗能、污染风险有关的条款，包括借款人承诺节能减排合规的条款，并规定在借款人未履行承诺或耗能、污染时，贷款行可以停止对借款人的授信，或者宣布债权本息提前到期，或者采取合同约定或法律允许的其他措施，同时建立了节能减排行业信贷情况季报制度。中信银行则将四个"不贷"作为授信审批的标准；对"两高"行业实行授信总量控制；对各行业实施客户分类管理。

实行信贷制度以来，环保部已向人民银行征信系统提供了数万条企业环境违法信息，其中部分信息被各商业银行采用，并以此为依据对违法企业采取停贷或限贷措施，许多违法企业为获得银行信贷而不得不积极治理污染。另外，环保部与中国银监会签订了首个环保与经济部门的信息共享协议，为银行业落实环境保护政策法规提供了有效指导。环保部还与世界银行国际金融公司合作，引入了 63 个行业的环保指南，引导银行、投资机构识别环境风险，加强投资项目的环境保护。

例如，兴业银行首创五类融资模式，包括节能减排设备制造上增产融资模式、公用事业服务商融资模式、特许经营项目融资模式、节能服务商融资模式、融资租赁公司融资模式，并拥有七大特色产品，包括合同能源管理项目未来收益权质押融资、合同环境服务融资、国际碳资产质押融资、国内碳资产质押融资、排污权抵押融资、节能减排融资、机构化融资。

近年来，浦发银行绿色信贷已在全国 30 多个省份和直辖市推广实施，覆盖建筑、钢铁、化工、煤炭、碳交易等 20 多个行业和领域，涉及锅炉窑炉改造、余热余压利用等 60 多个节能环保技术类型，并已具备能力对典型性节能项目进行节能量和未来收益评估，为大批量实施绿色信贷建立了基础。

实践证明，绿色信贷是遏制污染产业、引导绿色经济的有效手段。下一步在技术方面，还要完善环保部门与金融部门的信息沟通机制，制定"绿色信贷信息报送和交换管理办法"，规范信息报送和交换的有关规定，设计环保系统绿色信贷信息报送的系列表格；制定造纸等重点行业环保指南。

总而言之，正如原国家环保总局副局长潘岳所做的总结：绿色信贷取得了阶段性、局部性成果，但与预期目标相比还有不小的距离，大面积推进还面临着不少制度性和技术性的困难。

（五）生态补偿

当前应重点建立以发达地区对不发达地区、城市对乡村、上游对下游、受益方对受损方、"两高"产业对环保产业为重点，以财政转移支付为主要手段的生态补偿政策。

这项政策不仅是环境与经济的需要，更是政治与战略的需要。它是以改善或恢复生态功能为目的，以调整保护或破坏环境的相关利益者的利益分配关系为对象，具有经济激励作用的一种制度。

所有地区和所有人发展的权利都是平等的。假如某个区域的生态环境对整个区域或流域有重大影响，一旦被破坏将会损害其他地区的利益，毫无疑问，这个区域将被限制或禁止开发，但不能因此剥夺这个地区发展的权利，更不能让其独自承担破坏环境的代价。因此就需要相关各方对放弃发展机会的该区域予以经济补偿，如对核心生态区域给予保护性投入，实施机会性补偿政策。同时，还要对受益地区推行使用者付费与破坏性赔偿制度，谁使用谁埋单，谁破坏谁赔偿，谁也不能随意无偿享受环境资源，所有受益者都应共同承担环境成本。目前，发达国家大都采用了生态补偿政策，成效显著。

我国现行的几类政策初具生态补偿萌芽。第一类在政策设计上明确含有生态补偿的性质，如生态公益林补偿金政策和退耕还林还草工程、天然林保护工程、退牧还草工程、水土保持收费政策、"三江源"生态保护工程等。第二类可以作为建立生态补偿机制的平台，但未被充分利用，如矿产资源补偿费政策。第三类看似属于资源补偿性的，实际上会产生生态补偿效果，如耕地占用补偿政策。第四类是政策设计上没有生态补偿性质，但实际上发挥了一定作用，今后将发挥更大作用的，包括财政转移支付政策、扶贫政策、西部大开发政策、生态建设工程政策。有专家认为，生态补偿在经济学上很难严格定义，通常只能被称作环境财政转移支付政策。

总体上看，我国现行补偿政策具有明显的部门色彩，没有统一的政策框架和实施规划。很多良好的政策设计，都莫名其妙地陷入分割体制中的部门利益"进一步协调"之中。今后生态补偿政策的构建，应首先集中在水源地保护方面。选择典型流域开展饮用水水源地保护补偿、流域跨界污染控制补偿、跨流域及流域上下游水资源优化利用补偿、流域生态环境效益共建共享等试点，为建立宏观有效的生态补偿政策创造条件。

发达地区对不发达地区、城市对乡村、富裕人群对贫困人群、下游对上游、受益方对受损方、"两高"产业对环保产业进行以财政转移支付手段为主的生态补偿政策，一旦实施成功，将为我国制定可持续发展战略（如主体功能区划与产业布局的重新调整），为社会主义核心价值的进一步实现，为建立全球环境公平补偿原则奠定基础。

（六）排污权交易

排污权交易是利用市场力量实现环境保护目标和优化环境容量资源配置的一种环境经济政策。从20世纪70年代开始，美国就尝试将排污权交易应用于大气及河流污染源的管理。其经验在全球具有代表性。

从国外实践来看，排污权交易的一般做法：首先是由环境主管部门根据某区域的环境质量标准、污染排放状况、经济技术水平等因素综合考虑来确定一个排污总量。然后建立起排污权交易市场，具体可分为两步：第一步是排污权的初始分配，由政府以招标、拍卖、定价出售、无偿划拨等形式将排污权发放到排污者手中；第二步是排污者之间的交易，他们根据自身治污成本、排污需要以及排污权市场价格等因素，在市场上买卖排污权，这是实现排污权优化配置的关键环节。同时，政府部门须做好对参与排污权交易企业的监测和执法，同时规范好交易秩序。

排污权交易最大的好处就是既能降低污染控制的总成本，又能调动污染者治污的积极性。举个例子，如果我国2010年电力行业的二氧化硫排放总量控制目标是1 000万吨，那我们就可以根据发电排放绩效方法把这1 000万吨控制指标通过无偿或者有偿分配、拍卖等形式分配给火电厂。在严格控制污染物排放总量不变的前提下，火电厂可以根据自身的治污成本、排污权交易市场价格比较，通过排污权交易市场买卖排污权。只要不同企业控制二氧化硫排放的费用存在差异，市场交易的机会就存在。那些治污成本低的企业，就愿意通过加大治污力度、卖出多余份额排污权来获益；那些治污成本高的企业，就有动力去市场购买排污权来节约成本。市场上排污权越少，价格就越贵，企业治污的动力就越大。当企业发现它们在提高治污水平、改进治污技术方面有利可图时，就会由一个消极的污染者转变为积极的污染治理者。而环保部门可以通过逐年压缩发放的二氧化硫排污权份额来达到"减排"目标。此外，排污权交易政策还为公众参与提供了一个新的途径。如一些环保组织可以用筹集来的资金买下若干份额排污权使其不进入市场交易，就等于为全国二氧化硫减排作了贡献。

然而，理论的完美并不意味着现实的完美。排污权交易政策要在中国推行，可能还面临一系列的困难。例如，作为一种特殊形式的利益分配，我们如何保证政府初始分配的公平，如何防止强势利益集团多占多要？在中国重化工业迅猛发展的情况下，即使企业有了多余的排污权，恐怕它们也不会拿到市场上去卖，而是干脆自己再上点项目把多余的份额用足，这样收益也许更大。还有我国缺乏全国垂直统一的监测网络，不可能对全国参与排污权交易的企业实施全天候的监督，也就不可能以真实数据为基础进行真正的规范。地方保护主义往往为了当地GDP 与其他利益，允许一个只有 1 000 吨二氧化硫排污权的企业排放 2 000 吨，然后再说只排了 900 吨。在各自为政的环境监测体制下，这种情况有可能发生。所以，排污权交易政策还需要根据国情进一步研究和试点。

相对于行政性的排污收费，排污权交易是把排污权作为一种商品进行自由买卖的交易方式。具体来说，建立合法的污染物排放权利，以排污许可证的形式出现，并允许这种权利自由买卖；在污染源存在治理成本差异的情况下，治理成本较低的企业可以采取措施以减少污染物的排放，剩余的排污权可以出售给那些环境治理成本较高的企业，市场交易使排污权从治理成本低的企业流向治理成本高的企业。并通过重复多次的市场交易，使排污权的价格得以确立。由此来看，排污权的可交易性使排污权优越于排污收费制度。因此，排污权交易制度的作用机制更为复杂一些，它的具体路径是，首先，由政府部门确定一定区域的环境质量目标，据此评估该区域的环境容量以及污染物的最大允许排放量；其次，通过发放许可证的办法将这一排放量在不同污染源之间分配；最后，才是通过建立排污权交易市场使这种由许可证代表的排污权能合理地买卖。

不过，由于有关排污权交易的政策和法律滞后，排污总量的确定成为难题，排污权初始分配也存在障碍，排污权交易市场不规范，以及地方保护主义严重等原因，我国在这方面尚处于起步阶段。从 1991 年开始，包头、开远、柳州、太原、平顶山和贵阳 6 个城市尝试了排污权交易的试点工作，但未取得明显成效。所进行的为数不多的几宗排污权交易都是在政府部门的安排下进行的，与真正的排污权交易相去甚远。排污权交易试点的十几年来，还没有较成熟的经验总结和进行后续推广工作，更没有在我国发展为一项制度。所以，在环境管理工作中充分运用排污权交易这一政策，建立排污权交易市场，还是一项十分艰巨的任务。

（七）清洁生产制度

随着全球合作与交流的加强，许多工业化国家为追求贸易和投资利益最大化，提倡"清洁生产"和对生产过程进行从"摇篮到坟墓"的全过程控制。有关清洁生产的法律，在欧洲多称清洁生产制度，在美国也称源削减制度。美国国会于 1990 年 8 月通过的《污染预防法》建立了以源头削减和控制为代表的污染预防政策，其中申明："国会宣布对污染应该尽可能地实行预防和源削减是美国的国策；对不能预防的污染，应尽可能地以对环境安全的方式使之再循环；对不能预防或再循环的污染，应尽可能地以对环境安全的方式进行处理、处置或以其他方式向环境排放，只能作为最后一种方式使用，并且应以对环境安全的方式进行"。之后，美国联邦各州也相继通过实行源削减的法规。该基本法律制度不仅给美国发展中的环境法带来了新的变化，而且逐渐被其他国家、地区所借鉴、吸收，产生了很大的影响。1992 年，联合国环境与发展大会确认了可持续发展的战略原则，要求"各国应当减少和消除不能持续的生产和消费方式"，可以说清洁生产制度进入一个新的发展阶段，成为各国公认的预防污染的经济有效的途径。清洁生产主要是采用能降低原材料和能源消耗，并有效防止污染物和其他废物产生的工艺和技术，制造出清洁的产品。这是削减污染总量、控制污染而又提高经济效益的污染总量控制对策和污染防治战略。我国法律第一次明确使用"清洁生产"的概念源于 1995 年 10 月颁布的《固体废物污染环境防治法》第 1 条规定："国家鼓励、支持开展清洁生产，减少固体废物的产生量。"但到目前为止，由于其立法的软弱性、单一性，我国全面推行清洁生产制度仍有很大难度。清洁生产涉及广泛的领域，包括但不限于采用先进的工艺、设备和清洁的资源、能源、原材料，实行环境审计、考核和源削减等内容。清洁生产制度则是包括上述内容和措施在内的环境技术政策，特别是清洁生产技术政策的法定化、正规化和制度化。清洁生产作为我国环境保护法新的法律范畴，也是环境保护法新的基本法律制度。该制度要求企业从排污口的末端治理移向生产全过程的控制，从而把环境保护纳入全程管理轨道，体现了预防为主、防治结合、综合整治的原则。这要求企业改革生产流程或开展综合利用，一方面严格限制或禁止生产、使用有毒化学品和落后生产工艺、设备，另一方面加强技术改造、研究并在生产中采用无废少废、节水节能的新工艺，减少甚至完全消除"三废"的产生量及排放量，最大限度地提高资源、能源利用率，又兼顾经济效益的提高，从战略上把工业污染防治纳入可持续发展轨道。

（八）自愿协议

鉴于以市场为基础的经济刺激手段的功能缺失，以契约为基础的企业自我规范受到越来越多的关注。

自愿协议是指政府与经济部门之间达成的协议，在政府的支持（鼓励）下，企业按照预期的环境保护目标而进行的自愿行动，这种行动是参与者在其自身利益的驱动下自愿进行的。目前在这个领域经验最丰富的国家是荷兰。荷兰已有一百多个环境协议，涉及大多数工业污染，涵盖减少排放、净化被污染土壤、废物处理、节约能源、工业减噪等多个环境保护具体领域。自愿协议在节能减排领域成效尤为显著。在德国，自愿协议是非正式协议，公权利通常不介入，但是自愿协议中义务承担者往往会和相关部门协商讨论，并最终提交给相关部门并由其来加以监督。自 20 世纪 70 年代末以来，德国企业界已签订了 80 多个自愿协议，并且近年来有大幅增加的趋势。

从企业角度来看，自愿协议给了企业达到特定目标过程中的充分自由，企业可以依据不同的产业结构成本，作不同的责任区分。在实施成本上，自愿协议比政策法规的贯彻实施成本低，效果好。

在交易成本上，自愿协议也有利于政府与企业的沟通，减少双方的交易成本，有利于政府服务职能的完善和市场经济效力的发挥，最大限度地实现政府与企业的双赢。企业往往偏好这种环境保护手段，认为其符合分配的公平并可以避免恶性竞争。与一般经济刺激手段相比，企业可以预期并计算被要求减量的经济结果，而不依赖多样的市场价格，也不用动不动就付费（反而可以将这笔资金投资其上），如此也就克服了一般经济刺激手段的不确定性。

（九）绿色贸易

2013 年我国进出口总额世界排名第三，不仅对世界经济产生了重要影响，也对中国和世界的生态环境产生了重要影响。在西方国家开始普遍设立绿色贸易壁垒对中国贸易进行挤压的形势下，我国的贸易政策应作出相应调整。

要改变单纯追求数量增长，而忽视资源约束和环境容量的发展模式，平衡进出口贸易与国内外环保的利益关系。这首先得看好两道门。一个是出口。应严格限制能源产品、低附加值矿产品和野生生物资源的出口，并对此开征环境补偿费，逐步取消"两高一资"产品的出口退税政策，必要时开征出口关税。另一个是进口。应强化废物进口监管，在保证环境安全的前提下，鼓励低环境污染的废旧钢铁和废旧有色金属的进口；征收大排气量汽车进口的环境税费；积极推进国内的绿色标识认证。此外，我们一方面需构建防范环境风险法律法规体系，例如加快制定生物遗传资源保护法、生物安全法、危险化学品防治法、臭氧层保护条例、电子废物污染防治管理办法，并发布外来入侵物种的黑名单；另一方面需建立跨部门的工作机制，例如实施国际通用的遗传资源获取与惠益分享的机制，

保护好我国的遗传资源；再一方面还需加强各部门联合执法，对走私野生动植物、木材与木制品、废旧物资、破坏臭氧层物质的违法行为进行严惩。如果条件成熟，还应开展贸易政策的环境影响评价，实现贸易和环境利益的高度统一。为此，环保总局应主动配合商务部、财政部的工作。

（十）绿色保险

绿色保险又叫生态保险，是在市场经济条件下，进行环境风险管理的一项基本手段。其中环境污染责任保险最具代表性，就是由保险公司对污染受害者进行赔偿。

我们可以设想，一家企业突然发生了重大环境污染事故，在巨大的赔偿和污染治理费用面前，这家企业将被迫破产，受害者得不到及时的补偿救济，造成的环境破坏只能由政府花巨资来治理。受害者个人、企业、政府三方都将承受巨大的损失。但如果企业参加了环境保险，一旦事故发生，由保险公司给受害者提供赔偿，企业避免了破产，政府又减轻了财政负担，这符合三方的共同利益。但这并不意味反正有保险公司兜着，企业就可以放心大胆地去污染。因为环境保险的收费与企业污染程度成正比，如果企业发生污染事故的风险极大，那么高昂的保费会压得企业不堪重负。保险公司还会雇用专家，对被保险人的环境风险进行预防和控制，这种市场机制的监督作用将迫使企业降低污染程度。谁向保险公司提供企业的"污染程度"材料？当然是环保部门。这便是绿色保险。如今，环境生态保险已在发达国家广泛应用。

近期，我们已与保监会建立合作机制，准备在有条件的地区和环境危险程度高、社会影响大的行业，联合开展试点。同时，共同推进环境风险责任的强制保险立法。

以上粗略介绍的七项政策，在国内外学术界、各相关部门都已经反复探讨过，不是什么新东西，但是在我国政策实践中却迟迟没有推行，一个很重要的原因是它涉及各个部门、各个行业和各个地区之间的权能和利益调整。当理论的前瞻性与分割管理体制下的利益格局发生冲突时，环境经济政策就难免"知易行难"。因此，现在谈环境经济政策，不只是要作一个理论研究，更是想呼吁各部门建立节能减排新政策的联合研究机制。

绿色保险政策已经开展了试点工作。环境污染责任保险是预防、控制和救济环境风险的有效措施。环保部、保监会联合发布了《关于开展环境污染责任保险工作的指导意见》，明确了开展环境责任保险的重点领域和对象。主要包括以生产、经营、储存、运输、使用危险化学品企业，易发生污染事故的石油化工企业，危险废物处置企业，以及那些近年来发生重大污染事故的企业与行业。日前，环保部联合保监会，组织江苏、湖北、湖南、上海、宁波、沈阳、苏州等地环保部门和保险公司，积极开展环境污染责任试点。值得称赞的是，中国人保、平安保险等保险公司已经在开发相应产品，合理确定责任范围，分类厘定费率方面取得了积极进展。

下一步，环保部还将协调保监部门，继续推动地方开展环境污染责任保险的试点，加强对江苏、湖南、上海、重庆、宁波、沈阳等试点地区的调研和指导，完善保险公司推出的有关环境责任险的产品，从环保角度提出有关完善产品的建议；同时及时总结地方开展环境污染责任保险的经验和存在的问题，并逐步推广。

以绿色为导向的市场是成熟的市场，将培育造就担当绿色责任的企业；以绿色为导向的社会是成熟的公民社会，将培育造就担当绿色参与的公民；以绿色为导向的政府是成熟的执政主体，将培育造就担当绿色执政的官员。以绿色为导向的市场、社会和政府，将构成绿色责任、绿色参与、绿色执政的有机主体，将构成落实科学发展观的巨大合力。"绿色中国"有望实现。①

第六节 中国地方的生态与经济结合的典范案例分析

市场裂变、企业涅槃与政府放权

——揭阳中德金属生态城的绿色畅想

一、案例背景

揭阳，金属制造业历史悠久，从宋代"洪炉打铁"就从事金属制造行业，至今已有千年历史，当地有金属制造企业 7 608 家。2013 年全市 2 000 多家金属生产企业创造了 580 多亿元的产值，庞大的金属行业使揭阳成为全国重要的金属产业生产基地、进出口基地、材料集散地和五金不锈钢制品加工研发基地，先后荣获"中国五金基地市""广东省金属制品专业区"等称号，五金基地是揭阳的城市名片，揭阳金属产业具有雄厚的发展基础。

金属是污染的代名词，在一般人看来，金属污染与生态是一对悖论。金属加工业一般是高污染、高耗能的，对于污染行业，政府常规的处理方式就是关停。但是，关停之后，产业从业人口怎么办？产业怎么办？地方经济怎么办？金属生

---

① 潘岳："谈谈七项环境经济新政策"，载《学习时报》2007 年 9 月 18 日。

态城如何实现 GDP 和环保的统一？面对质疑，揭阳给予了郑重的回应。中德金属生态城的建设是揭阳发展绿色产业的缩影。

党的十八届三中全会提出"使市场在资源配置中起决定性作用和更好发挥政府作用"。从"基础性作用"到"决定性作用"的改变，体现了对市场的地位和作用进行了重新定位，核心问题是处理好政府和市场的关系，"简政放权"释放市场活力将是下一轮政府改革的主旋律。而揭阳中德金属生态城的做法走在了政策的前面，又在新的政策里得到回应。

二、主要做法

（一）金属行业的绿色"涅槃"

从规划开始，揭阳就把"生态"摆在了突出位置。按照规划，金属城将以园林式手法进行科学合理布局，使金属城融入周边地区的经济发展，实现企业经营可持续化、基础设施智能化、产业生态化和生活绿叶化。

中德金属生态城引进德国 IWAR 研究所技术，建设污水处理项目，实现"零排放"。据了解，中德金属生态城表面处理生态工业园污水处理技术采用"机械负压蒸发"系统，其中最核心的膜浓缩技术采用德国柏林水务的技术，整个处理过程中电镀废水利用率达到 99.64%，实现真正意义上的"零排放"。金属加工是重污染行业，电镀与酸洗是两个必要的环节，都会产生大量废水，如果直排江河，必然带来重金属污染。但同时，这些污水里面含有大量贵重金属以及酸性物质，用先进污水设备将其分离处理，实现循环利用，从而实现了无污染排放，同时，也节约了制造成本。

中德金属生态城所主打的产业模式将改变以往金属加工业重污染的印象，同时，金属生态城对未来揭阳的城镇化发展，以及金属加工业的前景有非常好的引导作用，使传统优势产业成为集聚集约发展、推进清洁生产及循环经济的示范区。希望好的经验、做法能在全市推广，积极发挥辐射作用，助推"绿色揭阳"建设。

（二）创新国际合作方式

金属生态城在合作伙伴上选准了制造业强国德国，德国是欧盟最大的产钢国，拥有当今世界最先进的技术，共建中德金属产业创新基地，将为双方发展提供交流和合作平台。金属城是中德两国在生产、技术、人才等方面全面合作的示范性项目，计划引进 30 家中德合作企业，重点发展先进金属制造业以及现代新兴产业。

2012 年 7 月 25 日，揭阳市金属企业联合会与德国达姆斯塔特工业大学 IWAR 研究所，就中德金属生态城污水处理技术合作事宜签订了合作备忘录。作为德国最顶尖的理工科大学研究所之一，德国达姆斯塔特工业大学 IWAR 研究所长期致力于研究水、污水和垃圾的处理。2010 年，IWAR 研究所在世博会德国中心展馆"品位生活的质感"和中国主题馆"城市星球"同时向人们展示了他们的最新研究成果——SEMIZENTRAL（半集中式供水排污系统），这种可以提供净水、处理废水和垃圾，并实现能源自给自足运行的全球领先创新方案，立刻受到世界各国的广泛关注。此外，"中德清洁水创新研究合作项目"将作为示范项目在 2014 年青岛世界园艺博览会展示，该项目由中国科技部部长万钢与联邦德国教育和科研部部长沙万签署。半集中式供水排污系统建立于对各种不同物质流和能量（包括饮用水、污水与垃圾）的综合考量基础上，通过对其调节和集成式处理产生协同效应。该系统一个重要的组件是对生活污水中灰水进行循环利用，以此节约日用水量的 30%，进而减少等量污水排放，同时使得能耗的巨大节约成为可能。按照协议，在不久的将来，依托 IWAR 研究所的技术，中德金属生态城将建立全球领先的半集中式供水排污中心，确保实现"零污染"。

首期由广东中德集团建设 10 家国际化标准厂房，重点引进 10 家建筑五金、金属家具、五金工具、不锈钢制品、汽车零配件、传感器等方面的中德合作企业。金属生态城希望借助德国在技术创新、节能环保、职业培训和先进管理理念等方面的优势，依托项目进一步推动广东省金属加工业转型升级，实现集约发展和绿色低碳发展。

此外，揭阳还将与德国联手在揭阳金属生态城创办产业技术应用大学，打造产业高技能人力资源平台，探索产教融合新路径。

德国人做事非常严谨，德国过去经历的现代化进程与广东正在经历的转型升级极其相似，而广东是制造业大省，德国与广东深化合作意义重大。

李克强总理访德期间提出：推动正在成长的中国制造业和成熟可靠的德国制造业实现珠联璧合，这一决策战略深远。在这一背景下，揭阳市传统优势支持产业——金属产业与德国合作的空间与潜力巨大。中德金属生态城将在中德全面深入的合作中积极作为，与德国进行深度互利合作，成为中德新一轮全面合作的落实者、领先者。

（三）让市场发挥决定性作用

揭阳金属生态城正是市场发挥决定性作用的典型案例。下放权力，让市场的归市场，让市场在资源配置中发挥基础作用，正是当前中国进行经济结构调整至关重要的一环。揭阳市政府的这种做法走在了十八届三中全会政策的前面，是对中央政府经济调整方向的呼应和先试，很有意义。

生态城采取的是政府主导、协会组织、市场运作的模式，这种模式很特别，在投资主体上有了新的创新，揭阳市金属企业联合会成立了全国第一支由行业协会自发、自筹、自建的产业投资基金，募集资金超过 10 亿元，用资本运作的方式投资建设金属生态城项目，探索了产业转型发展新模式；在投资目的上，不是拉动 GDP，而是满足在产业基础之上萌发的产业转型的内在需求。这样的意义远远高于税收和 GDP 导向的投资；它的运营管理也推向市场（目前的运营，就是按照中信证券的方案来实施，而此举亦将为运营公司的上市融资提供准备），由行业协会负责，通过市场运作，其中企业代替政府去做以前政府做的园区管委会的职责，而政府只负责制定扶持政策以及提供治安、医院等公共服务，从理论上也能有效改变政府投资低效的问题。

市场的事情就要交由市场来解决。此举不仅可以发挥市场机制的作用，还能省下很多编制和财政资金等管理成本。

过去，产业园区的建设往往由政府动用财政资金亲自操办，但成功案例并不多。很多地方政府依靠政府搭台、企业唱戏的模式建设了产业园区，但由于主要出发点是税收和 GDP，因此制定很多决策时都是以 GDP 导向而非以产业需求为导向。而揭阳金属城是对传统的一种突破，它的根源来自于金属产业对于转型升级的内在需求。将原本属重污染的金属加工业进行产业升级，变身为高附加值的现代产业。这种创新模式在广东省是先例，具有典型的示范效应。

其中需要注意的是，市场在资源配置中起决定作用，并不是全部作用，更不是说市场是万能的、完美无缺的。由于市场存在趋利性、盲目性、滞后性等先天缺陷，市场也会失灵，不能忽视并取消政府作用。因此，十八届三中全会对更好地发挥政府作用提出了明确要求，强调科学的宏观调控，有效的政府治理，是发挥社会主义市场经济体制优势的内在要求。因此，政府作用也得到了以下几个方面的转型。

1. 简政放权"政府的归政府，市场的归市场"

十八届三中全会将"管理"升级到"治理"，从此政府职能由单向管理转为共治、双向治理、互动、协商，双边关系取代单边关系。必须加快推进政企、政资、政事、政府与市场中介组织分开，推进国家治理体系和治理能力的现代化。因此，要全面梳理各级政府管理的事务，坚决把那些政府不该管、管不好、管不了的事项转移出去，还权于民、还权于市场、分权于社会。除法律、行政法规有规定的外，凡是公民、法人和其他组织能够自主解决的事项，凡是市场机制能够自行调节的事项，凡是行业组织通过自律能够解决的事项，政府都不应再管。政府的职责和作用要切实转变到保持宏观经济稳定、加强和优化公共服务，保障公平竞争，弥补市场失灵上来。由金属产业联合会逐步承担部分政府职能。

建立公平、开放、透明的市场规则，着力清除市场壁垒。要实行统一的市场准入规则，在制定负面清单的基础上，各类市场主体可依法平等进入清单之外的领域，允许国有资本进入的同时允许民间资本进入，允许外国资本进入的同时允许国内资本进入，探索对外商投资实行准入前国民待遇加负面清单的管理模式。打造法治化、国际化的营商环境。

2. 行政审批制度改革

推进工商注册制度便利化，消减资质认定项目，由先证后照改为先照后证，把注册资本实缴登记制逐步改为认缴登记制。

根据省政府《关于支持揭阳金属生态城建设的批复》，市委、市政府将加快转变政府职能，深化行政审批制度改革要求，把部分可由社会组织承担的政府职能，按照先易后难的原则，逐步转移给揭阳市金属产业联合会实施。

对于按规定不允许转移的职能，揭阳市将通过设立行政管理服务平台统一实施，并积极探索机构驻点、现场办公，推进网上办事等便民服务管理方式。根据批复的精神，市政府还原则上同意将来源于揭阳金属生态城的省级收入在若干年内专项用于该园区建设。广东省政府提出将部分可由社会组织承担的政府职能逐步转移给揭阳市金属产业联合会。这个政策笔者在全国还没有看到先例。将政府职能下放给市场主体，是一种具有巨大突破性的尝试。这非常符合当前改革的方向，是一次非常积极的探索。

3. 营造良好的法治环境

建构健康稳定的宏观经济环境，按照法律授权和法定程序执行市场监管法律，以营造良好的公平竞争环境，一方面，尽量将各级各类政策措施制度化、法制化，保障政策措施的延续性，使其不受政府或者各级领导个人偏好的影响，从而保障市场主体、依法保护投资者和消费者的正当合法权益不受侵害，保障国民经济的安全有效运行。另一方面，贯彻落实已经发布的产业集聚扶持政策与措施，真正发挥政府通过产业政策引导产业发展的职能。了解公权与私权、行政权与司法权之间的边界，做到既不违法乱作为，也不非法不作为，从而确保行政权力的依法行使。反对各种形式的地方保护、垄断和不正当竞争行为。

4. 建设公共服务平台"软环境"

为市场主体提供高效优质的社会公共服务，着力打造社会治安、环保、社会保障、市政建设和社会人文环境等社会"软环境"，为市场主体提供公正、透明、文明的法治化社会公共服务产品。通过服务平台建设及企业家素质提升工程等举措，不断推动产业集聚发展与转型升级，不断优化中小企业发展环境。

三、主要成效

（一）金属产业"凤凰涅槃"——中德金属生态城开辟金属加工产业新模式

中德金属生态城将原本属重污染的金属加工业进行产业升级，中德金属生态城所主打的产业模式将改变以往金属加工业重污染的现象，改变金属加工业高污染高耗能的缺陷，与绿色、生态相结合，使传统落后的金属行业变身为高附加值的现代产业，彻底改变揭阳金属产业发展"小、散、弱"的状况，扩大揭阳金属产业的影响力和市场竞争力，规范行业管理，从根本上治理污染，发展金属绿色产业。将治理污染和发展绿色经济作为同等重要的事情开展，通过建设电镀园区，对污水进行集中处理，切实解决污染问题，造福子孙后代。

（二）金属生态城"政府指导、协会主导、市场运作"的办园创新模式

中德金属生态城是广东省首个由行业协会主导建设的产业园区，该项目是由当地政府支持，企业联合会具体主导实施的。这就是企业跟政府之间良好合作的体现。

揭阳金属生态城的投资主要来自于揭阳市金属产业联合会，揭阳市金属企业联合会成立了全国第一支由行业协会自发、自筹、自建的产业投资基金。目前已筹集了 10 亿元的产业基金，由注册公司进行管理，用资本运作的方式投资建设金属生态城项目，探索了产业转型发展新模式。因此，揭阳金属城的模式很特别，它是由行业协会融资、投资、运作的，这在投资主体上有了新的创新；在投资目的上，不是拉动 GDP，而是满足在产业基础之上萌发的产业转型需求。这样的意义远远高于税收和 GDP 导向的投资；由行业协会负责，通过市场运作，从理论上也能有效改变政府投资低效的问题。因此，它的投资机制与传统完全不一样，是值得继续观察的新模式。生态城的这种做法突出体现了十八届三中全会精神中的市场决定性作用的市场化手段——吸引社会资本投入生态环境保护的市场化机制。

揭阳市金属企业联合会专门聘请了中信证券（600030）、北京正略均策、北京大成律师事务所为顾问单位，通过法定程序，把会员单位的钱聚在一起"抱团取暖"。另外，为了帮扶金属小微企业解决融资问题，经过多方磋商，该联合会与民生银行（600016）汕头分行合作，成立了揭阳市五金行业城市商业合作社，以普惠方式推动中小企业及创意型企业发展。通过这些方式，为金属企业有效解决融资的问题。

在批复中，广东省政府鼓励揭阳金属生态城开展金融与实体经济融合创新试

点，积极探索融资模式；鼓励有关金融机构加大对揭阳金属生态城建设的支持力度。

四、分析与启示

（一）市场运作模式的启示

生态城的运作模式值得推广。生态城采取的是政府主导、协会组织、市场运作的模式，其中企业代替政府去做以前政府做的园区管委会的职责，揭阳市金属企业联合会成立了全国第一支由行业协会自发、自筹、自建的产业投资基金，募集资金超过 10 亿元，用资本运作的方式投资建设金属生态城项目，探索了产业转型发展新模式。2012 年 6 月 15 日，全国首家金属类企业联合会——揭阳金属企业联合会宣告成立，联合会由金属材料协会、五金商会、不锈钢制品协会和榕城区钢铁工业协会四大协会联合组建，目前已有 710 个会员。这种典型的"市场的决定性作用"案例走在了三中全会政策的前面。

（二）对城镇化建设的启示

未来中国城镇化肯定还是一个快速发展的过程，城镇化必然会利好金属制造业，比如家居、厨具等。我们判断至少未来 10 年，随着中国城镇化的发展，金属制品的需求肯定是直线上升，还是以很大的一个增长数位增长。

按照规划，中德金属生态城以打造新型高科技生态产业新城（德国工业小镇模式）为目标，突出研发设计、品牌推广、人才培养、文化交流等功能。这样开发建设一个新的金属工业城，有利于集约使用土地资源，集中进行环境治理，将成为统筹揭阳经济发展、资源节约和环境保护三者关系最有效的途径。

在史无前例的城镇化进程中，务必统筹考虑城镇建设与人口、环境、资源、产业等关系，坚持从实际出发，以城市总体生态环境的优化为出发点和归宿，以方便、和谐、宜居、低碳为目标，始终紧扣生态友好、资源节约的主题，谋求未来城镇化的健康持续发展。

（三）对落后地区的经济发展的启示

揭阳是后发展欠发达地区，但是良好的生态环境是揭阳最具魅力、最宝贵的财富，也是最大的比较优势，努力把这一优势保持好、发挥好，认识到绿水青山就是金山银山，生态效益才是最大效益。将揭阳的发展重心由现行的"以经济建设为中心"转变为"以生态建设为中心"，倡导人口与生态相适应，经济与生态相适应，把生态建设放在一个重要位置上。

强化责任，进一步明确政府责任、企业责任和部门责任，切实减少环境污染；强化监督，在城乡排污口装上监控，加强监管力度；强化奖惩，把政府工作从传统的管理转化到治理和服务上面，多管齐下，打造良好的生态环境。具体如下：

（1）帮助企业引进新技术、新设备，让污染物再利用并产生经济价值。

（2）为企业提供资金或者减免税收，使其有能力加强环保工作。

（3）帮助企业改造现有生产设备，达到或者高于国家排放标准。

（4）重视教育，尤其是问题企业。但是不能只开罚单，使其有怨愤情绪而变本加厉地破坏环境。

（5）税收创新——绿色税收（环境税），也是环保的经济手段。税收政策最为直接有效地加强对采取技术改造而减低排放、节约资源的企业的奖励，如减免税收，发放低利率贷款等。主要是对开发、保护、使用环境资源的单位和个人，按其对环境资源的开发利用、污染、破坏和保护的程度进行征收或减免。国家通过征税、加税、免税、减税等方式，鼓励人们为环境公益行为，抑制不利于环境的行为。对于环境友好行为实行税收优惠政策，如所得税、增值税、消费税的减免以及加速折旧等。因此，在环境保护活动中，如各种污染的治理，环保型技术和产品的推广使用，废旧资源的综合利用，清洁生产工艺的推行等均可以运用税收调节的手段推进其发展，达到保护环境的目的。

（6）融资创新。①搭建银企信息交流平台、融资对接平台，创新产业基金运作模式。通过市政府的政策引导，鼓励产业较大型的公司开展中小企业的融资担保业务，一方面切实解决产业中小企业资金紧缺的问题，积极联系交易所以及有关证券、会计、法律、资产评估、风险投资、担保、银行、咨询等中介机构，采取座谈、联谊、网上咨询等形式，加强中小企业与有关中介机构的沟通和交流。另一方面可促进产业的资本运作，兼并重组，做大做强。建立和完善银企、银政联席会议制度，定期或不定期召开银企、银政座谈会、定期联络会和信息交流会等，促进银政、银企互动合作。引导国有商业银行、信用社树立贷款营销意识，主动支持中小企业发展。完善现有信贷管理方式，建立符合中小企业贷款业务特点的信用评级、业务流程、风险控制、人力资源管理和内部控制等制度。努力形成符合中小企业融资需要的信贷营销模式和风险控制机制，并简化审批程序。建设政府部门主导，行业协（商）会以及金融机构全面参与的中小企业信用平台，建立企业信用公示制度。建立和完善中小企业产权交易市场，确保全年小企业贷款增幅不低于银行本机构当年全部贷款的平均增长速度。②扶持指导企业上市。对于重点培育上市的企业在改制、资本运营等过程中涉及的各项审批，特事特办，提供一条龙服务；处理涉及拟上市公司有关问题时，在依法依规的前提下加快工作进度，支持做大做强、企业尽快申报上市。

五、问题思考

（一）中小型企业如何向现代企业管理转型

中小型企业入驻后势必进行现代化企业管理的变革，在转变过程中企业的管理能力能否跟得上，是揭阳众多中小金属企业要思考的问题。

（二）如何做好入驻动员工作

入驻金属城会增加境内金属企业的运营成本，运营成本的提高可能会大大削弱企业——尤其是中小企业入驻金属城的意愿，因此，政府要做好大批中小企业消极抵制入驻的准备。

（三）存在的土地产权问题如何解决

以往的产业集聚区都是政府主导，成立管委会对进入园区的企业进行统一管理、统一服务，入园企业的土地产权归属根据国家有关土地法律法规实施，谁购买并按程序办理，产权就归属谁，产权相对清晰。

由"政府引导，协会主导"落户揭阳市揭东区玉窖镇的"中德金属生态城"园区项目，产权归属存在一定问题。园区项目计划征用近2万亩，现已完成5千亩的征用，这2万亩的用地将来是属于金属联合会还是联合会代替政府实施"招、拍、挂"程序，把产权分属于进入园区购买土地的会员单位？产权至今不清晰，也没有相关国家政策、法规明确提出。

要理顺产权，政府须对2万亩土地征地的产权问题作严密限制，须制定相关的土地开发政策，堵住金属城在后期开发或转型中，变相朝商业性地产开发项目发展的后门，防止国民资产流失，防止变相的圈地运动。建议市政府通过核定地价，招拍挂溢价。

（四）能否因此探索一种新的模式，让金属产业跟园区管理结合起来

这种模式应该是可以实现的，企业代替政府去做以前政府做的园区管委会的职责。这之前是有先例的，比如，上海的紫竹高新区就是由紫江集团控股的，现在发展得非常好，十年前的时候，就是引入民营资本来开发，园区所有基础设施建设全部由紫江集团投入。完全由民营资本以市场化运作的模式吸引企业进驻。经过十年，园区创造的税收，每年超过30亿元，光可口可乐一家贡献的税收一年就超过一亿元。

（五）如何创造中德之间更多的利益结合点

第一，中德之间需要不断找到利益的结合点，共同开发，共同进步。

199

第二，认识到双方的优势，实现优势互补，德国有先进的技术优势和资本优势，而中国拥有劳动力的成本优势和大量的土地实验资源，如果能够把这些优势相互补充，那么能源经济合作就可以实现平稳发展。

第三，构建有利于外商技术投资和资金投资的环境。如外方所关注的知识产权保护问题、中国的法律环境问题等。

六、相关知识链接

（1）绿色税收，又称环境税，主要是指对开发、保护、使用环境资源的单位和个人，按其对环境资源的开发利用、污染、破坏和保护的程度进行征收或减免。环境税的手段指国家通过征税、加税、免税、减税等方式，鼓励人们为环境公益行为，抑制不利于环境的行为。对于环境友好行为实行税收优惠政策，如所得税、增值税、消费税的减免以及加速折旧等；税收政策是政府极为重要的一个经济调控手段，要支持一个产业或限制一个产业，均可以通过税收的手段来实现。因此，在环境保护活动中，如各种污染的治理，环保型技术和产品的推广使用，废旧资源的综合利用，清洁生产工艺的推行等均可以运用税收调节的手段推进其发展，达到保护环境的目的。

近几年，我国在推动清洁生产和清洁消费方面相继出台了 30 多项税收优惠政策。按税种来分，主要包括流转税、所得税、资源税和土地税收。

目前，许多国家采用税收手段来实施对环境的管理。日本不仅对污染防治设施不征收任何固定不动产税，而且采用加速折旧的方法使企业纳税减少，如污水处理设施一年可折旧 50%，与之相对的是，对污染企业实行征税，以用于环境恢复和排除积累性污染。在德国，为调动企业对环保进行投资的积极性，联邦政府在所得税法中规定了对环境保护投资的刺激措施，即允许折旧超过正常的折旧。根据规定，企业及其他纳税人，凡在建筑物内采取规定的节约热能或噪声治理措施者，享受折旧费优惠。1974 年生效的德国《所得税法》规定：凡具备法定条件，1974 年 12 月 31 日以后和 1981 年 1 月 1 日前购置或建造的有损耗的或移动的和不可移动的固定资产经济商品，可在购置或建造的会计年度内折旧 60% 以下，以后每年按购进或建造成本的 10% 折旧，直到折旧完为止。

（2）国家对高新技术企业享受企业所得税优惠。2008 年 1 月 1 日起实施的新《企业所得税法》规定，内外资企业所得税的税率统一为 25%，国家对重点扶持和鼓励发展的产业和项目，给予企业所得税优惠，国家需要重点扶持的高新技术企业，减至 15% 的税率征收企业所得税。

（3）2013 年 2 月 24 日，广东省省长朱小丹在揭阳市与德国社会民主党前主席、RSBK 鲁道夫·沙尔平战略咨询交流有限责任公司总裁鲁道夫·沙尔平达成共识，在揭阳市率先试点建设中德金属生态城。

中德金属生态城选址揭阳市揭东区玉滘镇，规划总用地面积约 3.7 万亩（2 467 公顷），开发面积约 2 万亩。金属生态城内重点打造"中国金属原材料、金属制品交易平台"，"中国金属科技创新、工业设计平台"，"中国金属制品生产、机械制造平台"，"废旧金属回收再生平台"，"中国金属产业人力资源平台"，"中国金属产业金融平台"六大转型升级平台。中德金属生态城采用"政府指导、协会主导、市场化运作"的开发模式，计划总投资 1 500 亿元，项目到 2020 年全部建成，预计年创工业总产值超 1 000 亿元。

中国南方（揭阳）金属生态城的建设是以政府主导、行业协会运作的形式进行的。项目选址于揭东玉滘镇，靠近空港经济区，分 3 期规划建设，首期计划在 2014 年年底建成较具规模的电镀工业园区，作为揭阳市金属产品电镀酸洗行业集中生产加工区域，并配套国际一流水平的污染物集中处理中心，计划按照一个中心（产业聚集中心），两个基地（生产加工基地、贸易物流基地），三大平台（科技创新平台、电子商务平台、金融服务平台），九大板块（中国金属原材料交易中心、中国金属产业研发设计中心、中国金属仓储物流中心、中国金属制品制造中心、中国金属机械制造中心、中国金属产品销售中心、中国金属行业人才技工基地、中国金属行业金融中心、金属城生活文化中心）的定位进行建设，努力打造成为"智慧金属城"和"中国金属之都"。这一项目是揭阳"暖企"行动计划，推动传统优势产业转型升级，提升区域品牌，帮助金属企业解决当前存在问题的重大举措。

第五章　环境保护的法经济学困境分析

第一节　经济全球化和环境保护全球化

一、经济全球化带来的环境问题

中国传统的经济呈现自给自足的特点，中国古代哲学、政治和经济制度都特别提倡经济的非商品性，改革开放之前中国实行的计划经济也主要是自力更生的封闭式经济。三十多年来中国的改革开放与经济全球化同步发展，给中国经济带来巨大的活力，中国近年来经济的增长主要得益于国际市场，经济对外依存度迅速提高。国际市场的巨大需求刺激了中国制造业的发展，也带动了外国资本的进入，中国经济急剧地转向市场化并与全球经济接轨，商品经济的趋利性使科斯定律环境成本外部化效应在中国高度显现出来；另外，中国市场经济并没有经历西方国家渐进的发展成熟过程，对市场经济弊端特别是环境问题弊端的认识能力和修复能力相对薄弱，环境问题的恶化对经济可持续发展构成严峻的挑战，而中国应对这种挑战的准备和能力都存在先天的欠缺。

二、经济全球化促进了全球环境保护的合作

在全球生产网络中，中国产业大多处于价值链的低端，也就是资源密集型产业居多，这使得中国在成为"世界工厂"的同时，不仅直接或间接地出口了大量能源资源，而且在出口产品的同时也把诸如温室气体、废弃物排放等环境问题留在了中国；中国的劳动密集型产业发展迅速，其中相当一部分是高能耗、高污染、低附加值、技术水平不高的夕阳产业，这在实质上并不利于中国的可持续发展。伴随着快速的工业化和城市化进程，中国的温室气体排放总量增长较为迅速。1970~2007 年，中国的温室气体排放总量增长了 7 倍多，2007 年中国二氧

化碳排放量已经超过美国跃居世界首位。2010 年，中国一次能源消费量为 32.5 亿吨标准煤，同比增长了 6%，成为全球第一能源消费大国。在日益强烈的国际温室气体减排的压力下，中国政府于 2009 年 9 月在联合国气候变化峰会上承诺要继续采取强有力的措施应对气候变化，争取到 2020 年单位国内生产总值二氧化碳排放比 2005 年有显著下降。2009 年 11 月国务院常务会议决定，到 2020 年，中国单位 GDP 的二氧化碳排放比 2005 年下降了 40%~45%。中国必须找到一条既要发展经济，又要有效控制温室气体排放的新型的发展道路。

第二节　来自可持续发展的困境

一、中国可持续发展的瓶颈

环境保护定位为基本国策，可持续发展定位为经济发展战略，这种国家职责的定位来源于我国宪法的规定。基于这种定位，可持续发展的实施主要取决于各级政府，但是在实践中各级政府对于如何处理好环境保护与经济发展的关系往往不能正确把握，中国绿色 GDP 实施的遭遇集中表现出这种困境，同时也显示出对政府经济行为进行生态化约束的"瓶颈"性状态。

二、困境产生的原因

中国可持续发展的困境主要表现为它容易受到经济发展优先性的冲击。原因是多方面的，其一，中国的城市化率水平高速增长，1991 年尚不到 30%，2007 年就已经超过了 45%。据统计，全世界城市消耗的能源占全球的 75%，温室气体排放量占全球的 80%。建筑、交通和工业是城市碳排放的三大来源，同时也是能源的三大去向。美国城市二氧化碳排放中，39% 来自建筑物，33% 来自交通工具，28% 来自工业。因此，随着城市化率的超常快速发展，资源、环境、生态等问题已日益严峻。其二，中国正处于工业化中期，第二产业的比重已远高于发达国家，这必然会导致更高的能耗和污染排放。中国经济的主体是制造业，这决定了能源消费的主要部门是工业，而工业生产技术水平落后，又加重了中国经济的高碳特征。调整经济结构，提升工业生产技术和能源利用水平是一个重大课题。资料显示，1993~2005 年，中国工业能源消费年均增长 5.8%，工业能源消费占能源消费总量约 70%。2005 年，采掘、钢铁、建材水泥、电力等高耗能工业行业的能源消费占了工业能源消费的 64.4%。其三，中国缺乏自主知识产权的绿色技术。中国在可再生能源领域取得了超乎预期的增长，然而在技术层面上，并没有获得与之相应的发展。在中国风机专利申请数排名前三位的都是来自发达国家的企业，前 10 位中只有 3 位中国申请人。其四，中国"富煤、贫油、少气"的自然资源禀赋，决定了中国能源生产、消费结构均以煤为主，这在很大程度上制约了绿色经济的发展。

第三节　污染权分配问题

一、产权界定问题

权属清晰是市场在资源配置中充分发挥基础性作用的前提，因此良好有效的经济刺激手段也必须以合理的权利分配为必要条件。在污染权配置上，经济刺激手段面临诸多难以解决的现实困难。

以排污权交易为例，在"可交易的排污许可"制度下，企业只有从政府和市场取得排污许可才可进行排污。因此，排污权的初始分配必须公平、透明，否则某些企业的权利就有可能被忽视或侵犯。

二、产权分配问题

政府在确定某一地区的排污总量后向企业分配排污许可，即初始权分配。在这一过程中，政府决定这些排污许可分配给谁，如何分配，并完成分配过程。初始权分配主要包括两种方式：无偿分配及拍卖。"无偿分配"方式又称"祖荫"方法，是从美国的《清洁空气法》中发展而来的一项制度，指现有企业的排污许可或许可制度未实现时的现存排污权，可以转化为"可交易排污许可"制度下的"可交易的权利"。

为了克服政治上的障碍以及交易上的困难，最初的污染权往往是免费的，因为如果强行撤销企业已取得的排污许可，而有偿地通过拍卖等方式将这些排污许可再分配，很可能会遭到现有企业的竭力反对，从而使初始权分配变得困难重重。

现有排污者免费排污，而新进者必须付费，这明显违背"污染者付费原则"，有违公平。在此意义上，"污染者付费"就变成了"污染者获利"。虽然在理论上可以通过计算得出既存污染者的成本得失来加以修正，但是法律并未对此作出要求。这种差别待遇必然会妨碍新进企业的加入，政府也没有尽到为市场主体提供市场平等准入条件的责任。

第四节　经济刺激制度中的不确定性

法律制度均应具有确定性以利于公众理解和遵守，经济刺激制度作为环境保护法律中的一项重要制度也应如此，但是由于市场本身的不确定性以及经济过程的复杂性，经济刺激手段在环境保护领域内面临多种矛盾。

一、难于计量性

物质资料生产的经济效益一般通过计算可以确切地用量来表示。而环境保护的效益，除了可以用价值直接计算的经济利益外，像自然保护措施的经济效益就不能直接用价值表现出来，而是用货币形式对其后果进行经济评价。如水环境中污染物含量下降的效益，包括对人体健康、工业生产、农业生产、景观等多种方面产生效益，如果要对这些效益进行准确的计量一般是不可能的。环境保护经济效益计量的困难性主要是由于其环境效益计量的困难性造成的。

二、宏观与微观的不一致性

物质资料生产的经济效益，其微观经济效益与宏观经济效益是一致的，可以直接把各个微观的经济效益相加，求得宏观的经济效益。而环境保护的经济效益则不是这样。由于各个污染源（工矿企业）排放的废弃物，都会在环境中扩散、转移、交换，致使这些污染物相遇后，又在物理、化学和生物作用下，对环境的危害程度，发生了相加、拮抗或协同作用等错综复杂的消长关系，所以，对环境保护的经济效益，除了进行单项的、局部的考察外，还必须进行多层次、多结构乃至总体性的综合评价。这是因为环境保护的单项（微观）经济效益同总体（宏观）经济效益的关系与物质资料生产的微观（企业）经济效益同宏观（一个部门、一个地区，甚至全国）经济效益的关系，是不完全相同的。在物质生产中的微观经济效益的基础上计算宏观经济效益时，其"所得"与"所费"在必要时是可以分别相加的，而环境保护中，却由于上述各微观经济效益与宏观经济效益之间所存在的错综复杂的消长关系，决定了对其"所得"部分不能简单相加，而必须根据其综合的效益进行计算。

三、给行政和司法带来新的问题

经济刺激手段的广泛应用，使得很多以前须经行政程序或司法程序处理的问题得以在市场过程中解决。但由于经济刺激制度的不确定性，给传统的行政和司法体系带来了一系列新的问题。以美国公民诉讼条款为例，环保团体可以用其规制政府行为并要求其制定相关规范，而在经济刺激制度中，环保团体无力干预。

四、环境保护的政治化

既得利益者为了避免不确定性，偏好命令规范，因为可以阻止新竞争者进入，维护污染者的经济利益。环境保护法规制定者和执行者为了将不确定性最小化，也对经济刺激手段的运用有所节制。针对经济刺激的不确定性，企业可能宁愿选择贵的但可确定的，也不选择有利但不确定的。从某种意义上说，经济刺激手段自身的缺点限制了其在更大范围上的应用。

第五节　经济刺激手段与政治
调控手段没有结合运用

一、环保问题经济方式解决

环境保护的本质是一种经济活动，特别是在向市场经济转变的过程中，环境问题越来越表现为社会利益结构、利益冲突和利益均衡，这就要求环境保护的运作和发展应遵循市场经济规律，采用经济手段。

二、环保问题还要政治调控

环境保护是一个极为复杂的政策课题，因此环境保护手段的选择除效率的理性计算外，会有更多的社会实务必须予以考虑。

由于经济刺激是通过市场这只"无形的手"来实现的，现实中众多的因素都会影响其实施效果。比如，企业的性质和内部结构可能影响其对经济刺激的反应。自主权受限制或集体所有的企业，不可能总是受到一个清晰的费用最小化的刺激；而内部结构把生产技术决策与财政决策分开的企业，对市场刺激的反应较为缓慢。即使有清晰的刺激和企业一体化的决策机制，如果污染企业处于垄断地位，可以通过限制产量来维持利润，经济刺激的作用便相当有限甚至不起作用。因此，经济刺激手段尽管具有理论上的效率优势，但实施效果因为影响因素众多而存在相当多的不确定性。

经济刺激手段现今虽经激烈讨论并被积极宣扬，但是其仍有一定的缺点。经济刺激手段在制度建立的前提条件上，政策的执行成本上，政策的分配功能上，并不具有显著优于命令控制规范的成效。因此，如何整体规划相关配合制度，使两者配合使用，是环境保护领域经济刺激手段研究的首要问题。

第六节 法经济学研究方法在现实中的障碍

一、主流法经济学以"财富最大化"为基础的经济分析方法遭到广泛批评

首先，以波斯纳为代表的法律的经济分析学派，或称主流的法经济学，是以新古典主义经济学的研究方法为基础的。它将"经济学"作为"唯一的评价原则"来分析法律，排斥其他原理和方法在法学研究中的应用，从而在打破其他学科的"自足神话"的同时，也形成了效益至上的新"经济分析神话"。但社会事实却常常表明，对自由放任主义神话、偏好的形成与社会规范、选择的环境特征、公平分配的重要性、人类货物多样性等问题的认真思考是必不可少的。故而自建立以来，就一直面临着来自传统的政治、法律、伦理以及哲学的抨击，认为它是一种粗鄙的功利主义，是不道德和非现实的。其次，把经济效益作为取舍法律制度和评价其优劣的唯一而且最高的标准，排斥法律的其他价值和作用的存在，未免过于绝对化。因为法律的价值是多元的，而不是单一的。法律的公平和效益价值，应对立统一、相辅相成。再次，重要的法律价值和原则是不可以进行交易的，也并非任何法律问题都可以复原为一定的货币单位来计算比值。人的基本自由和权利（包括财产权）本身就是目的，为了一个制度的正常运行，法律应当不惜一切代价来保护它们，而不会去考虑成本因素。最后，马克斯·韦伯曾把社会行为区分为四种：（1）工具理性行动，指个体借以实现其精心计算的短期自利目标的方式；（2）价值理性行动，这种行动取决于对真、美或正义之类较高等级的价值，或对信仰上帝的一种有意识的信仰和认同；（3）情感行动，指由感觉、激情或情感状态决定的行为；（4）传统行动，指一种养成习惯了的行动。法经济学针对的理性人行动主要是第一种、第二种，不包括第三种、第四种行动类型。事实上，就法律的起源和形成而言，当今世界上存在的很多法律（规则）体系恰恰是由人们的后两种行动类型所产生的，比如某种在法律上固定下来的宗教仪式、道德训诫或者仅仅是基于人们的迷信、盲从或因对外在环境的不确定性而引发的恐惧，等等。

二、在法经济学研究任务的"哲学化"还是"实证化"之间，学者们较有分歧

一些人认为，当前法经济学的任务是仍然以实证研究和案例分析的研究方法为主，即在以往研究的基础上，吸收最新的社会科学研究成果（如博弈论），进一步推动具体法律问题的经济分析，使之更加量化和具有可操作性，扩大应用范围。另一些人则认为法经济学的"深化"和"拓宽"乃当务之急，并提出建立"经济法理学"的口号，他们主张，法经济学应该通过围绕各种"公平"社会模式的政治和经济谱系，来对比和分析不同的社会制度中的法律安排。马劳伊指出："作为一种比较意义上的研究，法经济学提供了一种将法律制度视为一种特定的政治理念的反映的研究机会，各种各样的意识形态价值观可以不加修饰地置于现行法律制度中加以比较。"他同时强调说，"在法经济学的比较研究中，经济哲学则是人们批判性分析法律、政治、社会的重心，分析应集中在特定政治环境中法与经济的关系……这种研究方法注重评估法律制度是如何与经济哲学有内在联系的"，应该"用有限度的经济方法分析法律"，使法经济学的研究"更见哲理和人性"。

三、法经济学的"形式化"或"模型化"应用比较缓慢，出现了学科发展的"瓶颈"

早期的法经济学者刚刚涉足"法律—经济"交叉领域的时候，踌躇满志地要把"大多数或者是由法律制度调整的或者发生在法律制度之内的活动"都当作"经济学分析者磨坊里的谷物"予以全景式研究。他们认为，如同物理学（牛顿力学）扩散到经济学一样，经济学之所以能扩散到包括法学在内的其他社会科学领域，所凭借的正是其研究方法上的"技术优势"，而这一点已经被大量的事实经验所证实。罗伯特·考特和托马斯·尤伦不无自豪地指出："40 年前，理论经济学家尚能运用普通的语言与数学抗衡。可是过去的 40 年表明，经济知识的发展主要靠的是统计分析，而不是精心描述的案例研究，靠的是微积分的运用，而不是解释概念。今天，许多经济学家都深信，法律研究将重蹈经济学近年来的这段历史。事实上，经济模型业已走进了法律杂志，并且从这些模型里派生出来的一些分析也出现在法学院的必修课程表中。在两种不同的研究风格之间的竞争，将对法律教育和法学界产生深远的影响。"然而，这种法经济学研究的"形式化""模型化"并不能无限推广，并在任何条件下对法律问题通用，从而

难以解释许多具有现实意义的法律难题。美国法学家霍尔曾经严厉地批评在法学研究中"以单一因素去阐明复杂现象的谬误",因为法律就像"一个带有许多大厅、房间、凹角、拐角的大厦,在同一时间里想用一盏探照灯照亮每一间房间、凹角、拐角是极为困难的,尤其当技术知识和经验受到局限的情况下"。这番话用在鼓吹"经济学帝国主义"观点的人身上,是再合适不过了。人的认识理性毕竟是有限的,研究者不可能摆脱经济学的理论前提与假设,不可能放宽所有的模型约束条件,自然也不可能讨论穷尽所有影响法律现象的变动因素。这也许就意味着法经济学说了很多,却好像什么也没说,进而陷入一种低层次的、阐释学意义上的无谓重复之中。

第三编 对策篇

第六章 完善我国环境保护领域经济刺激手段的路径

在我国的环境保护领域内，一直以"命令—控制型"环境监管制度为主，但随着环保事业的深入发展，一些新的以市场为导向的经济刺激手段开始为人们所关注并逐渐受到重视。但是，我国在运用经济刺激手段保护环境的实践中，既面临着因经济刺激手段功能缺失而产生的普遍问题，也存在着基于特殊国情而出现的具体问题。经济刺激的有效运作不仅依赖市场自身的作用，还需要相关体制和因素的支持和完善。

第一节 环境经济政策的完善

经过二十多年的发展，我国制定和实施了一系列关于防治环境污染、保护自然资源的法律法规，在环境保护中确立了"预防为主，防治结合"、"谁开发，谁养护，谁污染，谁治理"和"强化环境管理"三大政策，形成了以环境影响评价制度、"三同时"制度、征收排污费制度、环境保护目标责任制度、城市环境综合整治定量考核制度、限期治理制度、排污许可制度、污染集中控制制度八项制度为基本内容的环境管理体系。上述以行政管理为主的管理体系，侧重于污染物产生后的达标排放，总体上属于"末端"治理措施。至于"预防为主"原则，虽然早在20世纪70年代就已提出，但由于行政管制的力度不够，又缺乏有效的经济刺激制度，因而并未得到充分落实。随着社会主义市场经济体制的建立，在强化"直接控制"的同时，完善经济手段以保护环境资源的呼声很高。中国政府在《环境与发展十大对策》中指出："各级政府应当更好地运用经济手段来达到保护环境的目的"；在《中国21世纪议程》中指出："为适应中国社会主义市场经济体制的建立，对已有的立法进行调整，引入符合市场经济规律和市场机制的法律调整手段"，"通过调整各种经济政策，在国家宏观调控下，运用经济手段和市场机制促进可持续的经济发展"。可见，利用经济手段促进中国的可持续发展已被摆到了极为重要的位置。

第二节　完善我国环境法律经济制度的途径

我国环境法律制度的完善必须是建立在我国传统的环境管理模式基础之上的，并结合中国特色的具体情况进行改进。

一、自然资源补偿制度改革

（一）确立资源补偿费制度

《中华人民共和国矿产资源法》（1996）第5条规定：开采矿产资源，必须按照国家有关规定缴纳资源税和资源补偿费；《中华人民共和国水法》（2002）第48条规定：直接从江河、湖泊或者地下取用水资源的单位和个人，应当按照国家取水许可制度和水资源有偿使用制度的规定，向水行政主管部门或者流域管理机构申请领取取水许可证，并缴纳水资源费，取得取水权。这些措施对提高自然资源的利用效率，促进自然资源的合理利用与保护起到了积极作用。随着市场经济的发展，其功能逐步加强，但缺陷也日趋明显。一方面，收取资源补偿费的范围（包括自然资源的范围和开发利用者的范围）狭小，许多国有自然资源仍处于任意、无偿使用状态；收取的费用远远低于自然资源本身的价值，往往无法通过市场供求关系反映出其稀缺性。这就使得许多自然资源利用效率低下，浪费严重，促使生态环境的破坏、退化并加剧了环境污染。另一方面，现实中苦乐不均的现象十分严重。由于管理上的缺陷，交纳资源补偿费的大多是开发利用自然资源的国有大中型企业，如矿山、冶金企业等，而浪费严重的乡镇、村办和私营企业等小型企业，由于量多面广，往往鞭长莫及。这不仅违背了保护自然资源的初衷，而且造成了市场条件下的不平等竞争。

（二）应当扩大资源补偿费的征收范围

一方面，提高收费标准，使其能够反映出资源稀缺性和实际价值；另一方面，必须加强对自然资源补偿费征收工作的管理，特别是严格审批手续，强化征收环节，保证把应收的资金收上来。同时，应当结合国家产业政策，对国家保护的行业或者开发、利用自然资源成绩突出的企业实行减免收费、税收优惠或奖励，做到既不损害本来就相对薄弱的原材料产业，又能从总体上提高自然资源的利用效率，减轻环境资源的压力。

二、排污收费制度的改革

实行排污收费、超标排污违法并加倍收费制度应当遵循灵活处理、区别对待、逐步到位的原则。

(一)"谁污染、谁治理"改变为污染者付费

建立在"谁污染、谁治理"原则基础上的超标排污收费,不免除排污单位的治理责任,企业排放污染物由企业负责治理;城市生活污水居民负担不了治理责任,便落在了城建部门头上。治污设施无利可图,基建资金和运行费用都难筹集,运行费用的困难更为突出。2008 年修改后重新颁布的《水污染防治法》和1996 年国务院《关于环境保护若干问题的决定》都提出了"污染者付费"的原则,即排污者(包括企业、事业、居民等)只要是排出污染物就要按排放量交费。

为了规范环境保护设施运营业的发展,促进环境保护设施运营市场化,国家环境保护总局于 1999 年 3 月 26 日制定并颁布了《环境保护设施运营资质认可管理办法(试行)》。在总则第 2 条中提出:"本办法所称环境保护设施运营,是指专门从事环境保护设施运营或污染治理业务的环保企业(服务方)接受排污单位(委托方)的委托,进行环保设施专业化运营或污染处理。环境保护设施运营实行社会化有偿服务,服务方自主经营、自负盈亏、承担委托责任,保证环境保护设施正常运行和污染物达标排放。"

(二)由超标收费向排污收费转变

按照污染者付费的原则,排污者都应缴纳排污费,且应按照排污总量制定恰当的收费标准。排污收费标准的改革是一项重要的任务,需要经历一个较长的过程,才能根据环境与经济协调发展的实际需要,制定出较为系统完整的与市场经济体制相适应,与按功能区实行污染物总量控制相适应的排污收费标准。当前,按排污总量进行排污收费尚处于试点阶段。如按污水排放总量进行收费,安徽省已作出了比较接近实际的规定:居民生活污水收 0.6 元/吨,工业污水收 0.7 元/吨,第三产业排污水收 1 元/吨。二氧化硫(燃煤排放的)排污费的试点工作,各省、市也规定了相应的标准,促进了污染防治和技术进步,为防治酸雨污染筹集了资金,但也暴露出收费范围不尽合理、收费标准明显偏低的缺陷。

三、征收环境税的制度改革

环境税对开发、利用、保护和改善环境资源有着显著的刺激(鼓励或抑制)

效果。受传统产品经济的影响，我国的环境税收法律制度还比较薄弱。目前对煤、石油、天然气、盐等征收的资源税收及城镇土地使用税等，主要目的是调整企业间的级差收入、促进公平竞争，对促进环境资源的合理利用和保护、改善的意义不明显；在奖励综合利用以及节约能源方面，环境立法采用了一些税收调节手段，如规定综合利用产品在投产 5 年内免交所得税和调节税，综合利用的技术引进项目和进口设备、配件可以视为技术改造项目而享受减免税优惠等。

随着社会主义市场经济的发展，环境税在保护环境资源中的地位和作用将不断增强。但是，我们应当汲取西方国家的经验教训，针对我国的主要环境问题，通过立法促进环境税的分期分批实施。除现有的一些环境税收规定外，目前首先应当对含硫燃料征收硫税，对严重危害环境的产品征收"污染产品税"。这不仅有利于环境资源的合理、持续利用和改善，有利于履行有关保护环境资源的国际条约和公约，也可以作为环境基金的一个来源。此外，为了鼓励污染防治和自然资源的保护，对采用清洁工艺技术以及安装"末端"处理设施的企业、环境保护工程项目、生态恢复工程项目等应当提供减免税、加速折旧等优惠；对严重浪费自然资源的行为应当征税，如征收土地闲置税等。

四、建立和完善分级管理的环境保护基金

在财政刺激方面，除了取消或减少与可持续发展目标不相符的各种政策性补贴外，为了加强中央对地方、环保机关对企业等在环境保护方面的调控能力，应当建立和完善分级管理的环境保护基金。该基金应由中央和地方的环保投资、环境费、环境税、环境贷款、外国和国际组织的环保赠款等组成，由环保部门会同有关部门统筹安排使用。中央基金主要用于清洁工艺技术、设备以及"末端"治理技术、设备等的研究、开发、推广、应用或以赠款、贴息贷款等形式向有关企业、单位提供经济支持和刺激，也可用于帮助地方修建或改进环境保护基础设施等。地方基金除用于修建、改进环境保护基础设施、进行区域环境综合整治外，还可用于帮助清洁工艺技术、设备以及"末端"治理技术、设备等的研究、开发、推广、应用，帮助治理重点污染源，用于救济某些由于环境污染或破坏遭到损害的受害人等。

五、实行污染总量控制与排污权交易制度

相对于"命令和控制"措施，排污权交易制度是一种灵活的污染控制手段。企业可以根据自身状况及市场条件选择自行削减排污量或到市场上购买排污指

标，从而为企业实施费用最小的排污"达标"方案提供了新的途径，这不仅可以实现政府既定的环境目标，而且也可以节省污染控制的总费用。我国在 16 个城市开展排放大气污染物许可制度试点的同时，也在 6 个城市进行了"大气排污交易政策"的试点。结果表明，该政策为空气质量非达标区提供了发展经济的可能性，加快了实现区域大气环境质量目标的步伐，同时促进了技术进步、产业结构优化和工业的合理布局，并使区域大气污染防治费用趋于最小。因此，在"总量控制"下的排污权交易制度也应得到立法的充分确认，特别是在水污染和大气污染控制方面，对适用范围、交易规则、监督管理、违法责任等内容均应作出明确、具体的规定。

六、实行保证金制度

为了推动建设项目"三同时"制度以及企业环境保护目标责任制度的落实，许多地区的环保部门在实践中探索实行保证金（也有的称为抵押金或执行债券）制度。由于缺乏明确的法律依据，各地主要根据国家有关文件或地方相应规定执行保护金制度，其实施依据、收取保证金的时间、标准以及财务管理制度、监督机制等大都各不相同或极不完备。尽管这项制度存在着这样或那样的不足，但提高了"三同时"制度的执行率，加强了建设项目后期的环境管理，增强了企事业单位领导的环境保护意识，促进了污染防治措施的落实，使环境保护部门在"三同时"和企业环境保护目标责任制的管理方面变被动为主动等。因此，环境立法应当肯定和完善针对"三同时"制度、企业环境保护目标责任制度以及啤酒瓶、饮料瓶等而采取的保证金制度。

七、实行环境标志制度

环境标志制度作为市场经济条件下强化环境管理的一项有力措施，已为发达国家的实践所证实。从 1993 年 3 月起，我国也开始了环境标志认证工作，环境标志制度作为一项引导性政策，目前在我国实行的是自愿申请原则，随着推行清洁生产和污染预防政策以及国际经济一体化的要求，我国的环境标志产品认证制度要与国际通用标准相衔接，其由非强制性的引导性政策上升为稳定、普遍的强制性法律制度。因此，建立完善的环境标志制度应是我国环境经济立法的发展方向之一。

八、为企业建立 ISO14001 环境管理体系认证体系

ISO14001 环境管理体系的运行模式，是组织通过持续改进环境绩效来满足

有关法律和其他要求。环境管理体系的策划是组织建立环境管理体系的第一步，也是改进环境绩效和环境管理体系的基础。一个组织走好第一步对尽快通过认证、改善环境质量至关重要。目前，国际贸易中对环保标准包括对 ISO14001 证书的要求越来越多，一旦获取了 ISO14001 认证证书就等于取得了一张国际贸易的"绿色通行证"。同时通过获取 ISO14001 证书可以提高企业形象，降低环境风险，并在市场竞争中取得一定优势。

在实践中我们发现，各种 ISO 系列行业标准，对于一个企业的制度化建设和规范化管理至关重要，而从环保管理来看，一个组织通过建立和实施 ISO14001 标准，对其环境管理活动进行动态的系统化的管理，就能更好地确保其环境行为不仅现在满足将来也能持续满足有关的法律和本组织制定的环境方针的要求。随着 ISO14001 环境管理体系标准在我国的实施和逐步推广，人们对这一标准的作用和实施的意义的认识也在不断地加深。以 ISO14001 管理体系标准来监控企业运营，可以使企业避免很多潜在的环保风险。

作为一个管理工具标准，一方面，ISO14001 除了要求在环境方针中对遵循有关法律法规和持续改进作出承诺外，并未提出对环境行为的绝对要求；另一方面，社会事件纷繁复杂，ISO14001 标准的建立和实施不可能尽所有可能规避环保风险。因此，提供更加灵活有效的法律服务，在环境管理体系建立和实施中的基础地位和重要性是不容怀疑的。

第七章　保护环境的法经济制度的合理构成

第一节　财 政 手 段

一、税费优惠

（一）环境税

环境税又被称为"庇古税"，早在20世纪初，英国经济学家庇古就提出对造成外部效应的企业，国家应该征收调节环境污染行为的税。我国学者认为，环境税是指国家为了保护环境与资源，凭借其主权对一切开发、利用环境资源的单位和个人，按照其开发利用自然资源的程度或者污染破坏环境资源的程度征收的税收。环境税的手段指国家通过征税、加税、免税、减税等方式，鼓励人们为环境公益行为，抑制不利于环境的行为。这一措施目前已被西方国家广泛应用。通常做法是，对于环境友好行为实行税收优惠政策，如所得税、增值税、消费税的减免以及加速折旧等；对环境不友好行为征收以污染排放量为直接依据的直接污染税，以间接污染为依据的产品环境税，以及针对水、气、固废等各种污染物为对象的环境税。实行"绿色税收"政策有利于实现税收增加、环境保护、社会公平"三赢"目标。

税收政策是政府极为重要的一个经济调控手段，要支持一个产业或限制一个产业，均可以通过税收的手段来实现。运用税收手段，对环境有污染破坏的产品加倍收税，使其价格高于对环境有利的同类产品，消费者自然愿意使用价格相对较低的有利于环境保护的产品。因此，在环境保护活动中，如各种污染的治理，环保型技术和产品的推广使用，废旧资源的综合利用，清洁生产工艺的推行等均

219

可以运用税收调节的手段推进其发展，达到保护环境的目的。

近几年，我国在推动清洁生产和清洁消费方面相继出台了30多项税收优惠政策。按税种来分，主要包括流转税、所得税、资源税和土地税收。现行税制体系中的资源税征税范围十分狭窄，消费税、增值税中虽然有一些与资源环境相关，但还没有形成环境税收法律制度的框架体系。而世界其他国家早已经开始对二氧化碳、二氧化硫、杀虫剂等征收环境税。笔者建议，一方面完善资源税相关法律，如扩大征税范围、提高税率、调整计税依据；另一方面，进行环境税立法。纳税主体为排放污染物的单位，以有害气体、有毒污染物、污水等为税目，以污染物的实际排放量为计税依据，开征环境税。

目前，许多国家采用税收手段来实施对环境的管理。日本不仅对污染防治设施不征收任何固定不动产税，而且采用加速折旧的方法使企业纳税减少，如污水处理设施一年可折旧50%，与之相对是，对污染企业实行征税，以用于环境恢复和排除积累性污染。在德国，为调动企业对环保进行投资的积极性，联邦政府在所得税法中规定了对环境保护投资的刺激措施，即允许折旧超过正常的折旧。根据规定，企业及其他纳税人，凡在建筑物内采取规定的节约热能或噪声治理措施者，享受折旧费优惠。1974年生效的德国所得税法规定：凡具备法定条件，1974年12月31日以后和1981年1月1日前购置或建造的有损耗的或移动的和不可移动的固定资产经济商品，可在购置或建造的会计年度内折旧60%以下，以后每年按购进或建造成本的10%折旧，直到折旧完为止。

我国税收制度比财政援助显得更有可操作性，在环境保护方面发挥了一定的作用，但同工业化国家相比，还存在着很大差距。一是涉及环境保护的税种太少。环境问题涉及到社会经济生活的各个方面，关系到未来，需要从多个角度进行调节，而目前的税种中只有资源税、固定资产投资方向调节税和所得税涉及到环保问题，其他主体税种如增值税对综合利用"三废"生产的项目没有优惠政策、消费税对汽油消费没有什么限制功能，显然对环境保护关心明显不够。二是现有涉及环保的税收对环境保护的调节力度不够。比如就资源税来说，税率过低，各档之间的差距过小，对资源的合理利用起不到明显的调节作用；征税范围狭窄，对生活必需品的水却没有列入，起不到调节作用。三是对排放污染项目缺乏制约作用。比如，固定资产投资方向调节税仅对环保项目本身免税，却对排污项目没有限制作用。此外，我国税法执法不严，在一定程度上使税收对环境保护支持作用打了折扣。

但是，受传统产品经济的影响，我国的环境税收法律制度还比较薄弱。目前对煤、石油、天然气、盐等征收的资源税收及城镇土地使用税等，主要目的是调整企业间的级差收入、促进公平竞争，对促进环境资源的合理利用和保护、改善的意义不明显；在奖励综合利用以及节约能源方面，环境立法采用了一些税收调节手段，如规定综合利用产品在投产 5 年内免交所得税和调节税，综合利用的技术引进项目和进口设备、配件可以视为技术改造项目而享受减免税优惠等。

随着社会主义市场经济的发展，环境税在保护环境资源中的地位和作用将不断增强。但是，我们应当汲取西方国家的经验教训，针对我国的主要环境问题，通过立法促进环境税的分期分批实施。除现有的一些环境税收规定外，目前首先应当对含硫燃料征收硫税，对严重危害环境的产品征收"污染产品税"。这不仅有利于环境资源的合理、持续利用和改善，有利于履行有关保护环境资源的国际条约和公约，也可以作为环境基金的一个来源。此外，为了鼓励污染防治和自然资源的保护，对采用清洁工艺技术以及安装"末端"处理设施的企业、环境保护工程项目、生态恢复工程项目等应当提供减免税、加速折旧等优惠；对严重浪费自然资源的行为应当征税，如征收土地闲置税等。

这就是环保税收的"优惠"和"惩罚"两大方面。"优惠"即对"绿色企业"采取加速折旧、投资抵免、减计收入、加计扣除等多种间接税收优惠形式，减轻其税负；"惩罚"即考虑将煤炭等资源品纳入征税范围，加重"褐色企业"税负，最终扭转"守法成本高，违法成本低"的环保格局。

按照"庇古税"的前提假设所隐含的逻辑，最优的"庇古税"定价应该等于私人成本和社会成本之间的差额，只有此种情况下"庇古税"才能够将行为的负外部性成本完全内部化。因此主张我国环境税制度的建设不能一味的主张提高环境税的税率，合理的做法是环境税定价应该等于私人成本和社会成本之间的差额，制定相应的环境税税率应该以此为指导原则。否则环境税要么不能起到预期的调整社会行为保护环境的功效，要么导致破坏环境的违法行为。

最后，目前当务之急是要清除那些不利于环保的相关补贴和税收优惠政策，然后再研究制订有利于环保的税改方案，在条件成熟时实施。

（二）排污收费

在保留那些传统的环境收费政策的同时，研究出台新的收费政策。重点要推进资源价格改革，包括水、石油、天然气、煤炭、电力、供热、土地等价格；落实对污染者收费的政策，包括完善排污收费政策、提高污水处理费征收标准、促进电厂脱硫、推进垃圾处理收费；促进资源回收利用，包括鼓励资源再利用、发展可再生能源、垃圾焚烧、生产使用再生水、抑制过度包装等。

在完善环保收费制度方面，要提高涉重金属、持久性有机污染物的收费标准，完善城镇污水和垃圾处理收费政策。必须试行排污"费改税"试点，启动扩大资源税征税范围试点，将征收对象扩大到非矿产资源，尤其要对非再生性、非替代性、稀缺性和战略性资源课以重税，并将水、森林、草场、耕地纳入资源税征收范围，提高资源税率。

二、资金扶助

（一）提供环境保护资金

提供环境保护资金即财政收入支持。财政收入是国家通过一定的形式和渠道集中起来的货币资金。财政收入的主要来源包括各项税收和专项收入等。取之于民的收入应当回馈于民。按照我国建设资源节约型和环境友好型社会的要求，应当加大投入力度，支持推动环境保护和生态建设。建立财税支持制度的主要内容包括环境保护资金支援，用于支持节能工程建设、高效节能产品推广、循环经济发展、污染治理、环境监管等；税收优惠，对企业从事符合条件的环境保护、节能节水项目所得实施减税、免税；另外还可以运用国债、绿色补助等各财政手段，支持环保。

在财政刺激方面，除了取消或减少与可持续发展目标不相符的各种政策性补贴外，为了加强中央对地方、环保机关对企业等在环境保护方面的调控能力，应当建立和完善分级管理的环境保护基金。该基金应由中央和地方的环保投资、环境费、环境税、环境贷款、外国和国际组织的环保赠款等组成，由环保部门会同有关部门统筹安排使用。中央基金主要用于清洁工艺技术、设备以及"末端"治理技术、设备等的研究、开发、推广、应用或以赠款、贴息贷款等形式向有关企业、单位提供经济支持和刺激，也可用于帮助地方修建或改进环境保护基础设施等。地方基金除用于修建、改进环境保护基础设施、进行区域环境综合整治外，还可用于帮助清洁工艺技术、设备以及"末端"治理技术、设备等的研究、开发、推广、应用，帮助治理重点污染源，用于救济某些由环境污染或破坏遭到损害的受害人等。

各种环境保护经济刺激制度为政府提供了一定的财政收入，这些收入增加了环境和资源保护项目的可用资金。这些资金理论上可以作为补偿受害者的基金。美国的超级基金（Super Fund System）即是典型的事例。1980年，美国国会针对历史遗留的大量的污染土地的严重问题，专门通过了超级基金法。2010年英国石油公司（BP）在墨西哥湾发生漏油污染事件，由于担心受到法律的严厉制裁，设立了200亿美元的赔偿基金用于赔偿污染受害者和海洋生态环境损失。

（二）发行环保债券

"十二五"期间，环保部将在八大方向创新环境经济政策，包括提高排污费标准、征收"两高"产品消费税、发行环保债券等。为了应对历史长期累积的环境问题，我国政府面临的最大困难是巨额的资金投入以及与之密切相关的公平负担问题。通过发行专项债券的方式为重金属污染等环境问题的治理提供资金支持可行、合理。另外，债券本身具有一定的持续期，借旧债还新债方式可以使得债券持续期得以延长。这就意味着，为环境保护和治理埋单的成本可以在一定时期内由纳税人分摊，相较于政府财政资金一次性支付，降低了当期公众的负担。因代际平滑机制，具有较好的公平性和合理性。

（三）环境保护基金

环保基金应由中央和地方的环保投资、环境费、环境税、环境贷款、外国和国际组织的环保赠款等组成，由环保部门会同有关部门统筹安排使用。中央基金主要用于清洁工艺技术、设备以及"末端"治理技术、设备等的研究、开发、推广、应用或以赠款、贴息贷款等形式向有关企业、单位提供经济支持和刺激，也可用于帮助地方修建或改进环境保护基础设施等。地方基金除用于修建、改进环境保护基础设施、进行区域环境综合整治外，还可用于帮助清洁工艺技术、设备以及"末端"治理技术、设备等的研究、开发、推广、应用，帮助治理重点污染源，用于救济某些由环境污染或破坏遭到损害的受害人等。

环境污染的防治、生态的保护和建设都需要以资金的投入作保障，而这笔奖金往往较多，为了减轻治理和保护都过重的经济负担，国家需要提供一定的物质保证，从而鼓励和调动治理和保护的积极性。这是一种积极的干预手段。这种财政援助主要包括用于污染处理或处置设施建设、综合利用、回收利用和对自然资源的保护方面。

国际性环保基金会主要获得了联合国开发计划署、世界银行、经济合作发展组织、蒙特利尔议定书已签约国以及西方多数工业发达国家的支持。

美国是环境保护财政援助上作了详尽的规定。1974年美国《大气净化法》中规定对大气污染控制机构和从事此类活动的其它有关机构、燃料和车辆减少排污的研究、大气污染防止和控制计划等提供技术服务和财政援助，并给予有关的机构与个人补贴。1980年，美国的《固体废弃物处置法》明确规定：联邦有必要采取各种行动，包括财政与技术援助，指导能减少各种废弃物和不可利用的废品的产生的新工艺和改进工艺的发展，示范、推广以及提供既省钱又实用的固体废弃物处置办法。如规定对废旧轮胎按标准处理，则国家给予相当于该轮胎购买价格5%的补助金。为执行此项规定联邦在1978~1979年财政年度内拨款25万美元。同时资源回收系统对固体废弃物设施发放补助金作了限制性规定，要求设施必须具有合理性、合法性、先进性，并规定补助金的资金总额占该工程费用的

50%~75%。

三、政策援助

（一）对环境产业的投资优惠

政府对环境产业的投资优惠应该优于对其它行业的优惠。因为环境产业存在相当大的正外部性。如外商对森林业投资的主要目的在于获得森林产品，而植树造林有利于环境的优化，并且这种生态效率是相当大的；沙漠的治理对治理者而言，可以获得相关产品，而对社会来说，则不仅可以减少荒漠土地的面积，还可以防止和减少沙尘暴的发生，减少沙漠对良田的侵犯。正因正外部性的存在，社会在环境产业中获得了相当多的利益，其程度是其它产业所不可比拟的。此外，环境产业的投资周期相对较长，投资硬环境相对较差，所以，政府应该给予环境产业更多的优惠，以增强对环境产业投资的激励。政府对环境产业的优惠主要包括更优的税收政策、更少的土地使用费、更长的土地使用期限、更优的融资政策和更强的产权保护制度等。

（二）财政补贴

财政补贴的重要表现形式就是实行生态补偿。生态补偿法律机制是利用宏观调控管理政策和法律手段调整相关主体环境利益及其经济利益的分配关系，促进环境外部成本内部化，实现环境资源有偿使用的重要制度和手段。

建立生态补偿法律机制不仅是推进经济增长方式转变的有效手段，建立环境友好型社会的内在要求，也是构建和谐社会的重要举措。从20世纪初开始，美国、德国等西方国家就通过制定宪法等有关立法活动，对环境保护和维护生态平衡进行法律规制，虽然目前各国并没有制定专门的生态补偿法，但是在其农业政策、林业政策、自然资源开发等与生态环境密切相关的法律与政策中，都有与生态补偿相关的规定。

构建生态补偿法律机制，是建立环境友好型社会的内在要求。生态补偿法律机制遵循"破坏者付费、受益者补偿"原则，通过生态补偿立法将生态环境保护的外部成本进行合理的责任分摊，明确通过区域补偿、政策补偿、资金补偿、技术补偿、教育补偿等方法实现对保护生态环境和减少生态环境破坏行为的补偿，用完善的环境付费和环境税收政策，促使生产者自觉追求环境友好型的低消耗生产方式，消费者自觉选择环境友好型的适度消费方式，从而解决日益严重的环境问题，防范环境危机和环境风险，实现经济发展和环境保护双赢的环境友好型社会的战略目标。

224

当前应重点建立以发达地区对不发达地区、城市对乡村、上游对下游、受益方对受损方、"两高"产业对环保产业为重点，以财政转移支付为主要手段的生态补偿政策。

其次，应在立法上明确资源消耗补偿机制，将补偿纳入常态化、法制化的范畴。

最后，在具体操作上要适当拓宽补偿费的收取范围，完善收费体制，加强监管，确立科学的资源成本收益分析方法，使资源补偿费确定接近资源耗费的未来机会成本，使得经济手段确定发挥其应有作用，以充分发挥资源的经济效用，形成均衡状态。

（三）环境保护财政援助

我国在 1984 年 6 月公布的《环境保护资金渠道的规定》第 2 条规定："各级经委、工交部门和地方有关部门及企业所掌握的更新改造资金中，每年应拿出 7% 用于污染治理。污染严重治理任务重的，用于污染治理的资金比例可适当提高。"1973 年《关于保护和改善环境的若干决定》中就提出：综合利用产品，国家要在税收和价格政策上给予适当照顾。1992 年 4 月国务院办公厅转发的国家环保局和建设部《关于进一步加强城市环境综合整治工作的若干意见》指出：城市人民政府应采取有利环境综合整治的经济政策，开辟各种资金渠道；要管好、用好城市维护建设资金、环境保护补助资金，并适当增加预算内的环境保护补助资金；综合利用产品的利润留成应当用于治理工业"三废"；土地使用权有偿转让收入，应重点用于城市建设和土地开发。1992 年 9 月国务院批准发布的《我国环境与发展十大对策》和 1996 年 8 月的《国务院关于环境保护若干问题决定》都提及对环境保护方面的财政投入，但是遗憾的是对环境保护的财政援助多在政策性文件中涉及，而在法律中并未多见，并且相比美国的在财政援助方面的规定，我国的规定多是原则性的，在实践中并无太多的可操作性。现行财政政策不利于环保产业发展。保护环境、治理污染需要环保产业的发展来提供必要的设备和技术，而发展环保产业需要解决两个方面的问题：（1）资金。环保产业都是一些投入大、见效慢的基础设施项目，需要投入大量资金。目前，用于环保项目的资金来源主要有排污费、财政投资和财政补助。在"六五"期间用于环境保护的资金约 170 亿元。在这些资金中，企业自筹占了相当比重，银行贷款和利用外资仅占 4%，财政直接投入更少。（2）技术。用于环境保护的工程项目都是运用高新技术，而这些技术的成熟与否对工程具有决定性的意义。从治理污染的项目看，许多技术都是边生产边研制，对企业生产不利，对整个环保产业发展也存在消极影响。这就是说，治理污染的技术需要先行一步，需要政府建立环境保护技术研究开发基金，以保证环境污染治理的顺利进行。为此，需要采取得力措施，解决环境保护中的技术风险和资金问题。但是，由于政府对环境保护重视不够，财政直接投入少，贴息政策运用不灵活，银行资金也没有足额投入，在一定程度上阻碍了环保产业的发展。

（四）专项奖励

当今世界上环境保护方面的专项奖主要有如下几种：一是世界环境金奖，世界环境中心每年将环境金奖授予为保护世界环境作出贡献的单位。二是国际环保奖，该奖由伊朗王室颁发，奖励在环境保护方面有杰出贡献的人，每年授奖一次，奖金5万美元。三是日本环境奖，日本环境厅设置了环境奖，每年一次均在6月5日国际环境日颁奖，环境奖是对那些对保护环境，开发新的对策与防治技术作出突击贡献者给予的奖励。四是人类正常生存奖，该奖由已故瑞典人雅名布·冯·克斯库设立的，作为每年在斯德哥尔摩和奥斯陆颁发的六种诺贝尔奖的替代奖，以奖励对人类生存至关重要问题的研究作出杰出贡献的人与组织，此奖被誉为诺贝尔奖的替代奖。经济手段的运用不外乎表现在两方面，即积极措施和消极措施，对那些实施了导致环境质量状况恶化行为的单位或个人给予适当的经济惩罚，必要的行政制裁，直至追究其法律责任。但同时也应对那些为环境保护作出了突出贡献或对环境质量的改善作出显著成绩的单位与个人给予适当的经济鼓励。对环境保护有显著贡献的单位和个人，奖励所起的作用与其说是经济性的不如说是荣誉性的，因为奖励是用有限的金钱或物质来标榜一种行动，具有精神鼓励的性质，它有利于提高环境保护的公众参与度。目前我国还没环境保护方面的专项奖励，环境保护方面实质上是处于一种"赏罚不分"的状态，这不利于提高企业环境保护的积极性，因此我国亦有必要设立环境保护专项奖，用于奖励对环境保护作出杰出贡献的单位和个人，该项资金可从环保资金如排污费的中支付。

（五）绿色国民经济核算体系

环境（资源）核算及其纳入国民经济核算体系是实施可持续发展战略的重大措施之一，也是环境经济学研究的重要内容。因为国民经济核算体系中的国民经济总量指标（如GNP、GDP等）及其发展速度是国家决策最主要的信息依据，而它里面却没有环境的位置，这是可持续发展的一大限制因素。联合国制定的《21世纪议程》和我国政府制定的《中国21世纪议程》都明确提出要扩展和完善国民经济核算体系，以便在国民经济核算体系中考虑环境因素，建立起环境与经济综合核算体系。

20 世纪 80 年代，对环境进行核算研究的工作已在一些发达国家逐步展开。1983~1988 年，联合国统计署、世界银行环境局和美国环保局合作，正式开展了环境与经济综合核算研究工作。1987 年 10 月，确立了一个由联合国环境规划署执行主任和世界银行总裁共同领导的研究项目，即《把环境与资源问题纳入发展战略之中》，此项目初步确立了环境核算与国民经济核算体系的关系。

联合国第 21 次环境与发展会议提出了"总体上制定一个与 SNA 相关联的卫星账户系统，而不直接修正 SNA 核心系统"的提议。从此，发达国家的一些专家们开始了把选出的环境因素纳入 SNA 的研究，1992 年联合国出版了 SEEA 手册并随后将其框架内容包含在 SNA93 版本中。至今 SEEA 几易其稿，理论框架及实践的合理性日趋完善。截止到目前，墨西哥、博茨瓦纳、巴布亚新几内亚、泰国、菲律宾、美国、日本、印度尼西亚、欧盟一些主要国家都不同程度的开展了环境与经济综合核算工作。

我国环境与经济综合核算研究工作始于 1988 年。由国务院发展研究中心牵头组织了国内数十个政府部门和科研单位，在美国福特基金会的资助下，与美国世界资源研究所合作，进行了《自然资源核算及纳入国民经济核算体系》的课题研究。自 1994 年以来，许多部门和科研单位、专家学者相继开展了此领域的相关研究工作，主要研究成果有原国家科委牵头开展的中国自然资源核算研究、国家环保总局环境经济政策研究中心牵头并与世行合作开展的城市环境与真实储蓄及绿色 GDP 核算研究、北京大学雷明教授主持进行的可持续发展下绿色国民核算研究等，许多专家学者发表了大量的有关论文与专著。

从我国现有环境与经济综合核算的相关研究成果看，笔者认为主要有两点不足：一是单纯地开展自然资源核算或笼统地将自然资源耗减价值、生态环境降级价值纳入国民核算。未能根据与经济的强弱相关关系及本质特征将其分出经济价值和生态价值，如此易造成经济与环境之间相互关系的混乱，不利于为制定经济政策、自然资源政策、环境政策及相关价格政策提供客观、系统、轻重有序的基础数据。二是笼统照搬 SEEA 有关自然资产的概念，如此易造成将自然资源的扩大化理解，分析中也易与经济领域使用的经济资产、财务资产等概念混淆，造成误解。在充分研究借鉴国外环境统计、环境与经济综合核算、国民经济核算理论与实证研究的基础上，结合我国环境统计及环境与经济综合核算、环境经济学以及可持续发展理论与实践，提出适合我国基本国情的环境与经济综合核算理论及实践思路，这对我国实施可持续发展战略具有重要的理论和实践意义。

第二节 金融手段

一、环境金融市场

（一）投融资政策

当前，企业融资渠道主要有两条：间接融资——通过商业银行获得贷款；直接融资——通过发行债券和股票进行融资。对间接融资渠道，中央可推行"绿色贷款"政策，对环境友好型企业或机构提供贷款扶持并实施优惠性低利率，而对污染型企业的新建项目投资和流动资金进行贷款额度限制并实施惩罚性高利率。在直接融资方面，可联合证监会等部门，研究一套针对"两高"企业的，包括资本市场初始准入限制、后续资金限制和惩罚性退市等内容的审核监管制度。凡没有严格执行环评和"三同时"制度、环保设施不配套、不能稳定达标排放、环境事故多、环境风险大的企业，在上市融资和上市后再融资等环节进行严格限制；而对环境友好型企业的上市融资提供各种便利条件。

（二）环境资产形成政府有偿投资回报机制

随着社会投资结构的多元化，社会支付能力的极大提高，政府或是为了解决财政困境的目的，或是为了顺应市场经济制度、理顺产权体系、实现国有资本保值增值等目的，便开始适度执行环境资产项目投资供给的有偿回报机制。政府传统投融资模式的资金筹措包括：（1）政府财政融资筹款；（2）国家政策性银行的融资贷款；（3）国家国内债务融资贷款；（4）国外政府的政策性融资贷款；（5）国际金融机构的政策性融资贷款。环境资产项目政府传统投融资机制的主要弊端有：（1）环境资产形成的市场化程度仍然不高，政府仍然是环境资产形成，特别是区域性环境资产形成的绝对供给者；（2）政府环境投资资金运作的市场化程度更低，缺乏资本经营机制；（3）政府资本参与的环境资产项目市场化竞标程度非常低；（4）政府垄断投资环境资产，或是造成严重财政包袱，或是造成环境资产投资不足；（5）政府垄断投资环境资产，表现出投资、经营的双重低效率。

环境资产项目由政府投融资具有以下优越性表现在：（1）政府融资渠道广阔，能够顺利满足区域性环境资产项目融资需求；（2）具有货币政策与财政政策的双重功能，能够满足政府经济政策的需求；（3）政府投融资行为具有鲜明的公益性；（4）具有产业扩散与地区经济辐射功能；（5）政府投融资是市场机制供给区域性环境资产失灵行为的不可或缺的重要补充；（6）环境资产项目多是大中型环境资本开发与建设项目,其资金需求规模巨大,需要政府投融资发挥作用。环境资产项目投融资与经营主体多元化机制的优越性表现在:(1)"还财与民"的市场经济体制改革,造就了社会个人财富的膨胀,民间资本需要政府引导;(2)政府开放环境资产市场,有利于正确吸收民间资本,解决环境资产历史欠账问题;(3)政府开放环境资产市场,有利于解决政府财政包袱问题;(4)政府开放环境资产市场,有利于政府职能改革,强化政府监督效率与执政能力;(5)政府开放环境资产市场,有利于提高民间资本的社会利用效率和环境资产的经营效率。

二、绿色信贷——环境银行

绿色信贷是将环保调控手段通过金融杠杆来具体实现的。波兰环保银行,建于1991年,是世界上最早的环境银行。通过在金融信贷领域建立环境准入门槛,对限制和淘汰类新建项目,不得提供信贷支持;对于淘汰类项目,应停止各类形式的新增授信支持,并采取措施收回已发放的贷款,从源头上切断高耗能、高污染行业无序发展和盲目扩张的经济命脉,有效地切断严重违法者的资金链条,遏制其投资冲动,解决环境问题,也通过信贷发放进行产业结构调整。与一些行政手段相比,绿色信贷这样的市场经济手段往往非常有效。绿色信贷已经显现的作用是逼迫企业必须为环境违法行为承担经济损失。

现行法律允许环保部门对污染企业罚款的额度只有10万元,这样的处罚与企业偷排结余的成本相比是杯水车薪,而绿色信贷在某种程度上丰富了环保部门的执法手段。

为使绿色信贷政策真正落到实处,环保部门必须加强三大体系建设,与金融部门共同推出配套措施,并在此基础上,继续深入合作,为建立绿色资本市场不断努力。环保总局、人民银行、银监会三部门为了遏制高耗能、高污染产业的盲目扩张,于2007年7月30日联合提出了一项全新的信贷政策《关于落实环境保护政策法规防范信贷风险的意见》。

绿色信贷政策也面临着许多困难。仅从我们自身的现实情况看,环保部门特别是县市环保部门的执法能力薄弱,不能提供有效的环境信息。这里既有环保机构、人员素质、执法能力跟不上,对环境违法项目和企业的信息难以收集到位的因素,也有地方保护导致环保部门难以或不敢公开企业环境违法情况的因素。如果没有可靠有效的环境执法信息,金融机构也难以作出准确的判断,不能对企业环境风险及其带来的信贷风险作出正确判定。因此,必须按照国家环保总局加强三大体系建设的要求,自下而上地完善执法、监测、统计信息能力建设,使环保部门真正能为环境说话，为政府和经济部门决策提供可靠依据，这样既树立了环保部门的权威，也是真正为科学发展服务。

环保总局、人民银行、银监会还将采取一系列具体措施推动"意见"的实施。环保部门将继续制定高污染、高环境风险产品名录，提出控制出口、投资、贸易的政策建议，遏制"产品大量出口、污染留在国内"的现象；环保部门将会同有关部门，制定从环境保护要求出发的产业指导名录（发改委产业指导名录考虑了一定的环境因素，但还远远不够，特别需要结合区域环境特点来更新和修订），这样金融机构在审查贷款项目时，才有可行的环保依据，环境保护要求才能落实。要配合或指导商业银行和政策性银行制定和实施项目贷款的环境保护导则和规定，最大程度地减轻项目的环境风险，履行银行的社会责任，同时引导银行业支持环境保护类的项目。各级环保部门可根据当地执法工作的需要，按照"意见"的精神，主动联合当地人民银行和银监局，建立沟通机制，联手控制污染。

国际经验证明，履行可持续发展要求的"绿色信贷"已经成为一种趋势。这个文件的发布，标志着我国建立绿色信贷制度的工作已经提速。这是环保部门和金融部门合作的一个开始，今后合作的范围还会不断扩大，将逐步涉及证券、保险等领域，直至形成绿色资本市场，诸如制定法律法规、绿色信贷与环境风险管理、绿色风险投资、生态基金、环境金融工具、环境保险制度、上市公司环境绩效评估、上市公司环境会计报告等。让我们共同行动，为构建绿色资本市场不断努力。

三、信贷优惠

在深化绿色金融政策方面，要建立绿色信贷效果评估制度，加快推进环境污染强制责任保险试点，开展环境保护债券的政策研究。用优惠贷款方式鼓励企业进行污染防治和废物综合利用在有关法律中予以规定，发放低息贷款或优惠贷款是政府对环境进行管理的一种间接手段。这种经济手段的运用，能减轻政府在财政援助中的重负，同时又可以鼓励单位或个人积极进行环境治理和加强环境管理。例如，一个重视对环境保护的企业，必定在成本上有关于环境方面的投入，因此会提高环境成本，与其追逐利润的目的相违背。若进行对其的低息贷款制度，在贷款上对其进行帮助，在一定程度上是一个奖励的行为，奖励和鼓励这种对环境的关注的企业。另外，在客观上，促进了环境保护的进程。设想，进行此种财政上的帮助与对一个不注重环境保护的企业的环境治理所花费的费用相比较，节省了很多费用，符合双方的行为目的。根据波斯纳的经济法学理论，法律的作用便是降低社会的交易成本。在此处环境立法起到了这样的作用。

日本自 1970 年以来，一直以低于市场 1%～2% 的利率，向企业提供用于修建防治污染设施的贷款，贷款的偿还期为 10 年以上，这些低息贷款的绝大部分，提供给中小企业用于污染防治设施的建设。我国在这方面也作了相关规定。1984 年 5 月颁布的《关于环境保护工作的决定》中规定："企业用于防治污染或综合利用三废项目的资金，可按规定向银行申请优惠贷款。"1985 年 9 月颁布的《关于开展资源综合利用若干问题的暂行规定》第 10 条规定："对微利和增产国家急需原料的综合利用项目，各专业银行应当积极给予贷款扶持，还贷期限可以适当延长。"1986 年 1 月颁布的《节约能源管理暂行条例》第 41 条规定："对国家信贷计划内的节能贷款，实行优惠利率，并可由有关主管部门按国家规定给予贴息；允许贷款企业在缴纳所得税前，以新增收益归还。对社会收益较大而企业效益较小的节能基建拨款改贷款的项目，有关主管部门可按国家规定豁免部分或者全部本息。"但是相对西方国家，我国的信贷政策还不够完善。贷款优惠分为长期贷款、贴息贷款、低息贷款、无息贷款，其中最重要的是长期贷款和贴息贷款，因为还贷压力较轻，而我国多采用低息和无息贷款，且还贷时间过短。此外对贷款资金的监控机制亦不够健全，一些低息贷款并未真正用在环保事业上。银行应开辟污染物排放权、特许经营权等新型企业融资渠道和污水处理厂的特许经营权抵押和质押贷款制度。

四、信贷准入

2007 年起，中国环保部与中国人民银行合作，将环境执法信息从 4 月 1 日起纳入人民银行征信管理系统。之后，环保部、中国人民银行、银监会 3 家联合出台了《关于落实环保政策法规防范信贷风险的意见》，要求对不符合环保标准的企业严控贷款，已经发放贷款的要及早追回。深圳违反环保法规的一些企业贷款被叫停。要将环境风险评估纳入金融风险评价体系，创新符合环保项目模式、属性和融资特点的金融产品和服务，并肃清"绿色信贷"的地方保护主义障碍。

五、环境责任保险

建立环境责任保险的必要性表现在可以保证环境污染受害人及时、足额获得补偿；强化保险公司对企业环保活动的监督管理；减轻企业破产危险。英国称之为环境损害责任保险和属地清除责任保险，美国称之为污染法律责任保险。它是以被保险人因污染环境而应当承担的环境赔偿或治理责任为标的的责任保险。我国环境突发事件频发，环境责任保险可以分散风险、为环境侵权人提供风险监控。其优势在于，保险公司对污染突发事故受害者可以进行赔偿，减轻了政府与企业的压力；另外，增强了市场机制对企业排污的监督力量。目前，该制度在我国已经进行试点并取得积极进展。未来工作是建立实质意义上的环境保险制度，保证环境污染受害人及时、足额获得补偿并强化保险公司对企业环保活动的监督管理，减轻企业破产危险。

六、环境资产证券化

资产证券化是解决资产流动性、卖方市场和扩大交易范围的新型金融工具之一。现代环保亟须将资源产权交易与资产证券化相结合，为环境保护基础设施开辟新的融资渠道。美国20世纪70年代以来的排污权交易实践表明，合理的利用资产证券化的金融工具有助于提高生态环境保护制度的市场认可度、增强生态环境保护的资金支持力度。通过资产证券化将环境资源推向资本市场，是改善环保融资难的创新之举，也是实现政府融资渠道多元化，提高环境资源价值的选择之一。

七、建立完善的专业性环境金融体系

（一）对冲转换机制

这类机制的共同特点是实现资本的使用性质转换或资本流的跨地区转换等转移支付的再分配，从而得到实现环境资本形成的货币资金。（1）污染物排放特许权贸易计划：该计划的基本思想是实施污染物排放特许量的自由贸易和租赁。（2）债款转换机制：20世纪80年代以来，很多发展中国家基于发展经济而向发达国家举债成为国际债务国，这些债务国为了缓解沉重的外债压力，而用"债款交换"的办法让债权国成为在该国投资项目的持股者。（3）"绿色税收"机制：发达国家为解决消耗环境资本的收益问题，政府对产生环境负外部性的生产与消费实施征收环境税，以实现参与社会活动的全部生产要素对收益的公平再分配。

（二）组建完善的政府为主导的"市场导向型"商业化环境金融体系

（1）环境投资银行。以政府资本为主导，吸收社会资本参股或储蓄的专项投资环境项目的具有现代企业管理机制的专业性股份制商业银行。（2）环境投资基金。现阶段可以由政府为主导，向社会各种资金公共募集设立的，专项用于环境资产建设的基金。（3）环境投资公司。由政府控股公司为主导，也可以民间资本控股或独资，或外资独资、合资与控股，并向社会各种资金公共募集设立的，专项用于环境资产项目建设投资的股份公司或项目公司。（4）环境信托基金。发挥信托投资公司的专业理财优势，通过设计与实施环境信托计划向社会筹集资金，专项用于我国环境资产项目，特别是区域性的中大型环境资产项目的开发与建设。（5）环境经纪与租赁公司。环境资产经营的中介公司。

第三节　市场交易手段

建立"绿色交易"体系，根据不同的环境问题建立分级环境容量使用许可配额交易体系，积极参与国际碳汇市场和清洁发展机制，以区域间配额交易实现生态补偿，以微观个体间配额交易充分体现污染者付费原则。

一、排污权交易

目前，由于排污权交易制度在容量确定、排污权分配、信息平台和交易市场及法律支持制度的不完善的问题，而且我国排污权交易试点扩大以及推动跨省交易还需要跨越一些障碍，比如要明确污染物排放总量、定价、监督等问题，下一步要积极健全排污权有偿取得和交易制度，建立成熟的排污权交易市场，所以应对排污权路径选择进行深入思考和科学选择，以期完善。

首先，要准确测量环境的实际容量。排污权交易是以总量控制为出发点和归宿的。但实际上，环境容量的确定过程是极其复杂而艰巨的。政府相关环境行政部门和科研机构应克服困难，做大量具体、细致的前期基础理论方法创新和调研及准备工作。

其次，关联部门和企业应提供及时准确的信息。在排污权交易时，必须有大量有关价格、需求量和供给量、需求单位和供给单位等市场信息，信息收集和使用的程度高低将直接影响交易成本和交易成功率。政府和相关中介机构应准确及时地提供，发布有关排污权的完备信息。

再次，还必须完善排污权的各种相关制度，使排污权交易有据可依。排污权交易利用市场机制来控制环境污染，确保受控点环境达到质量标准，并使污染物削减的总成本达到最小。因此，政府应制定相应的法规，从法律上约束和促进排污权交易向经济有效和理性方向推进，使企业在良好的制度激励下实现经济理性和循环生产。

最后，在排污权交易过程中，应正确定位政府的角色。政府是整个排污权交易制度的推进者，应利用各种手段，保证各企业有秩序合理地进行生产和排污及排污权交易，使排污权交易顺利有效地实行。但政府如果行使权力不当就会直接导致非效率结果，所以应加强法律的监督，使政府依法行政、抑制行政权力的膨胀，促进排污权交易市场健康有序和充分竞争。

二、自然资源产权交易

（一）建立明晰的资源产权关系

资源产权改革的市场化，关键的一点就是要将所有权与经营权划分开来，使所有者（国家）与经营者之间形成一种经济契约关系，和其他行业一样，建立起一种市场化的完善的产权制度。根据我国自然资源产权多样化的特征，应分门别类建立起多样的所有权体系。对于产权界限比较清晰的自然资源，应在平衡公共利益和所有者与使用者利益前提下，根据其使用、经营的公共性和外部性大小，将自然资源的所有权分配或拍卖给不同的产权主体，包括国家、地方政府、企业和个人；对于产权边界模糊而难以界定、外部性很大的自然资源，应继续以公共产权主体为所有者，但需要改变目前政出多头的所有权结构，由统一的机构行使所有者管理权。

（二）促进自然资源的使用权和经营权的市场化

要打破传统的"公有公用公营"的运行范式，就必须引入自然环境资源使用权通过市场竞争有偿获得的产权安排制度。我国的自然资源立法多是以"如何确保国家对资源的有效、充分利用"为出发点，规定自然资源属于国家和集体所有的同时，并未从物权角度对自然资源使用权作出明确规范。为解决自然资源所有权与使用权权益不对等的失效，必须实行使用者支付制度。对自然资源使用权的获得，要根据不同自然资源的性质和用途，规定不同的使用税费和获得途径，如对紧缺资源实行高标准收费使用制度；对不可再生的特别资源实行管制使用制度；对一般性再生资源实行市场定价制度；对公益性资源实行限价使用制度等。对同一种自然资源，也应根据其不同用途规定不同的收费制度，如对生活必需用水实行限量条件下的低价制度，而对一般的商业性生产用水实行市场定价制度。自然资源使用权和经营权的明确和分离，要依据自然资源的公益性和外部性而定。对公共性和外部性很强的自然资源，应实行使用权和经营权的结合，由公共事业部门经营，或在政府的严格管制下由一般企业经营。而对排他性、竞争性强，公共外部性相对较弱的自然资源，应明确把使用权与经营权分离，让经营权自主进入市场交易。

（三）建立资源产权交易市场

建立完善的资源产权制度，需要建立资源产权交易市场，对资源采取招标和拍卖的方式出让，促进资源产权化；对于通过招投标、拍卖等方式有偿取得的资源资产产权，允许产权人依法通过出售、作价出资、股权转让、出租、抵押等方式进行流转。对国家出资形成的产权要有计划地进行评估、处置，为资源产权改制提供资产依据，进一步强化矿业权的财产属性。整顿和规范资源产权，创造良好的市场建设环境，营造良好的市场氛围，为培育和规范资源产权市场提供基础支撑。

完善资源产权的法律制度，重点是资源资产产权交易主体、产权交易规则和产权招标拍卖等制度。积极推进为社会公共服务的资源法律制度的建设，重点是公益性地质调查、地质资料的回交和社会利用等方面的制度，为建立市场化的资源产权制度提供法律保障。市场这只看不见的手可以有效地配置资源，市场最大的优势在于效率，市场化是中国资源产权改革的方向。虽然由于环境资源的公共性、外部性以及市场机制本身的缺陷导致了市场机制不能有效地配置环境资源，出现了"市场失灵"，但并不能以此来否认中国资源产权改革的市场化方向。应该在进行市场化改革的同时，加强管理，加强国家宏观调控的职能，减少市场带来的失灵，建立完善的资源产权制度。

（四）可交易环境许可制度

许可制度是指凡对环境有影响的开发、建设、排污活动以及各种设施的建立和经营，均须由经营者向主管机关申请，经批准领取许可证后方能进行。这是国家为加强环境管理而采用的一种行政管理制度。许可制度是在环境管理中，国家环境主管部门要求开发建设、生产排污等具有影响环境的活动行为者进行活动申请，并批准、监督其从事某种活动而采取的一种行政管理制度。这种制度多以某种凭证即许可证形式进行，故称"许可证制度"，也称"许可制度"。它一般包括许可证申请、审核、批准、监督、中止、吊销以及作废等一系列管理活动过程，根据管理对象的不同要求，可分为规划、开发、生产销售和排污许可证等类型。许可制度可保证对环境有影响作用的管理对象遵守国家管理环境的有关规定，从而将其对环境的影响作用限制在国家允许的范围内，实践表明，它是国家强化环境管理的一种行之有效的方法。根据许可证的使用范围可将许可证分为三类。

1. 防止环境污染许可证

它是通过许可证的方式限制特定主体对环境的不良行为，从而减轻对环境的冲击和压力，防止环境污染。如，排污许可证、海洋倾废许可证、危险废物收集贮存处置许可证、放射性同位素的生产销售使用许可证、化学危险物品生产经营许可证、废物进口许可证等。

2. 防止环境资源破坏许可证

通过许可证的方式限定环境资源开发利用主体及其行为，以保护环境与资源免受破坏。如，林木采伐许可证、木材运输许可证、采矿许可证、养殖许可证、捕捞许可证、取水许可证、野生动物特许狩猎证、采集证、驯养繁殖许可证等。

3. 整体环境资源保护许可证

它是针对保护生态系统的整体性活动而颁发的许可证，如建设规划许可证。中国关于环境和资源管理的某些法规也采用了许可制度。例如，《农药登记规定》中关于农药的生产、销售、使用和进口，《海洋环境保护法》中关于向海洋倾倒废弃物，《放射性同位素工作卫生防护管理办法》中关于放射性同位素设施的建造、运行及放射性物质的使用、运输和保管等，都要经过申请、登记和批准，颁发许可证后方能开始活动。这种许可制度对环境保护起着良好的作用。

在日本和荷兰，实行一种类似许可制度的"防止公害协议书"或"契约保证书"制度。协议书和保证书是在筹建对环境有影响的企业或工程时由主管机关和筹建人共同协商签订的。议定事项同许可证规定的条件类似，目的也是使对环境有影响的企业投产后保证遵守国家有关的规定，从而把企业对环境的影响限制在国家容许的范围内。这种制度还可以促使企业在环境保护中同政府合作。

各国环境管理和立法实践表明，许可制度是加强国家对环境管理的行之有效的好办法。在环境管理中采用许可制度的国家越来越多，采用许可管理的对象越来越广。可以预期，广泛采用许可制度对环境的全面、系统、严格、灵活的管理，将会起到更大的推动作用。

（五）可交易环境许可制度

联合国可持续发展经济政策体系中包括了该经济手段，它是通过政府拍卖许可证，允许减少污染的排污者出售污染配额，并获得经济利益从而达到控制污染物排放目标的手段。它与目前我国实行的排污许权交易制度有很大区别。后者的运行模式是以污染物总量控制为基础，获得许可证的企业其实际排放物总量低于所核准的允许排放污染物总量部分，经环保部门批准方可进行有偿转让。实际是一种非市场化的配额办法。实行可交易许可制度是政府将排污配额投放市场，政府指导而不是参与其中。我国应当修改《行政许可法》，允许这类许可的自由交易；制定相关法律、法规，做到有法可依；在政府计划指导的前提下，将许可证真正投入市场，让市场规律起作用；健全环境管理信息系统，加强污权交易的监督管理。排污权交易需要完善的环境管理信息系统，因为只有当排污权交易制度与实际的排污量对应起来，该制度才能有效实施。

三、碳排放权交易市场的完善

当前，我国必须抓住全球经济发展的规律性、趋势性发展方向，积极参与国际市场竞争，稳步推进低碳经济时代的增长之路。具体而言，我国碳排放交易市场的发展思路包括以下六个方面。

（一）尽快确定排放总量与额度分配

长期以来，我国大气污染治理建立在单一"浓度控制"的基础上，这种"浓度标准"控制排污模式阻止不了污染源数量和排放总量的增加，且使得碳排放交易的实施缺乏必要的前提条件——总量控制。应当以修改《环境保护法》为契机，明确将污染物排放总量控制制度和执行控制的行政机构写入法律条款，为相关单项法规的制定提供法律依据。在操作层面，由政府部门确定区域的排污指标，推算出温室气体的最大允许排放量，并将最大允许排放量分割成若干规定的排放量，明确排放权。在总量确定的基础上，选择合适的方法分配排放权是非常重要的。国际上常用的方式有三种，即公开竞价拍卖、定价出售和无偿分配。如何公正、科学地分配排放权，需要重点考虑，制订出科学的指标分配方法。

（二）直接参与二级市场

随着碳排放交易规模的不断扩大，碳排放额度变成了一种资产，我国在国际碳排放交易市场中充当了供应者的角色，截至 2009 年 10 月，我国政府已批准了2 232 个 CDM 项目，其中 663 个已在联合国清洁发展机制执行理事会成功注册，预计年减排量为 1.9 亿吨，约占全球注册项目减排放量的 58% 以上，注册量和年减排量均居世界第一。然而，由于国内管制，我国企业实质上尚未真正进入碳排放交易市场，仅仅是一级市场的供应者，金融机构更是没有进入该市场的途径。我国企业投资建设的项目在获得 CER 后，就出售给国际买家，国际买家再进入CDM 二级市场进行交易，国内企业出售 CER 的价格远低于 CDM 二级市场价格，处于产业链的低端，附加值高的部分被充当中介的经纪商和金融机构拿走。随着《京都议定书》的即将到期，CDM 前景还不明朗，如果还不放开管制，继续作为初级供应者，我国就会边缘化于低碳经济时代。因此，我国应该尽快探索相关政策，逐步放松管制，让国内企业和金融机构参与到国际碳排放交易的二级市场中，在排放价格形成体系中发挥作用，保护自身的经济利益和长远利益。

（三）加快培养本土市场

碳排放交易不仅是一个减排的概念，更和国计民生联系密切，甚至可能成为国际政治经济关系中的重要一环，"碳关税"、"碳制裁"都有可能影响到对外交往和经济发展。2012年后我国将要面临减排任务，这使得国内的排放供求会发生变化。2009年年底我国颁布的减排目标中要求到2020年单位GDP碳减排要达到40%~50%，这意味着我国很可能由排放额度净出口国变成净进口国。如果没有自己的本土市场，只依靠外部市场进行碳排放交易，对可能存在的国外对手方市场操纵则是无能为力的，也不利于降低排放额度的进口量，因为并非所有具有排放额度的国内企业都能参与国际市场。只有加快国内市场的培养，才能给国内企业提供最便捷和成本最低廉的交易平台，才能最大限度地发掘国内供应能力，才能形成能够真实反映我国排放额度供求情况的交易价格，掌握碳排放定价权，更有利地保障国内企业的利益和国家利益。

由于总量控制尚未强制推行，制度和机制存在约束，国内的环境交易所大多还是进行节能技术转让，排放额度转让规模很小，需要促使他们尽快转型，扩大碳排放交易规模。此外，各交易所在产品设计、人员储备、制度规则、技术等各个环节都处于初始阶段，必须加快国内市场的培养，提升其在国际排放权交易市场的地位，才能够取得未来发展的话语权。

（四）形成全国性的大市场

我国目前已有3家环境交易所，还有由产权市场推动成立的10余家类似机构以及正在积极筹备的近10家机构。然而，由于各地区标准不同，这些区域性市场很难形成一个面向全国的统一大市场，而市场割裂则会影响交易规模与市场影响力，带来高成本的运作，这就偏离了产生碳排放交易市场的初衷——交易成本最低。因而，我国必须尽快创造条件，形成一个全国性的市场，便于国内企业参与碳排放交易，加快推动节能减排的技术进步，形成真实反映国内排放额度供求状况的交易价格，作为进行排放量国际贸易时价格谈判的重要参考。

（五）重点发展场内交易

金融化和场内交易已经成为全球碳排放交易市场的重要趋势。与场外交易相比，交易所内进行的有组织的撮合成交具有一定优势：一是交易产品多为标准化合约，产品结构简单，定价更加规范，估值公允且流动性好。二是监管比场外交易更加严格，市场风险较小。此次金融危机发生的主要领域是场外，使得各国监管机构开始反思场外交易监管过分宽松的缺陷。国内的3家交易所和一些产权市场目前所进行的交易虽然是电子撮合，但颁布的交易规则、监管制度和交易产品与严格的场内交易相比仍有差距，交易所并没有成为真正的"中央对手方"，实质上仍是场外交易。建议借鉴国内发展期货市场的经验，借用已经形成的制度规则、交易系统、监管手段等成熟经验，尽快发展标准化的场内交易，提高流动性，吸引更多市场参与主体进入，扩大市场影响力与市场规模。

（六）注重衍生品开发

碳排放交易市场的衍生品种类繁多，与传统金融工具和新兴金融工具联系日益密切，创新不断进行，金融化程度逐步深入。我国在发展碳排放现货市场的同时，不能忽略衍生品的开发。衍生品的功能之一是帮助现货交易规避价格波动风险，同时也有利于为现货市场不断注入新的活力，这是我们发展碳排放衍生品的出发点。值得注意的是，衍生品是一把"双刃剑"，在规避风险的同时也会因为投机过度而产生新的风险，因而不可操之过急，不顾现实条件贸然推出，也不可将产品衍生过度，致使风险不可控制。我国必须结合实际条件和市场参与者的成熟程度稳步推进，并和严格的监管相结合，确保市场的稳定发展。

四、市场准入和市场规则的完善

（一）市场准入

在开放的市场经济条件下，与环境保护有关的市场准入是国际和国内贸易与投资规则重点关注的问题。市场准入的条件主要包括经济条件、技术条件、绩效条件、就业条件和经营方式等。以技术条件为例，我国对外资的市场准入设立了不得进行污染转嫁或者其他不利于环境保护的前提条件，如 1995 年的《指导外商投资方向暂行规定》第 7 条规定："属于下列情形之一的外商投资项目，列为禁止类外商投资项目：……（二）属于对环境造成污染损害，破坏自然资源或者损害人体健康的；（三）属于占用大量耕地，不利于保护，开发土地资源，或者危害军事设施安全和使用效能的……"但是破坏自然资源或者损害人体健康的项目究竟应如何界定，有待进一步的完善。

政府应该避免设置不利于绿色经济发展的市场准入门槛和市场壁垒，打破地方保护对发展绿色经济的封锁和壁垒。避免代替企业招商引资、决定建设项目，把发展的权利归还给企业。避免频繁利用行政手段影响市场价格和市场运行秩序，向市场释放有关资源与环境方面的错误信息。

为此，对国家层面的建议是：

（1）建立政策决策综合评估制度，为绿色经济发展提供政策保障。建立对节能减排重大政策和重大项目的综合评估制度；建立对各区域、各行业环境风险的综合评估制度。

（2）全方位推动财税金融政策的生态化调整。一是要建立财政支持绿色经济发展的资金稳定增长机制；二是要建立有利于绿色发展的税收体系；三是要建立促进绿色发展的金融政策；四是要进一步强化资源价格改革，建立能够反映资源稀缺程度和环境成本的价格形成机制。

对发展差异化区域的建议是：防止落后技术及生产设备在地区间转移，实现区域绿色经济协调发展。

（二）市场规则

市场规则是保障市场按照预定的轨道运行的"游戏规则"，是防止市场失灵的有力措施。与环境保护有关的市场在运行中往往会发生以下两类现象：

第一，规则不完善。市场经济是自由而不是无序的经济，市场秩序依靠完善的市场规则的存在来维持，完善的市场规则是和完善的法律制度建设联系在一起的。以与环境保护有关的市场失灵为例，一些国家创新和完善了产权制度，如1992年《生物多样性公约》生效以后，拉丁美洲和非洲的一些国家明确了生物物种财产权；基于资源的稀缺性和促进资源的合理和高效配置，澳大利亚、新西兰、印度等国发展了水许可证市场，新西兰实行了可交易捕鱼配额。而在我国，无论是环境污染控制市场规则还是自然资源市场规则，虽然得到了一定的发展，但都还相当的不完善，如主要水污染物的排放指标交易市场在美国等市场经济国家已经相当发达，而在我国，仅在上海等地处于试点阶段。

第二，不正当竞争。由于真正的自由市场是不存在的，理想的市场经济在发展中会产生机会主义、盲目主义和短期行为等对自身不利的因素，如果政府不采取措施进行克服，市场本身终究要被这些不利的因素摧毁。因此，市场经济的健康发展必须受到社会现实的制约，即只有在承认最低限度的社会和政府限制的前提下，市场才具有现实意义。而社会和政府限制的基本措施之一是预防和抑制不正当竞争的行为、和环境保护有关的不正当竞争行为分一般不正当竞争行为，技术性贸易壁垒和绿色壁垒的设立等。以绿色壁垒为例，如欧盟为了保护自己的农产品贸易，正在实施以不可诉的动物福利保护补贴和环境补贴取代传统的可诉的农业补贴的政策。这项政策的实施，能够增强其国内与国际的价格竞争力，包括中国在内的广大发展中国家在动物及动物制品加工产业方面的国内和出口贸易就会受到巨大的冲击。而我国动物福利标准的建设，除了在实验动物保护方面有一些成就外，其他的却相当不发达。

环境保护、自然资源利用不仅是一项社会公益事业，也是一项重要的经济活动，"科斯定理"中的市场机制是解决这一问题的理想途径。

（1）市场机制的一个重要特征是买卖双方的利益交换，需求决定了一个产业的形成与发展。治理环境、节约能源、发展经济使得人们对环境保护、自然资源利用的需求越来越大，这些都为环境、资源产业的发展提供了有力的动力机制。其中，中小企业在提供就业机会、形成社会化分工体系等方面具有不可替代的作用，但是它们又是环境资源问题的重要源头。我们应当借鉴发达国家的经验，一方面重视、支持中小企业的发展和给以政策上的倾斜，另一方面帮助其实现生产技术和设备的升级换代，建立集中处理设施等，从源头减少污染的产生。

（2）市场机制促进环境保护、自然资源利用成本的内化。企业为了追求经济效益和利润最大化，往往不考虑生产的社会成本。建立环境保护、自然资源利用成本核算、补偿制度并纳入国民经济核算体系，对环境、自然资源产品征收利用税，使其价格高于对环境保护、自然资源利用有利的同类产品，就是在经济活动中将环境保护、自然资源利用费用的收费计入企业的生产成本，使成本内在化，迫使企业为了生存发展选择那些有利于环境保护、自然资源利用的产品。

（3）市场机制为环保产业创造了投资多元化、治污集约化的条件。随着环保资源企业产业化进程的推进，在政策上应当吸取国外的经验，实施"污染者付费"、"谁投资，谁受益"的政策，将其潜在市场变为现实的市场，并为国内外多种经济成分注入环保业创造了条件。除了大江大河污染治理及全球性的环境资源问题由政府解决外，一般性的问题应由环保资源企业承担。市场机制就是要实现利益的最大化，污染治理实行由"粗放型"向"集约型"的转轨，把原来"谁污染，谁治理"的点源治理改为现在的"谁污染，谁付费"的集约化政策，这就有利于排污企业专注经济效益生产，而将污染治理交给专业化程度高的环保企业去做。

要发挥市场机制在实施能源环保和绿色发展中的决定性作用，实践中还要做到三点：一是行业协会的重要作用，二是加快发展节能中介服务，三是鼓励探索和推广节能减排新机制，比如电力需求管理，另外就是能耗电厂的机制。

（三）绿色贸易

作为发展中国家，我国必须适应国际环保的大趋势，采取切实可行的措施，了解和学习发达国家先进的环保技术和环保措施，以此为契机，发展我国环保产业，提高环保水平，促使我国经济走可持续发展的道路，实现经济、环境协调发展，使我国的经济实现跳跃式发展。具体来讲，应采取以下对应策略。

（1）强化全民绿色经济意识，培育绿色经济行为。需要加大传媒的宣传力度，使国民认识到经济的绿色化发展已成为一种不可阻挡的历史趋势。21世纪的主旋律将是绿色经济，绿色产品、绿色生产、绿色消费、绿色市场、绿色产业是绿色经济的重要特征，也是生态文明及可持续发展对经济生活的具体要求，国民要树立起绿色经济意识与绿色经济预期，自觉保护生态环境，从事伦理投资。

（2）政府应加快环保立法，严格环保执法。首先，应加快制定和完善环保法规制度，使之早日与国际环保惯例接轨。积极推行"绿色环境标志"制度，加强外贸、环保、生产企业之间的联系合作，制定针对绿色壁垒的国际市场开拓策略，推行以生态环境为中心的绿色增长模式，走可持续发展之路。其次，应该加大对污染环境和破坏生态的企业行为的处罚力度，使排污者和破坏生态环境者得不偿失，加大其外部不经济性运作的成本。这包括经济成本、违法成本及刑罚成本，充分体现法律的刚性约束。通过严格的执法，使企业生产经营者确立污染破坏生态环境必受到处罚，并最终形成对生态环境破坏的高的预期成本的观念。

（3）大力发展绿色环保产业。绿色产业是一个发展潜力巨大的新兴产业，我国应在全球积极实施绿色开发的大环境中，不断借鉴其他发达国家的成功经验，增加绿色产品开发的资金投入，发展符合绿色环保要求的绿色产业，为我国的外贸出口开拓更广阔的绿色市场。为此，对绿色企业可实行优惠政策，以促进我国绿色产业的发展。首先，要在税收上给予优惠，在一定时期内，对绿色产业企业可以减征或免征增值税，对企业新开发的绿色产品也可以缓征所得税。其次，要对绿色产业企业在贷款利率、贷款额度上实行优惠，鼓励其上市，通过资本市场直接融资。最后，要在工商注册上对绿色产业企业予以照顾，并赋予一些规模较大的绿色产业企业以出口经营自主权。

（4）严禁国外不符合环境标准的产品和污染工业进入国内。我国曾发生过进口工业垃圾和有害废物的事件。更有一些外商为获取高额利润和逃避所在国严格的污染治理规定，在我国设立污染严重、处理难度大的农药、印染、造纸等企业。为消除绿色壁垒对我国的潜在出口威胁，应采取有效措施，制止这类情况的发生。

（5）积极参与国际谈判，制定符合我国利益的国际环境规范。目前，国际上对有关环境的协议、规则还很不完善，而且多是发达国家意志的表现。我国要想避免处于被动接受的地位，必须积极地参与国际谈判，表达并制定出符合我国经济利益的国际环境规范，抵制某些国家将自己的国内法规强加于他国的做法。加强与发展中国家的合作，通过双边贸易谈判签署互相承认的环境协议，减少贸易摩擦。

（6）研究国外的绿色贸易壁垒，制定我国的绿色壁垒。要想突破发达国家的绿色壁垒，必须先对其有充分的了解。为此我国需要组织专门的人力、物力、财力来研究各国的绿色壁垒及国际上的环境条款，总结国内外企业突破绿色壁垒的经验和教训。鼓励企业申请 ISO9000 质量体系认证和 ISO14000 环境管理体系认证，并为其提供便利条件和信息咨询服务。同时针对我国的优势项目，充分利用《技术性壁垒协议》的有关条款和国际标准，建立我国的绿色壁垒体系，保护我国的民族工业。

第四节　建立绿色供应链

"发展绿色供应链体系是推动中国适应国际市场环境变化的内在需求。绿色供应链战略不仅可以为企业创造价值，也是中国增强国际竞争力的主要工具。"

中国的绿色供应链处于萌芽阶段，在缺乏法律、法规与政策引导的情况下，目前企业对绿色供应链的实践具有自发性和自愿性。总体来说，中国建立绿色供应链体系已具备一定的政策与市场基础，需要加强政策、市场的双重引导，实现政府、企业、市场和公众四方互动。为此，还需要做到以下几个方面：

第一，发挥政府的引导与规制作用，建立和完善中国绿色供应链法律、政策与标准体系。制定《绿色供应链管理规范》与《绿色供应链行业评价标准》；结合现有环境认证体系，建立并完善绿色供应链认证体系；将经济政策与绿色供应链相结合，如给予绿色供应链参与企业税收优惠、绿色信贷优惠等方式，促进供应商的市场行为向绿色化转变；发挥政府引领与表率作用，强化绿色公共采购政策等。

第二，推动企业实践，创建中国绿色供应链的经济体系。通过绿色供应链示范，培育"中国绿色供应链明星企业"，带动绿色供应链整体发展；建设"绿色供应链网络平台"，加强行业间、企业与政府、非政府组织和其他外部团体间的合作；开展企业绿色供应链管理试点工作，并由第三方机构对企业绿色供应链水平进行评价等。

第三，激活市场力量，加强市场的服务与评判功能。成立"绿色供应链促进中心"，提升市场服务功能；建议由政府引导，通过政府、企业和社会机构共同出资的方式，建立我国"绿色供应链发展基金"，为企业提供经济激励；发展绿色金融服务，可先行发展绿色融资和绿色保险，逐步向其他金融服务领域拓展。

第四，促进公众参与，培育良好的社会氛围。重视市场绿色消费培育，逐步消除推行绿色供应链的市场阻力；不断宣传绿色供应链理念，提高公众绿色意识，例如，可通过"绿色供应链明星企业"评比、政府绿色采购宣传、绿色消费进社区等一系列社会活动培育全民绿色消费思想。

第五节　法律手段

市场经济就是法制经济，依法办事是一项基本准则。实施环境经济政策也需要法律保障。

目前，我国环境经济政策的法律保障体系还很不完善，不利于实施环境经济政策。目前，我国已经设立了6部环境保护方面的法律。另有十几部法律包括了环境保护的内容，但是有些环境经济政策仍缺乏相应的法律保障。我国的一些环保投资政策还没有立法，于是便导致了环境保护投资存在很大的随意性，而且在实施时也难以得到保障。例如，"生态环境补偿费"，虽然早在1989年就已开始在一些地方实施，但是，由于没有法律依据，这项政策至今仍处于试点阶段。另外，一些城市正在试行的排污权交易政策也没有获得法律的认可，这类环境经济政策前途堪忧，更不用谈其经济刺激性与环保功能。因此，健全环境法制是环境经济刺激机制运行的根本保证和迫切任务。

目前，完善我国环保市场的法律还要做到以下几点。

一、节能减排政策的法律转化

中国节能减排已成为硬性指标，通过行政推动，但市场机制不充分。最近中国修改的《可再生能源法》，也强调行政主导。市场机制可借鉴英国可再生能源法，但是中国市场发育程度差，需要一个谨慎培育与不断完善的过程。目前中国一些地方成功地引进并实施了合同能源管理等市场和法律的方式，显示了良好的前景。中国气候变化应对立法已列入立法计划，这个法律如能通过将对中国绿色经济的实施产生很大的推动作用。

二、生态补偿制度化

目前，中国把生态补偿制度放在财政金融问题中提出，表明中国这项制度的行政主导性质，也表明这项制度适合当前中国的情况，是中国绿色经济目前的优先行动领域。生态补偿机制需要从全局统筹考虑，要建立全国性的生态补偿机制，才能使环境保护步入良性循环的轨道。此外，对那些保护生态有功而造成经济发展滞后的地方，国家应该重点补偿；对于污染下游或牺牲人类共同的资源、环境为代价换取经济增长的地区，应该将生态补偿金提高到一定标准，不能只是"象征性"地扣缴小额补偿金。在法律性质上，这个制度的成长需要更多地引入民法和环境法的机制。

三、绿色 GDP 考核制度化

绿色考核制度在由初期的不确定性向确定性转化，目前主要体现在节能减排的考核机制上。例如，《北京 2009 年节能减排行动计划》规定了 6 项完善机制，其中第 2 项是评价考核机制。气候变化应对及低碳经济新能源等方案应与绿色 GDP 衔接。综合来看，中国的绿色 GDP 制度在短期内不会成为强制性和全国统一性的考核制度，但不排除非官方的考核或地方自行考核。绿色经济的健康发展，需要一套能够全面覆盖资源环境经济的统计指标体系，以反映资源环境状况及其与经济的关系，衡量评价其质量。事实上，哥本哈根会议对非《公约》附件一所列缔约国家信息通报问题更加重视，绿色经济的可统计、可监测、可衡量、可评估，对经济活动的规划、管理和评价有重大意义，也是中国更深入参与气候变化应对等国际环境保护的实际行动。

四、绿色经济的实施机制选择

除了继续探索实践行政主导型机制外，还要借鉴市场主导型机制，兼容并蓄二者的优点，尽量避免其缺点。在可持续发展的实施机制中，国际社会中比较典型的有两种机制，一是以英国可再生能源法为代表的市场主导型机制，二是以中国绿色 GDP 为代表的行政主导型机制，这二者都遭遇了挑战，需要更多地相互借鉴和融合。低碳经济实际上是经济效益和环境兼顾的产物，这必将因其对环境效益的兼顾而在一定程度上削弱经济发展的动力。这种情况的存在决定了政府对低碳经济的主导和促进成为必须。2009 年 9 月 12 日，斯特恩爵士到中国人民大学做《气候变化经济学》学术报告时特别提到，中国强有力的行政机制有助于低碳经济的推行，而气候变化经济学强调的市场机制与行政机制的结合会大大推进低碳经济的实施效率。目前，中国正在进行的低碳经济示范试点工作得到地方政府的积极响应，绿色经济在中国经历了曲折后正在复兴并逐步成熟，已经显示出良好的前景。

五、社会法律体系的调整

环境保护应该贯彻到社会法律体系中去。如果整个社会法律体系没有把环境保护作为基本国策反映进去的话，环境保护各项工作肯定落实不了。在社会法律体系中要反映我们对环境的各种保护，对污染的严厉惩处等，仅仅靠说教是不行的。这个时候就要靠强制，强制就是法律。因此，法律体系必须要反映环境保护已经是我们的基本国策。

六、完善相关环境保护法律法规，为经济刺激手段积极作用的充分发挥提供良好的法律支持

经济刺激手段作为一种环境管理手段，其自身的地位与合法性需要法律的确认。此外，具体经济手段的应用也离不开法律的支持，最简单的如排污费的征收，由于环境问题的严重外部性，假如没有法律法规将其列入条款，使其具有强制力与约束力的话，则经济刺激就无法实施。因此，完善的法律法规制度是经济手段良好运行的重要保证。

历史上，欧共体在环境保护方面起步较早，在采取环境经济刺激制度方面积累了比较丰富的经验。欧共体早在 1973 年就公布了第一个环境领域的行动规则。共同体委员会在其中关于经济行为的第 9 章中指出：应当仔细分析环境政策中可利用的经济手段，分析不同手段所具有的不同作用、实施这些手段的利弊、实现预定目标的相对能力以及它们与成本分配规则的协调情况。1997 年，欧洲理事会就重新审查第五个环境与可持续发展的政策与行动计划并作出 20/97 号决议，决议中设专条扩充了经济手段的内容。

我国在环境经济刺激法律制度建设方面尚处于初始化阶段，最主要的环境保护经济刺激手段应用是排污收费制度，其他还有在一些城市试行的排污交易制度以及一些与环境有关的税收制度。但是，我国一些地方法规在采用经济刺激手段方面很积极，已经规定"排污权转让和抵消"等国家环境资源法律中没有规定的经济政策和市场机制。例如，1990 年《海南省环境保护条例》规定："在实行污染物排放总量控制区域内，排污者可将节余的排放限量，用于抵消其新建污染源的污染物排放量或转让他人。抵消和转让的办法，由省人民政府环境保护行政主管部门制定。"此外还制定了《江苏省二氧化硫排污权交易管理暂行办法》《太原市二氧化硫排污交易管理办法》等。①

七、私法手段在环境保护中的运用

环境问题作为一个世界性问题与世纪性问题，既向传统法律提出了严峻的挑战，又为法律的创新与发展注入了生机与活力。在经历了依靠公法手段治理环境的实践后，其弊端暴露无遗。理性告诉我们，解决环境问题，仅有公法保障是不

---

① 谢晓琳："我国排污权交易法律制度构建"，载《求索》2005 年第 3 期。

够的。在这种情况下，人们回到了"以权利制约权力"的思路，私法手段在环境保护中的运用再次受到重视。

八、积极创新相关环境管理政策和工具，为环境经济刺激制度提供多样的高效率选择

早在 1992 年 9 月国务院批准发布的《我国环境与发展十大对策》将"运用经济手段保护环境"单列为一条。并规定：按照资源有偿使用的原则，要逐步开征资源利用补偿费，并开展对环境税的研究；对环境污染治理、废物综合利用和自然保护等社会公益性项目，要给予必要的税收、信贷和价格优惠。1996 年 8 月，国务院《关于环境保护若干问题的决定》进一步强调完善环境经济政策，切实增加环境保护投入，国务院有关部门要在基本建设、技术改造、综合利用、财政税收、金融信贷及引进外资等方面，抓紧制定、完善促进环境保护、防治环境污染和生态破坏的经济政策和措施。以上这些构成我国适用经济刺激制度的原则性规定，为我国环境经济刺激制度的构建和发展奠定了基础。

第六节　法经济手段应当坚持的原则

一、市场调节、宏观调控和行政管理相协调原则

环境保护领域存在一定的私法领域供求关系和一些可以转化为私法领域供求关系的公法关系，对于这些不涉及政治与意识形态的法律关系，为了促进其自我健康发展，保证资源配置的高效率，减少政府管理的成本和资源浪费，防止政府腐败和利益扭曲，在保证必要的干预的前提下，应尽量压缩政府干预的范围和程度，把它们纳入市场调节的范围或融入市场调节的机制，发挥市场机制的作用。只有发展环境保护领域的市场调节机制，才能发挥各方面的积极性，多渠道地筹集环境保护资金，提高环境保护产业的经济效益，改善环境保护的效果。

由于市场本身存在自发性、盲目性及无法解决环境污染与生态破坏等外部不经济性的缺点，难以长期保持动态的供求平衡，无法维护社会的分配与竞争公平，难以维护环境安全，难以实现环境法律关系领域的正义价值目标，无法促进包括保护环境、改善社区福利设施、建设城镇与农村基础设施、发展国民教育在内的社会公共利益，无法以促进社会稳定的角度来促进就业。因此，在市场经济

时代，环境保护在需要市场机制的同时，也迫切需要国家进行适当和合理的干预。国家干预环境保护属于环境保护的监督管理范畴，其手段主要包括采取宏观调控和具体的行政管理措施两类。环境保护的宏观调控也称宏观管理，是指国家采取措施对环境保护领域的一些重要供求关系和结构关系采取一定的限制或促进措施的过程。宏观调控的主体既可以是国家权力机关，如全国人大享有环境保护的预算与决算权，享有环境法律制度制定权，也可以是政府机关，如原国家计划与发展行政主管部门享有一定的环境保护投资计划权，原国家经济贸易委员会享有一定的落后设备与工艺淘汰决定权和国家产业结构调整权。宏观经济管理与市场机制相互依存、相得益彰，它的调整对象既可以是环境保护领域的社会法和公法法律关系，如全国大气、水污染排放总量控制指标的确定，国家对环境保护的预算，国家制定的林木砍伐总限额，国家颁布的全面禁止天然林砍伐命令等，也可以涉及市场运行领域所发生的法律关系。值得注意的是，宏观调控不是针对私法自治的领域，而是私人力量所不能及或不能解决的重要领域，而且往往是容易造成市场失灵和外部环境不经济性不断增长的领域。由于宏观调控具有调整领域的有限性和重要性，调整手段的宏观性，监督管理的非经常性等特点，因而需要在市场机制和宏观调控手段之外创设一个可以对涉及环境保护公共利益的行为进行日常管理和监督的机制，这就是环境行政管理制度的创设，实行环境行政监督管理的法制化。

因此，在环境法律制度的创新和完善过程中强调市场调节、宏观调控和行政管理相互协调，其意义不言而喻。

二、权益的平衡、协调与制约原则

权益的平衡、协调与制约原则具体包含以下四个方面的内容。

（一）环境公权与环境公权之间的平衡、制约和协调原则

强调环境公权之间的监督与制约即平衡、协调与制约可以防止环境公权过分集中于某一或某些部门，进而提高环境行政监管的效率，一定程度地预防和遏制官僚主义甚至腐败现象的发生和蔓延。如为了防止环境保护行政主管机关滥用职权，为自己或自己的工作人员谋私利，我国2002年修正的《水法》规定了水行政主管部门对环境保护行政主管部门进行监督和制约的机制。以流域水污染物排放总量控制指标核定权限的限制为例，该法第32条第3~4款规定："县级以上人民政府水行政主管部门或者流域管理机构应当按照水功能区对水质的要求和水体的净化能力，核定该水域的纳污能力，向环境保护行政主管部门提出该水域的限制排污总

量意见。县级以上人民政府水行政主管部门和流域管理机构应当对水功能区的水质状况进行监测，发现重点污染物排放总量超过控制指标的，或者水功能区的水质未达到水域使用功能对水质的要求的，应当及时报告人民政府采取治理措施，并向环境保护行政主管部门通报。"以新建、改建或者扩建排污口的审批权限限制为例，《水法》第 34 条规定："在江河、湖泊新建、改建或者扩大排污口，应当经过有管辖权的水行政主管部门或者流域管理机构同意，由环境保护行政主管部门负责对该建设项目环境影响评价项目的环境影响报告书进行审批。"

值得注意的是，虽然权力的相互平衡、协调和制约以多部门相关环境行政职权的设立为前提，但是如果环境行政权力过于分散，过于分散的环境行政权力如要相互平衡、协调和制约，可能会导致环境行政监管成本过高和相互扯皮的现象发生。因此，强调环境行政权力的统一监督管理或统一协调，指导和监督是非常必要的。

（二）环境公权对其他公权的合理制约原则

强调环境公权对其他公权的合理制约，其目的主要是防止其他公权不合理的行使给环境造成不应有的污染和破坏。以环境公权对规划公权的限制为例，《环境影响评价法》第 8 条对工业、农业、畜牧业、林业、能源、水利、交通、城市建设、旅游、自然资源开发的专项规划规定了环境影响评价及其报送制度。在一些国家，环境影响评价的公权对其他类型的公权限制更加广泛，如按照美国《国家环境政策法》第 1 篇第 2 节第 2 条第 1~2 款的规定，美国环境影响评价制度的适用对象不仅包括建设项目，还包括政府行动和规划，因而其评价的程序也呈现多样化的特点。与美国相比，我国的环境影响评价公权对其他公权的限制，无论是范围还是程度，均有待加强。

（三）环境私法权益和其他私法权益的平衡、制约与协调保护原则

环境私法权益，如美感权、静稳权、精神享受权等，与其他私法权益在同一地域往往是同时存在和相互影响的，如房屋建设权的行使可能涉及他人采光权的享受，生产经营权的行使可能涉及他人静稳权和清洁空气享受权的享受。对于两类可能相互冲突的私法权益的保护原则问题，1904 年，美国田纳西州最高法院在"麦迪生诉鸭镇硫黄铜铁公司"一案中指出，当私法权益发生冲突时，任何一方享受自己权益的同时，不可能不限制双方享受财产的权利；法律必须为冲突的双方权益创造最佳的协调或限制方式，以保护双方最大的自由和利益。而最佳的协调或限制方式是法律创设找到一个平衡点，即公民在容忍一定环境干扰或承担环境风险的同时其环境私法权益可以得到一定标准的保护，其他私法权益的行使要尽量减少环境干扰或风险（如建筑物不得降低其他私法主体所有或居住的房屋的采光能力，企业采

取措施减弱噪声的干扰等)。如德国的法律规定，基本的环境私法权利具有独立的宪法价值，可以构成对其他基本私法权利的限制，限制必须是合理的，即要在基本环境私法权利、其他基本私法权利和宪法的价值取向之间进行权衡。

对于侵害环境私法权益尤其是非实质性环境私法权益的其他私法行为，一些国家都本着权利的平衡、制约与协调保护原则，规定了比较完善的救济制度。如美国现行的《清洁空气法》第 304 条第 a 款规定：任何人都可以以自己的名义对包括公司和个人在内的私法主体就该法规定的事项提出诉讼。原告仅需主张自己的权益（该项权利为国会制定的法律所保护）受到直接或间接的影响，即他或她有权使用或享受某些自然资源或其生计依赖于这些自然资源，便可确立起诉权。因此，即使原告不是某一污染行为的直接受害人，也可以"保护公众利益"为由向排污者起诉。在芬兰有关土地使用和开采的环境公益诉讼中，在某一市镇拥有土地的居民均可根据市镇法的有关规定对违法行为提起诉讼，无须注明直接的利害关系。

（四）环境公权与环境私权之间的合理限制或制约原则

合理限制或制约原则包含以下两个方面的内容。

一是环境公权对环境私权进行合理的限制。之所以对环境私权进行合理的公法制约，即用公权来干预私权的行使，是为了协调和平衡个人利益与公共的环境利益。以农民林木所有权实现法律制度的创新和完善为例，如果承认农民可以不受限制地行使其所有权能，大量砍伐林木的行为可能造成水土流失甚至土地沙化的现象，进而影响空气和河水的质量；但如果完全禁止农民砍伐其所有的林木则不符合私权自治的原则。因此，必须既承认村民砍伐林木的私法自治性，又要对其行为进行合理的公法限制。在承认村民砍伐林木的私法自治性方面，1998 年修正的《森林法》第 32 条规定，农村居民采伐自留地和房前屋后个人所有的零星林木可不申请采伐权。在对林木砍伐行为的公法限制方面，该法在第 30 条中规定年度木材生产计划之后，在第 31 中条规定了采伐的规则。再以企业的生产经营行为和设备、工艺的引进行为为例，它们属于企业的私权行为，但是对于可能危害社会公共环境利益的，就应该受到一定的公法限制，为此，《水污染防治法》《大气污染防治法》《海洋环境保护法》等单行环境法律规定了落后设备和工艺的淘汰制度。

二是环境私权对环境公权进行合理的制约。之所以坚持对环境公权进行私权限制的原则，其目的一是预防和遏制环境公权的滥用，二是救济和填补被环境公权侵害了的环境私权。环境行政诉讼制度的创设就是私权对环境公权进行合理限制的典型例子。不过为了进一步保护环境私权，有必要对环境行政诉讼制度进行进一步的创新和完善，扩大环境行政起诉私权的干预范围。一个典型的例子是美国等国家确立的社会团体环境行政起诉制度，只要环保或其他团体提出自己成员在美学、自然保护、经济、娱乐等方面的利益受到直接或间接的损害，就可以获得起诉权。团体诉讼的力量雄厚，态度一般比较强硬，有能力与大公司周旋，并且可以造成很大的社会影响，法院与政治家往往非常重视，不敢怠慢。因而在国外环境行政诉讼中被广泛采用。

为了全面地保护公民的环境私权，在对环境法律制度进行创新和完善时，一些国家的立法扩大了环境私权对环境公权进行合理限制原则的适用范围，为公众创设了广泛的参与、监督和制约权。如 2002 年的《俄罗斯联邦环境保护法》第 35 条第 3 款规定："如果建筑物、构筑物、工程和其他项目的布局触犯公民的合法利益，要在考虑有关地区进行的公决结果后作出决定。"

三、环境有效与经济可行原则

（一）环境有效原则

环境有效原则是指环境法律制度的创新和完善必须能够有效地起到保护和改善环境的作用。如在市场经济时代，搭便车享受改善了的环境的现象经常挫伤市场主体投资进行环境保护和改善的积极性，于是一些国家确立了有利于环境得到可持续保护和改善的受益者负担原则。该原则要求环境受益者承担一定的环境保护和改善费用，如日本 1993 年的《环境基本法》第 38 条（受益者负担）规定："在实施自然环境保护时，如有在特殊必要的区域实施旨在保护自然环境的事业而明显受益者，在其受益的限度内，国家和地方公共团体应采取必要的措施对该受益者课以负担实施其事业所需费用的全部或一部分。"目前，受益者负担已经成为西方市场经济国家环境保护法律普遍实行的一项基本原则。

如果环境法律制度的创新和完善不利于环境的可持续保护和改善，或没有收到任何实际的效果，就有必要进行创新和完善。如我国一度曾为学者标榜的"三同时"保证金制度就因为收效甚微甚至被广泛抵制而被"废黜"。

（二）经济可行原则

经济可行原则是指环境法律制度的创新和完善不能给实施主体带来额外的或不必要的或难以承受的经济负担，在一定情况下还能最大限度地促进经济效益的提高。如在经济和科技发展落后的条件下，环境立法强迫企业采纳国际最佳可行的技术和工艺来防治环境污染，显然是不可行的。如果强行实施，可能导致大多数企业经济效益降低甚至破产。如果环境法律制度的实施过于严格和烦琐，可能过分消耗企业的精力和财力，这也是纳税人难以接受的。

因此，环境法律制度的创新和完善必须在环境保护效果和企业的实施成本两个方面找到一个平衡点，即既要保护环境，达到一定的环境污染和生态破坏防治效果，又不会使企业承担过多的经济成本。如污水集中处理制度的创设和实施既能一定程度地防止企业的偷排行为，有效地处理废水，又能降低治理成本，实现环境有效和经济可行原则的统一，因而深受环境保护产业界、企业界、政府和人民群众的共同欢迎。目前，环境法律制度创新和完善的环境有效和经济可行原则已经得到一些国家或国家集团的认可，如 1987 年欧洲共同体部长理事会指出，环境政策必须和经济，社会和技术发展齐头并进。我国有必要对该原则予以明确。

四、实行谨慎原则，建立严格的环境风险评估制度

谨慎原则是国际社会在环境立法中普遍遵守的基本准则，这是因为环境损害具有很大的滞后性和不确定性。环境损害主要包括两大类，一类是可以被科学证实的环境损害，如水体、空气、土壤等的环境污染损害；另一类是尚未被科学充分证明的潜在环境损害。由于生态系统高度复杂，人类对科学知识的掌握仍具有相当程度的局限性，许多环境损害目前还难以被科学地证明，但不排除将来发生的重大可能。如大量排放温室气体、引进外来物种、转基因技术、纳米技术、新化学品的应用以及大型工程建设和人类活动等带来的环境损害，目前还没有完全被科学证实，但如果不谨慎应对，不对潜在的风险进行评估，一旦损害真正发生，再去考虑应对措施，一是代价将会相当高昂，二是可能为时已晚。为防止潜在的、不确定的环境风险或者对人体健康的损害，许多国际环境公约、条约和议定书和发达国家的法律法规都采用了谨慎原则，并且为此普遍建立环境风险评估制度，即在没有充分的科学依据证实其对环境和人体健康无害的情况下，需要谨慎地采取预防性措施，避免潜在的环境风险和健康风险。这些理念和原则已成为国际社会在环境保护领域的共识。如《气候变化框架公约》等国际环境公约、条约多次重申或者援引了这一原则。

为此，建议我国也应当将谨慎原则作为环境立法的基本理念，渗透贯穿于环境法律法规，建立健全环境风险评估制度，确保谨慎原则的充分体现。

五、实施可行与成本可接受原则

（一）实施可行原则

实施可行原则是指创新和完善之后的环境法律制度具有可操作性和可适用

性，即在现实生活中能够得到遵守，能够得到适用。要遵守实施可行原则必须做到以下几点。

（1）制度系统化。是指环境法律制度在创新和完善时不仅要考虑其他配套制度的建设，还要考虑环境法律制度与其他法律制度的衔接，如我国创设了主要大气污染物的总量控制制度，为了使该制度能够系统化，又在部分地区创设和完善了排放指标交易制度；为了实现污染控制中的环境保护效益和经济效益的双赢，我国创设了水污染物的集中控制制度。为了使该制度系统化，我国先后创新和完善了污水处理设施及配套管网建设的资金筹措制度、运营制度、收费制度。

（2）制度明确化、具体化。也称制度的细化，是指环境法律制度的创新和完善必须具有可操作性，不致在现实的实施中产生歧义。如在已经进行了环境影响评价的污水集中处理区域，企业应否再次进行环境影响评价的问题，如果都要求，可能产生一些不必要的管理成本，给一些排放普通污水的中小型企业增加一些不必要的负担；如果都不要求，一些普通废水排放总量巨大的企业和排放特殊废水的企业就可能破坏污水集中处理厂的出水水质。因此，国务院保护行政主管部门在认真考察各行业运行工艺与设备的基础上，有必要结合各类型污水集中处理设施的规模与运行机理专门制定一个名录。这样可以使建设单位对号入座，由环境保护行政部门决定应否进行水环境影响评价。对于应进行环境影响评价的企业，环境保护行政主管部门应根据名录的规定决定建设单位应否简化环境影响评价程序。

（3）创新和完善的连续化。在谈环境法律制度的创新和完善时，学者一般比较理想，趋于考虑制度的应设性，而不论制度的创新和完善是否产生激变。但对于基层的执法者和行政管理相对人来说，环境法律制度的激变会给他们在政策的宣传、理解和实施中带来巨大的麻烦。因而，制度的创新和完善必须符合理性，即符合实际，循序渐进，保持制度的连续性和相对稳定性。但这并不意味着环境法律制度不能采取激变的方式进行创新，对于一些发挥关键性作用的环境法律制度，一旦其不能适应环境保护、科技发展的需要，可以根据实际需要采取大刀阔斧式的创新。不过，为了使创新后的环境法律制度能够在基层得到很好的执行，不致产生民愤，在制度激变的同时，也要采取一些衔接性、过渡性或先宣传后实施的措施。

（二）成本可接受原则

由于环境法律制度尤其是环境行政管理制度的创新和完善涉及政治权力的再

分配问题（如 2000 年修正的《海洋环境保护法》涉及环境保护行政主管部门和海洋、水利行政主管部门在环境保护行政监管职权方面的再分配问题），涉及企业经济利益（企业利税的上缴对国家和地方的政治会产生巨大的影响）的重新调整问题，涉及劳动者的就业问题，涉及公民的环境权益保护问题，在一些时候还涉及国家环境主权的维护和保持社会稳定的问题，因此，环境法律制度的创新和完善必须考虑政治成本和社会成本。环境法律制度创新和完善如果太过完善、太过理想，就可能出现制度实施的烦琐化，不仅增加立法成本，还会增加环境行政管理机关的管理成本。因此，环境法律制度的创新和完善必须在可操作性和管理成本可行两个方面找到一个平衡点，即既要使环境法律制度具有相当的完善性和可操作性，还不能消耗国家过多的人力和财力资源。另外，由于人民群众是国家的主人，环境法律制度的创新和完善还要充分考虑其意愿，这又涉及一个民意成本的问题。

（三）外接内设原则

由于法律关系不是完全独立而是具有一定联系的，因此，调整某一法律关系的法律制度，其创新和完善需要调整其他相关法律关系的法律制度的解释、重申和补充，这就产生了法律关系的外部衔接问题。由于一些基本的法律关系具有一定的抽象性，因此，调整抽象法律关系的法律制度，其创新和完善需要具体内容的丰富和完善，这就产生了法律制度的内设问题。对于环境法律制度而言，其创新和完善的外接内设包括以下几个方面。

首先，相对于与国际环境保护和国际贸易协议中的环境保护规则的外接而言，国内环境法律制度的创新和完善属于内设，如国际温室气体的控制机制要和国内温室气体减排制度的创新和完善结合起来，WTO 规则中的动植物健康保障规则要和国内动物福利的全面与全过程保护制度的创新和完善衔接起来。以希腊为例，在加入欧洲联盟前后，该国分批地制定了具有衔接共同体法和国内法作用的相关环境保护法案。

其次，相对于与其他主流法的制度外接而言，环境法律制度自身的创新和完善即制度措施之间的协调一致和部门政策的一体化属于内设工作。如环境法中采光权制度的创新和完善要和民法中物权的相邻权制度衔接起来；环境保护行政合同制度的创新和完善既要与行政法的一般原则和强行性规定相衔接，又在行政法规定的任意规范范围内引入私法契约自治的原则。

再次，相对于与其他类别的环境法律制度的协调和衔接而言，某一种类的环境法律制度的创设属于内设。如动物福利保护制度的创新和完善要和动物繁殖许可制度的创新和完善衔接起来，污染集中控制制度的创新和完善要与总量控制制度的创新和完善结合起来。以总量控制制度为例，企业的污染总量控制制度的完善要与区域或流域的污染总量控制制度的完善衔接起来。

最后，由于环境问题涉及几乎所有人的利益，在民主和法治的国度里，环境问题的依法解决已经深入人心，在民主的框架内保护环境已经成为传统的文化和发展政策及其程序的一个基本的组成部分，因此，环境法律制度的创新和完善必须坚持民主的原则。为了培养公民的环境民主意识，一些国家的法律强行规定了公众的环境教育与参与义务。如瑞士的法律要求 6~16 岁的公民必须学习环境课程，了解环境问题及其解决的知识，了解环境问题与可持续发展的关系。环境保护组织也要求在环境保护参与和公众环境教育方面发挥作用。

第七节　政府角色定位

一、加强环境经济政策的研究

环境经济政策的制定机关通常涉及多个部门、多个层次，它们之间横亘着一条条组织界线，各自所要解决的问题以及关心的利益往往不同，这便使得环境经济政策的制定过程成为一个复杂的利益、权力划分的过程。这些制定环境经济政策的机构不仅为整体经济和社会利益服务，它们还有着自身系统的利益要求。于是，难免会出现各自为政、政出多门的现象。同时，这些政策制定机构的内部组织结构之间的关系，以及环境经济政策在该组织所辖范围中所处地位和决策程序的科学化程度等，也是影响政策制定的因素。由此可见，要想改变环境经济政策的制定过程，就要改变政策制定系统内部的机构设置，协调各组织之间的利益，调解在政策问题上发生的冲突。对于具体环境经济政策的研究，当前应重点加强对环境税、差别税收政策、排污收费政策、生态环境补偿政策、资源核算政策、排污交易政策、环保投入政策、符合环境保护可持续发展要求的信贷政策等环境经济政策的研究，以尽快在我国建立或完善上述环境经济政策。对于各环境经济政策间的关系研究，应按照可持续发展的要求，使各项环境经济政策相互协调。如我国能源及部分资源的补贴政策既不符合可持续发展和环境保护的要求，又与排污收费等环境经济政策不协调，急需完善。

二、明确并加强国家在资源开发利用中的所有者角色

对于不可再生资源，世界上绝大多数国家都通过立法确认其作为社会财富归

国家所有。我国在《民法通则》《土地管理法》《水法》《矿产资源法》中均规定了国家或集体所有。在现代市场经济发达国家中存在着两种所有制模式：一种是以私有制为支柱的完全自由模式，以美国、日本为代表；另一种是以国有制为支柱的有效控制的市场模式，以英联邦国家为代表。实践证明，后一种制度的效率并不亚于前一种。

　　环境资源的"公共物品"属性及其外部性启发我们重新审视政府职能，给予其一个合理的定位。在资源管理方面，政府的地位和作用都得以加强，不仅赋予其更多的职能，而且角色更多样化，既可以作为特定区域自然资源管理的主体，又可以作为所辖区域自然资源耗竭的责任主体以及公共自然资源、后代自然资源的代表。为了适应新增角色，政府越来越应成为一个实质性的法律主体，享有相应的权利，承担相应的义务。当政府成为自然资源的管理主体出现时，它应拥有相应的行政权力，当它作为所有权主体时，应享有相应的民事权利。而目前政府作为特定自然资源的所有权主体只是名义上的，并无具体的措施加以保障，特别是在资源遭到不合理开发和利用时，政府并没有民事诉讼的主体资格，谈不上民事求偿权，导致"所有权缺位"。如果权利和义务不对等的情形长期存在，政府将无法实际履行对资源保护负责的义务。因此，通过立法明确并加强国家在资源开发利用中的所有者角色就显得迫不及待。

三、建立"政府、市场、社会三系统"联动调整机制

　　总结资源经济学的发展历程可以将其分为三个发展阶段：第一阶段为古典自由市场为理论指导的阶段，第二阶段为强调政府管制和管理技术优化的阶段，第三阶段为多因素研究的可持续发展理论与现代经济学，特别是新制度经济学综合运用，强调市场与政府协和的阶段。因此，不管是从公法、私法、社会法的划分来看，还是从资源经济学的进程来看，在调整资源开发利用时，都要求综合运用"政府、市场、社会三系统"联动调整机制。

　　对于环境这样兼具经济特征与社会特征、市场特征与公益特征的事物，完全进行行政管理是不行的，完全进行市场管理也是不可能的，而应是"政府—市场—社会"三者的有机结合。只有政府的强制作用、市场的竞争作用、公众的监督作用有机地结合起来，效率与公平才能得到更高层次的统一，从而为处理诸如循环经济这样的现代经济问题，开拓出新的思路。

四、政府管理市场化转型

　　从理论上来说，"市场失灵"为政府干预经济提供了机会和理由，政府可以

通过政策和制度改革来纠正市场失灵，实现下列转型。

（1）实现外部不经济性向外部经济性的转型。政府是解决环境保护、自然资源利用问题的关键。环境资源问题产生的一个动因是外部不经济性的产权制度不明晰。例如，如果政府能将河流的产权个体化，将河流的使用权比照土地承包制的形式承包给个人或组织，只要拥有这种产权的时间足够长，就会激励人们达到保护环境资源的目的。

（2）实现环保资源投资的"国家财政拨款"向"社会投资多元化"的转型。我国每年用于环保资源的资金数额巨大，"十一五"期间预计投入 6 000 亿元。从扩大资金和技术供给的角度看，我们还要改变目前单一的投资方式，拓宽资金渠道，大幅度吸引国际资金和先进技术向我国环保产业的转移。政府应在"污染者付费，治理者受益"的原则下，鼓励更多的资本主体投入环保产业，从资金上保证环保资源产业的稳步发展。

（3）实现从"中央统管"向"中央与地方共管"的转型。1997 年，世界银行在《世界发展报告》中，把保护环境作为政府应该发挥的五项基础作用之一。1998 年，我国政府把环境保护、自然资源利用的基础设施建设作为一项重要内容并追加投资。还可借鉴发达国家通过中央直派机构处理区域性环境保护、自然资源利用的做法，由现行省区环保机构组建区域性的执法机构直接向中央负责，分管大气、水等工作，而固体废弃物、噪声等局部性问题由地方环保部门负责。

（4）实现由"行政管制型"向"法规、政策型"的转型。政府在环境保护、自然资源利用方面出台了一系列法规、政策，迫使企业在生产中不得不考虑污染所付出的代价。①

（5）实现从"末端治理"向从"源头抓起"的转型。即注重在生产过程中提高资源的利用率，削减废物的产生。如美国的污染预防，加拿大、挪威等国的清洁生产等采用了此法。因此，政府应把工作重点从"关闭"污染型企业转向帮助企业提高资源的利用效率上来。这样既可以减少因关闭企业造成固定资产的浪费，又不会增加失业人数而出现社会不稳定因素。

（6）实现从"无人问津"向"公众参与"的转型。政府管理的手段之一就是要树立"全民环境、资源忧患意识"，追求公共价值的目标，使公众积极参与这项事业。

---

① 宋斌、张吉军："环境保护与自然资源利用中的市场与政府"，载《中国行政管理》2006 年第 8 期。

综上所述，环境保护与自然资源利用问题的根源是市场失灵和政府失灵所致，求得市场与政府在环境保护、自然资源利用中的平衡和正确处理好四种关系是一个理想的方法，而建构市场运作与政府管理的互动机制则是一个有效途径。

第八章　法经济学的环保制度完善

第一节　推动现有税制"绿色化"

新一轮财税配套改革正按照十八届三中全会关于全面改革决定的顶层规划和中央综合改革领导层的部署拉开帷幕。环境税制改革是税改的重要组成部分，服务于打造中国经济"升级版"、应对环境危机挑战促进可持续发展的大局。环境税制改革的直接导向是以"税制绿化"调节经济生活，激励经济活动主体的减排、治污、低碳化发展。具体改革内容既包括排污费的"费改税"，也包括使已有税种如资源税、消费税更好地发挥绿色发展促进作用。另外，在加快立法阶段，也很有必要研讨未来我国可否开征类似于"碳税"这样的环境税。

建立环境税是今后环境经济政策的重中之重。国家已经明确环境税作为地方税纳入地方财政收入，改变地方政府只有 GDP 才可以实现税收的现行财政体制。其重要任务：要取消不利于环境保护的补贴和优惠政策；积极参与融入型环境税收改革，尽快在增值税、消费税、营业税、所得税和资源税等改革中更多地纳入环境保护的要求；推进独立型环境税改革，开展立法调研，明确环境税要覆盖生产、流通、分配、消费等领域；推动部分生态补偿收费转为生态保护税的改革；配合财政、税务部门做好排污费改革的调研。

税收作为宏观调控的重要手段，在推进发展方式转变、推进清洁生产和清洁消费方面，能够而且应该发挥更加积极的调节作用。从相关政策的执行情况来看，现行的税收政策存在一些不足。主要问题包括两类：一是随着经济社会形势发生变化，有一些政策需要实时调整、完善；二是税制建设上缺乏燃油税、环境税等对节能环保显著的税种。从环境保护的角度来看，税收政策还应做以下调整。

（1）配合财税部门，将严重污染环境、大量消耗资源的商品纳入消费税征收范围，修订消费税税目税率表；对生产符合下一阶段标准车用燃油的企业，在消费税政策上予以优惠。

（2）积极参与落实环保所得税优惠政策，适时修订《环境保护、节能节水项目企业所得税优惠目录（试行）》《环境保护专用设备企业所得税优惠目录（2008年版）》和《资源综合利用企业所得税优惠目录（2008年版）》。将环境服务业等纳入营业税优惠范围。

（3）选择防治任务重、技术标准成熟的税目开征环境保护税，逐步扩大征收范围。继续完善高污染、高环境风险产品的出口退税政策。

（4）加大参与消费税改革的力度。在消费税的征收范围中，把一些严重污染环境，或者消耗大量资源的产品，纳入消费税的征收范围。

（5）在促进清洁生产和清洁消费以及环境保护方面，税收上将进行改革。改革的内容首先是适时出台燃油税，促进能源的节约使用、增加车辆的使用成本。其次研究开征环境税。20世纪70年代起，国外陆续开征了二氧化硫税、水污染税、固体废料税、垃圾税等环境税。

（6）扩大资源税的范围，提高计税标准，加大对生态环境保护的力度。继续参与资源型可持续发展准备金制度的制定，研究提高稀缺资源的税费力度的政策。

（7）取消不符合节能环保的产品、技术、工艺等出口退税政策，配合节能环保调整消费税，对环保节能产业、现代服务业给予所得税方面的优惠等。特别要结合国家的结构性减税工作，改革资源税、开征环境税，逐步提高税率，强化税收的行为调控功能。

（8）继续做好独立型环境税方案的制定工作，全面强化环境经济政策的基础工作。

推动现行税制一个绿色化的改造，将更多体现环境保护的作用。

第二节　完善排污收费制度

排污收费是按照"谁污染，谁付费"的原则，由国家相关部门对利用环境资源作为排污、纳污和净污场所，引起环境污染性损害的行为收取费用的环境保护手段。在具体操作上一般有两种做法：一是超标收费，即只对超过国家规定排污标准的排污行为收费。排污标准可以按照污染物在环境中残留时间的长短和对环境的损害程度确定，也可以按照污染物的数量和浓度确定。二是排污收费，即不论污染物的数量多少和浓度大小，对所有排污行为一律收费。

排污收费体现了"污染环境应承担责任"的思想，其目的是通过经济杠杆作用促使污染者控制污染排放。在这一制度下，排污者需为排污行为付费，给排污者施加了经济刺激，能够提高排污者减少污染排放的积极性。同时，收费形成的专项资金可用于污染削减技术的研究或既有污染的治理，可以为污染控制提供经济支持。

环保部门要主动联合有关部门，运用价格和收费手段推动节能减排。环保收费有待深化和完善才能与现实环境相适应，具体如下：

（1）推进资源价格改革，包括水、石油、天然气、煤炭、电力、供热、土地等价格。

（2）落实污染者收费的政策，包括完善排污收费政策、提高污水处理费征收标准、促进电厂脱硫、推进垃圾处理收费。

（3）促进资源回收利用，包括鼓励资源再利用、发展可再生能源、垃圾焚烧、生产使用再生水、抑制过度包装，等等。

（4）结合重金属污染防治规划、持久性有机污染物污染防治规划，研究逐步提高收费标准，推动修订排污费征收标准管理办法。

（5）研究提出促进有机肥使用、秸秆和畜禽粪便等农村废弃物综合利用的财税扶持政策，推进征收方式改革。

（6）推动完善城镇污水和垃圾处理收费政策、处理处置污染物的收费制度，逐步提高收费标准。

（7）推动制定核设施退役费用、放射性废物、危险废物处置费用收取和管理办法。

第三节　改革环境价格政策

在能源和资源上，搞市场化价格机制是非常重要的。我们之所以资源消耗很大，就是因为我们的资源很便宜。世界银行对 2 500 家大公司进行研究之后发现，技术节能只占17%，而价格机制占50%多。一旦价格上去了，人们就会想办法进行调整，或者减少对资源的使用，或者使用其他的可替代物。最近煤变油炒得很热，为什么？就是因为油价上涨得太快，再烧油就不划算了，所以才会去搞煤变油，这样就会有新的能源被开发出来。如果油价不高的话，人们就不会去寻找替代品，这是一种正常的经济行为。

（1）完善脱硫脱硝电价的价格政策；研究制定燃煤电厂烟气脱硝脱汞电价政策，对可再生能源发电、余热发电和垃圾焚烧发电实行优先上网等政策支持。

（2）推动制定废旧荧光灯管回收和无害化处置补贴政策。

（3）推动制定限制类和淘汰类高耗水企业惩罚性水价，完善鼓励再生水、海洋淡水、微咸水、矿井水和雨水开发利用的价格政策。

（4）推动制定高耗能、高污染行业差别电价政策，对污水处理、污泥无害化处理、非电力行业脱硫脱硝和垃圾处理设施等鼓励类企业实行政策优惠。

（5）研究基于环境成本考虑的资源性产品定价政策，将资源开采过程中的生态环境破坏成本，纳入煤炭、石油、天然气、稀缺资源等资源定价体系中。

（6）深化推进水资源、电价、煤炭、石油、天然气等关键性资源产品的定价机制改革，按照市场化定价的原则，逐步改变政府直接控制价格的做法，在重要资源价格形成机制的改革上取得实质性突破。

第四节　构建绿色资本市场

构建绿色资本市场是一个可以直接遏制"两高"企业资金扩张冲动的行之有效的政策手段。企业融资的途径：一是间接融资，指企业通过商业银行获得贷款；二是直接融资，指企业通过发行债券和股票进行融资。

对间接融资渠道，推行"绿色贷款"，对环境友好型企业或机构提供贷款扶持并实施优惠性低利率；而对污染企业的新建项目投资和流动资金进行贷款额度限制并实施惩罚性高利率。2007年7月，环保总局与银监会、央行共同发布了《关于落实环保政策法规防范信贷风险的意见》，这应成为绿色信贷的基础文件。目前，全国有20多个省市出台了具体实施方案，工行、建行、兴业银行等一批银行实施了"环保一票否决"。2008年10月，兴业银行正式公开承诺采纳赤道原则，走在了国内商业银行的前列。2008年11月6日，环境保护部政策法规司和世界银行国际金融公司联合举行了《促进绿色信贷的国际经验：赤道原则及IFC绩效标准与指南》出版发行仪式，该书的出版是我国绿色信贷政策走向深入的重要标志，同时也是完善绿色信贷技术体系的一个新起点。绿色信贷政策相关的技术和管理支持体系不断完善，成为七大环境经济政策中进展最快的一项。

对于直接融资，实行绿色证券政策。2008年2月，国家环保总局出台了《关于加强上市公司环保监管工作的指导意见》，要求对从事火电、钢铁、水泥、电解铝行业以及跨省经营的"双高"行业的公司申请首发上市或再融资的，必须根据环保总局的规定进行环保核查。按照中国证监会《关于重污染行业生产经营公司IPO申请申报文件的通知》规定，"重污染行业生产经营公司申请首次公开发行股票的，申请文件中应当提供国家环保总局的核查意见；未取得环保核查意见的，不受理申请"。据此，环保核查意见将作为证监会受理申请的必备条件之一。

目前在环境金融服务方面还要做到以下几点：

（1）健全绿色信贷政策。以国家确定的节能减排、淘汰落后产能的重点行业、涉重金属行业、对土壤造成严重污染的行业，以及环境风险高、环境污染事故发生次数较多、损害较大的行业为重点，研究制定绿色信贷行业指南。构建绿色信贷环境信息的网络途径和数据平台。研究制定绿色信贷环境信息管理办法。研究建立绿色信贷政策效果评估制度。建立企业环境行为信用评价制度。

（2）深化环境污染责任保险政策。以《关于环境污染责任保险工作的指导意见》规定的六大重点领域、重金属排放行业以及国家规定的其他高环境风险行业为重点，开展环境污染责任保险。健全环境污染责任保险制度，开展环境污染强制责任保险试点。抓紧制定环境污染责任保险配套技术规范，包括硫酸、合成氨、造纸、铅锌冶炼、铅蓄电池、铅汞采选冶炼等行业的环境风险评估技术指南。研究提出对环境污染责任投保企业和承保公司给予保费补贴和政策优惠的措施建议。

（3）完善绿色证券政策。进一步规范上市公司环境保护核查和后督察制度，推动上市公司持续改进环境行为，建立和完善上市公司环境信息披露机制，推进在部分地区开展上市公司环境绩效评估试点。

（4）开展环境保护债券政策研究，积极支持符合条件的企业发行债券用于环境保护项目。

（5）新兴市场国家金融监管部门和金融机构可从五个方面推动社会和经济的绿色发展：一是将实施绿色金融提升为国家战略和政策；二是以绿色为导向，制定信贷政策；三是以有效的激励约束机制引导金融资源配置；四是金融机构应以自觉的社会责任机制形成绿色金融文化；五是以完善的法制与监督机制创造绿色金融的社会环境。

第五节　健全绿色贸易政策

健全绿色贸易政策具体要做到以下几个方面。

（1）推动修订取消出口退税的商品清单和加工贸易禁止类商品目录，配合有关部门，采取禁止、限制、允许、鼓励等手段，减少由于贸易导致的环境污染和生态破坏。取消或降低"两高一资"产品的出口退税。

（2）研究充分利用 WTO 框架下的环境保护条款，积极应对国外起诉我国限制稀缺性矿产资源产品出口的贸易纠纷。研究制定既充分考虑我国自身的贸易利益，又尽可能地拓展出口市场的环境服务和产品清单，积极参与 WTO 相关标准的制定。

（3）开展对外贸易的环境风险评估，研究并提出保证我国环境安全的政策建议和管理措施。积极参与 WTO 对华贸易政策的环境议题审议，以及中国对 WTO 其他成员方贸易政策的环境议题评议，并开展国内环境政策和措施的贸易影响分析。

（4）推动对外投资和对外援助的环境保护工作。研究制定中国企业境外投资环境行为指南，强化境外中资企业和对外援助机构的社会责任。严格出口企业的环境监管，对环境违法企业取消 1~3 年从事出口活动。

（5）促进利用国外的废物资源，鼓励低环境污染的废旧钢铁和废旧有色金属进口，逐步放宽废旧金属相关材料进口的限制，强化环境监管。限制引进"高污染、高环境风险"对外贸易加工项目。

（6）构筑防范环境风险的法律法规体系。

第六节　建立排污权有偿使用和交易制度

排污权交易制度是目前国际环境经济政策的热点。美国和一些欧洲国家取得了很好的经验，目前正在向气候变化领域扩展。当前要结合我国污染减排的形势，研究提出排污权有偿取得和排污交易的法规制度，建立排污权有偿使用和排污交易管理平台，实现排污权有偿使用和排污权交易的科学、动态管理。

2008 年 8 月，环保部和财政部正式启动《太湖流域排污权有偿使用和交易试点工作》，沿太湖的苏州、无锡、常州、南京、镇江 5 家排污企业当场与沿湖 5 市环保局签订了共计购买 817 吨化学需氧量排污指标的申购合同。

2008 年 10 月，财政部、环境保护部联合批复原则同意天津市开展排放权交易综合试点。另外，湖北省、浙江省绍兴市、河北省保定市兹县等地进行主要污染物排污权交易。改进措施如下：

（1）研究制定主要污染物排污权有偿使用和交易指导意见及有关技术指南。

（2）扩大排污权有偿使用和交易试点范围，研究将二氧化硫、氮氧化物排污权有偿使用和交易试点适当扩展到排放份额比重大、监测条件好的行业，继续拓展化学需氧量、氨氮排污权有偿使用和排污交易试点区域。

第七节　构建生态补偿机制

主要针对区域性生态保护和环境污染防治领域，是一项具有经济激励作用、与"污染者付费"原则并存、基于"受益者付费和破坏者付费"原则的环境经济政策。

2007 年 8 月，国家环境保护总局发布了《关于开展生态补偿试点工作的指导意见》，明确了开展生态补偿试点工作的指导思想、原则和目标，建立生态补偿机制的重点领域有自然保护区、重要生态功能区、矿产资源开发和流域水环境保护 4 个方面等内容。

在探索建立生态补偿机制方面，浙江省走在全国前列。2005 年出台《关于进一步完善生态补偿机制的若干意见》，2006 年出台了《钱塘江源头地区生态环境保护省级财政专项补助暂行办法》，2008 年出台了《浙江省生态环保财力转移支付试行办法》。2008 年 1 月，《江苏省环境资源区域补偿办法（试行）》和《江苏省太湖流域环境资源区域补偿试点方案》正式实施。2009 年 4 月，河北省政府办公厅印发了《关于实行跨界断面水质目标责任考核的通知》，从 4 月起在全省七大水系 56 条河流实行跨界断面水质目标考核，对造成水体污染物超标的设区市、县（市、区）试行生态补偿金扣缴政策。改进措施如下：

（1）针对流域、重要生态功能区、自然保护区、矿产资源开发、资源枯竭型城市五大领域，开展生态系统有偿服务与生物多样性经济价值评估研究，合理确定补偿标准，拟定补偿技术指南，逐步构建生态补偿机制和政策体系，推动建立国家生态补偿专项资金。

（2）选择自然保护区、重要生态功能区等典型地区开展生态补偿试点，鼓励、引导和探索实施下游地区对上游地区、开发地区对保护地区、生态受益地区对生态保护地区的生态补偿。

（3）配合有关部门，推进矿产资源开发和资源型城市发展转型基金试点，并实行补偿绩效考核。

（4）研究制定低、中放射性固体废物区域处置补偿机制问题。

第八节　绿　色　保　险

绿色保险又叫生态保险，是在市场经济条件下，进行环境风险管理的一项基本手段。其中环境污染责任保险最具代表性，它是以企业发生污染事故对第三者造成的损害依法应承担的赔偿责任为标的的保险。当前，中国正处于环境污染事故的高发期，一些污染事故受害者得不到及时赔偿，易引发社会矛盾。企业参加环境污染责任保险，一旦责任事故发生，由保险公司及时对受害方进行赔偿，避免责任难以落实的情况，同时也通过市场手段平息纠纷，减轻政府的额外负担。

2007 年 12 月国家环境保护总局、中国保险监督管理委员会联合发布了《关于环境污染责任保险工作的指导意见》，明确了指导原则与工作目标，以及需重点抓好的工作。目前，中国已有江苏省、湖北省、湖南省、上海市和沈阳市等多个省市开始进行环境污染责任保险试点。

第九章 法经济学在环保领域的发展趋势与前瞻

近年来，对于各种各样的环境问题，在方法论方面进行了多种尝试，其进展可谓日新月异。可持续发展概念的提出，既为环境经济学的研究提出了新的课题，也为环境经济学的发展提供了不竭的动力。综观近年来环境经济学科的学术发展态势，有三个显著的特点：一是注重环境经济政策研究；二是环境经济研究的定量化趋势；三是自然科学与自然科学的交叉与融合。

第一节 开展政策应用研究

解决环境问题，实现可持续发展，是一个长期而漫长的过程，常常需要进行多种权衡。环境政策从本质上是要改进对个人和机构的刺激作用。里约会议之后，各国政府与国际机构在世界范围内已经进行了多种尝试，通过采取经济的、行政的以及制度的手段试图更好地管理环境。过去，最常用的方法是通过制定与实施环境法规直接管理市场行为，但这已被证明是既昂贵而又复杂的方法。利用市场或在没有市场的地方创建市场则是一种创新，它通过对补贴的改革以消除价格扭曲，通过利用税、费来提高价格以反映社会成本，或创建新的市场使排污许可证或资源开发权可以进行交易。让公众知情并推动公众参与是一种高效的方法，可以通过环境教育、生态标志、公布污染物排放数据或建立使公众直接参与资源管理等制度来实现。

从总体上来看，环境经济学的发展可以包括两个方面：一是环境经济学作为独立学科的理论发展和学科教育的完善；二是环境经济学作为经济发展政策、环境保护政策和可持续发展政策的理论基础所起的实际作用和效果。随着全球环境问题的发展和可持续发展战略的实施，政策应用研究对各国的环境保护实践和国际环境公约谈判的支撑作用日益凸显。环境经济政策是充分考虑现实政策需求而不断被推进的研究领域。面向决策、面向应用、前瞻预测，是当代环境经济学发展的一个明显趋势。

第二节　定量化趋势

随着环境经济学研究的不断深化，研究广度的不断扩展，研究领域的不断拓展，人们深感环境经济学研究越来越借助于"数据说话"，数据诠释的说服力和真理度在环境经济学研究中的地位和作用明显增强。数学和定量化方法的广泛应用是环境经济学发展的一个基本特征。

对于可持续发展研究经历过初期定性化研究阶段后，目前开始有更多学者开始对这一领域进行多层次、不同研究领域的定量化研究，以期通过定量化的研究，给政策制定人员以更多实际工作的指导，从而使科学研究可以与现实相结合，促进生态系统健康和良性发展。目前，量化研究仍然处在一个探索的阶段，不同研究领域的学者提出了不同的研究方法，从而也为可持续发展提供了更多更全面的理解。可持续发展并不是一个过程的终点，而是代表它自身发展的过程。这个过程是以目前生态、社会、经济问题和信息为基础的动态发展过程。这个过程复杂多变，有许多不确定因素，从而使研究遇到了许多困难。

近年来，在环境经济学的研究中，模型工具在环境资产价值评估、发展趋势预测、情景分析等方面的作用日益提升。一些国际知名的研究机构，都有自主开发的环境经济模型，并以此树立了自己的学术地位。如参加政府间气候变化专门委员会（IPCC）情景分析的国际系统分析研究所（IIASA）的 MESSAGE 模型小组，日本国立环境研究所的 AIM 模型小组，美国 ICF 公司的 ASF 模型小组，美国西北太平洋实验室（PNNL）的 Mini-CAM 模型小组和日本科学大学的 MARIA 模型小组等。

环境经济定量化研究在我国需求很大。国外学者利用自己掌握的模型工具研究中国问题，往往由于在参数选择上与实际情况相去甚远，导致分析结果严重失实。因此，我国学者从具体国情出发，独立或合作开发自己的模型工具，为我国制定环境经济政策提供决策依据就显得非常有必要。目前，清华大学、国务院发展研究中心、国家发改委能源研究所和中国社会科学院等机构，通过国际合作已初步掌握了自己的模型工具。

第三节　自然科学与社会科学的交叉与融合

　　环境经济学不仅是经济学研究领域横向发展渗透的一部分，而且还是自然科学向经济领域拓展的一个重要方向。环境经济学的研究需要一定的自然科学知识，环境经济学的发展需要经济学家和自然科学家的配合行动。人类面临的环境问题（温室效应、臭氧层破坏、污染）和资源问题（能源、粮食）问题都具有综合性质，既是科技问题，也是经济问题、社会问题。这些问题的解决超出了自然科学技术能力的范围，必须综合运用各门自然科学、各种技术手段和人文、社会科学的知识去研究解决。所以加强科技工作者和人文、社会科学家的联系具有重大的现实意义。

　　我国在科学研究中，社会科学与自然科学相对独立，而全球变化及有关环境资源与可持续发展方面的重大理论与实践问题，迫切需要自然科学与社会科学的联合。在全球变化问题的研究中，国际学术界已经有一种制度上的安排，促进学科的交叉与融合。一些国家的学者甚至通过自然科学与社会科学，尤其是与经济学的联合，来认识和维护国家利益和发展空间。

　　我国科学界在全球变化的研究中，为适应国际社会和国内生态环境可持续发展的需要，要求学术研究由基础科学转向应用，由单一学科转向学科交叉与跨学科，以及由纯自然科学转向包括人文社会经济影响的综合研究。然而，我国社会科学界的有关研究较为分散，尚未形成体系，而且受到经费和缺乏必要的自然科学研究素材的制约，研究缺乏力度，深度和广度均不够。而自然科学方面的大量研究发现和结论中的经济学含义及有关资源管理所必要的制度规范问题与市场机理，均没有得到相应的揭示，政策含义不是很明确。这实际上也是对科研投入与劳动的一种浪费。因此，自然科学与社会科学在全球变化科学的研究中，不仅有合作的愿望，合作的必要与压力，而且也有合作的基础。社会科学研究人员的参与，有助于将经济与社会科学研究落到实处，促进研究的规范与提高学术质量。更重要的是，为国家的长远发展和重大全球变化问题的国家立场提供翔实的，经得住推敲的，符合国家长远利益的，为国际学术界和国际谈判对手所认可的研究结论，揭示并捍卫国家利益。此外，学科交叉也有助于自然科学研究的选题和方法的改进，使有关全球变化研究的问题更加明确地定位于国计民生的重大问题和国际经济关系的焦点问题，将自然科学研究的结论更加明确地转化为国家的宏观经济、社会和发展政策。

第四节　优先领域与制度创新

联合国环境署提出了绿色经济发展的 6 个优先领域，中国在绿色经济的立法上也要合理确定优先领域，把有限的资源投入解决最紧迫的问题上。2009 年，中国提出的低碳经济的优先领域是工业、交通和建筑业。此外，近年来以保护土地、水资源和森林资源为主要目标的生态补偿机制在中国逐步实施，显示出生态建设也已经成为中国绿色经济的又一个重点领域。

目前中国正在启动转变经济增长方式的行动计划。提高资源生产率是实现世界经济全面转型的有效途径，若要解决好资源环境与经济社会发展之间的关系问题，不能只靠人们的自觉意识，还要综合运用科技、政策及市场的力量。换言之，发展绿色经济不仅需要对现有工业化的物资技术基础包括能源工艺基础进行全面的替代和创新，而且需要经济社会组织包括企业、产业、国民经济和政府与家庭的组织进行调整和创新。而这样的创新，既需要技术上的积蓄又需要经济上的积蓄，而一旦启动带来的将是全球性绿色工业革命。绿色经济的顺利实施需要技术创新、制度创新、组织创新和管理创新加以保证。制度创新为绿色经济提供法律和制度的保障，对重点领域尤为重要。

国际上在实践绿色经济的历程中行之有效的制度创新，如绿色投资、绿色金融、环境税、环境标准、环境会计、环境统计、环境保险、环境行政合同、排污权交易制度、公众参与制度等，目前在中国都是研究和实践的热点。比如，绿色投资正在成为经济刺激计划的核心，中国的政策规定要求绿色投资在政府常规预算中要留有一席之地，鼓励创建公私结合的绿色融资机会，创造有利的国内政策环境和国际环境。在中国，需要进一步重视的是，绿色经济不仅仅是政府的事情，还需要企业和消费者全面参与。作为企业，可以参加类似"全球契约"的国际组织，自愿承诺对其包括应对环保问题在内的十大原则，从而规范约束自己的行为趋于绿色。作为消费者，也要提倡所谓负责任的"绿色消费"，可以通过购买绿色产品和绿色服务等消费方式促进企业向绿色转型。

第五节　助推环境法研究方法之转变

经济分析法学方法的兴起，推动了当代西方法学理论研究方法的转换，它以新颖的视角和跨学科的研究方法，开拓了人们的视野，展现出交叉学科研究的魅力。它于 20 世纪 60 年代在美国兴起后，成为最具感召力的法哲学流派之一，并至今仍有影响。法律经济学以其新颖的视角，独特的研究方法将两大目标关联在一起，成为 21 世纪法学发展史上一个里程碑式的重大创新。

近年来，对于各种各样的环境问题，在方法论方面进行了多种尝试，其进展可谓日新月异。法经济学路径的提出，既为环境法学的研究提出了新的课题，也为经济学的发展提供了不竭的动力。

第六节 符合生态环境保护趋势

经济分析法学在环境保护制度创设方面显示出了先天性的优势。在经济法学家看来，效益原则是经济分析法学最基本和最主要的原则，法律的根本宗旨在于以价值极大化的方式分配和使用资源，或者是通过法律的参与使社会财富达到极大化的效益目标。对经济法学家而言，法律效果研究是对经济理论和经验方法的最好运用。从表面现象来看，导致市场失灵的因素很多，如垄断、信息闭塞等，但就法律的经济分析而言，其中最重要的当属外部成本。外部成本是由有害行为加于个人或法人而引起的无法弥补的损失。而最为典型的莫过于环境污染。

综观近年来环境保护与经济学的学术发展态势，有三个显著的特点：一是注重环境经济政策研究；二是环境经济研究的定量化趋势；三是自然科学与自然科学的交叉与融合。

从宏观领域来讲，环境与经济的关系集中表现在发展与环境的关系上。发展与环境是密不可分且没有矛盾的，因此有必要构建环境保护的经济路径；从微观领域来讲，保护环境意味着提高经济单位的环境生产力，意味着有效地利用资源，降低单位产出所制造的污染量。因此，经济主体应该进行环境投资，应该把环境标准的提高看成是经济上的机遇；从全球领域来讲，不管宏观或微观领域，不同形式的环境污染往往不受边界和领土的限制。国际社会必须共同承担控制、制止或改变这些现象所要付出的经济代价。从另一方面来说，在世界日益开放的经济中，环境投资总是获得国际竞争力和效益的一个重要方面。

第七节 国际差距与地区差异

中国作为发展中国家，即使近年来 GDP 增长迅速，但在发展质量、人均占有量等方面与发达国家相比仍有很大差距。绿色经济在本质上是人类经济发展的新阶段，是高度生产力经济，离不开先进的环保技术和充足的资金支持。而中国现在的生产力水平特别是技术水平与经济发达国家还有很大差距，在推进绿色经济时宜量力而行、稳步发展，事实上这种经济合理性的要求也是绿色经济的本来之意。

绿色经济是环境保护与经济发展的结合体，具有很强的经济性。中国地区生态系统的差异性较大，经济发展和行业发展不均衡，发展绿色经济不宜按照统一标准来实施，在法律和政策上特别防止"一刀切"现象。中国目前绿色经济的制度支持，宜多采用政策鼓励手段，相关立法应以指导性意见和规范为主，不宜不成熟地出台强制性和指定性规范和法律，而经济和环保的主管部门在此应通力合作，使规范具有超部门的综合性和可操作性。

绿色经济要积极鼓励探索，在科学技术、经济体制和政策法律规范的探索中要积极进行试点工作，要在不同地区不同行业进行不同的典型试点，还要加强国际交流，学习借鉴经验；要加大宣传教育力度，尤其是在公众参与、绿色消费等民主和社会机制方面要特别重视。

结　　语

变革的时代需要创新的理论。法律经济学崭新的研究视角和精确、科学的实证分析方法，着实对环境保护的理论与实践都有很好的指导和推动作用。我们需要学习国外的法经济学理论，借"他山之石，可以攻玉"，对于丰富我国环境法学理论的研究维度，提高环境法学理论对社会实际问题的解释力，增进环境法学与相关社会科学的对话与交流，都有着极大的理论意义和现实意义。

参考文献

专著

［1］钱弘道．法律的经济学分析［M］．北京：清华大学出版社，2006.

［2］汪劲．环境法的理念与价值追求［M］．北京：法律出版社，2000.

［3］徐祥民．环境法学［M］．北京：北京大学出版社，2005.

［4］王明远．环境侵权纠纷法律制度［M］．北京：法律出版社，2001.

［5］库特．新帕尔格雷夫经济学大辞典［M］．北京：经济科学出版社，1996.

［6］王金南．环境经济学：理论・方法・政策［M］．北京：清华大学出版社，1994.

［7］顾培东．社会冲突与诉讼机制——诉讼程序的法哲学研究［M］．四川：四川人民出版社，1991；2 版．北京：法律出版社，2004.

［8］吴锦宇．中国台湾地区"法和经济学"研究状况论略［M］．北京：中国检察出版社，2006.

［9］张乃根．法经济学［M］．北京：中国政法大学出版社，2003.

［10］易宪容．科斯评传［M］．太原：山西经济出版社，1998.

［11］张文显．当代西方法哲学［M］．长春：吉林大学出版社，1987.

［12］钱弘道．经济分析法学［M］．北京：法律出版社，2003.

［13］王蓉．中国环境法律制度的经济学分析［M］．北京：法律出版社，2003.

［14］姚海鑫．经济政策的博弈论分析［M］．北京：经济管理出版社，2001.

［15］张维迎．博弈论与信息经济学［M］．上海：上海三联书店、上海人民出版社，1996.

［16］朱景文．比较法社会学的框架和方法——法制化、本土化和全球化［M］．北京：中国人民大学出版社，2001.

［17］吴锦宇．略述"法和经济学运动"在中国大陆的发展（1983～2003）

［M］//黄少安主编．制度经济学研究．二辑．北京：经济科学出版社，2003.

［18］吴锦宇．中国大陆"法和经济学"的第一次勃兴［M］//江平主编．比较法在中国（2004年·上卷）．北京：法律出版社，2004.

［19］顾颖．激励制度设计理论：结构架设与功能整合——信息不对称下的激励经济学分析［M］//改革开放20周年全国优秀经济论文选集．北京：北京图书馆出版社，1999.

期刊

［1］治理污染的双赢喜局［J］．中国环境报，2003-11-06（14）.

［2］顾培东．外国法学研究［J］．西方法律经济方法，1985（2）.

［3］张文显．经济分析法学［J］．百科知识，1988（6）.

［4］张文显．战后西方法哲学的发展和一般特征［J］．法学研究，1987（3）.

［5］钱水苗．略论我国控制污染物排放的新对策［J］．环境污染与防治，2000（2）.

［6］顾培东．西方法经济学评介［J］．法学季刊，1985（1）.

［7］丁敏．"环境违法成本低"问题之应对——从当前环境法律责任立法缺失谈起［J］．法学评论，2009（4）.

［8］孙燕玲，陈国申．环境法的需求与供给——一个法经济学视角［J］．韶关学院学报，2003（1）.

［9］马存伟，苏静．经济学视野下：环境法律制度的创新与完善［J］．经济问题探索，2009（7）.

［10］左佳．环境规制的法律政策研究——从经济学的角度来分析［J］．特区经济，2010（6）.

［11］曹飞，潘艳平．环境违法犯罪的法经济学分析［J］．环境科学与技术，2007（4）.

［12］张素英，高晓欣．排污权交易的法经济学思考［J］．生态经济，2002（12）.

［13］徐焕茹．环境污染损害赔偿立法及其发展动向［J］．法学评论，2000（5）.

［14］许为义．企业环保设施市场化运营瓶颈的经济博弈分析［J］．中国人口、资源与环境，2004（1）.

［15］文启湘，何文君．看得见的手范式的悖论及悖论困境——试论公共物品的供给模式及其选择［J］．社会科学战线，2001（3）.

[16] 周珂. 我国生态环境制度建设分析 [J]. 中国人民大学学报：社会科学版，2000 (6).

[17] 冯玉军. 法律的交易成本分析 [J]. 法制与社会发展，2001 (3).

[18] 钱弘道. 生态环境保护的经济分析 [J]. 政法论坛，2003，21 (4).

[19] 黄锴. 论环境法学的创新：法律经济学的贡献 [J]. 法学研究，2007 (1).

[20] 郑永流等. 中国农民法律意识的现实变迁 [J]. 中国法学，1992 (1).

报纸、电子文献、论文集

[1] 吴锦宇. "经济学帝国主义"园中的奇葩——简评《经济学与法律——从波斯纳到后现代主义》[N]. 检察日报，2005-11-26.

[2] 吴锦宇. 法律经济学可以被大陆法系移植吗？——读《比较法律经济学》[N]. 法制早报，2006-10-23.

[3] 吴国贵. 环境法学研究方法论 [EB/OL]. [2013-1-24]. www. lrn. cn.

[4] 周小光. 环境保护经济刺激手段的缺失与重构——以法律经济学为分析理路 [A] //武汉大学环境法研究所. 环境法治与建设和谐社会——2007年全国环境资源法学研讨会论文集.

学位论文

[1] 吴锦宇. 略论国际"法和经济学运动"在中国大陆的演进（1983~2002）[D]. 复旦大学经济学院世界经济系2003年"世界经济"专业经济学硕士学位论文.

[2] 朱洁. 环境法的经济学分析 [D]. 2002年西南政法大学硕士学位论文.

[3] 佟琼. 运输法理论与经济分析 [D]. 1998年北方交通大学（现改名为北京交通大学）经济学博士学位论文.

[4] 王成. 侵权损害赔偿的经济分析 [D]. 2000年北京大学法学博士学位论文.

[5] 魏建. 当代西方法经济学分析范式研究 [D]. 2001年西北大学经济学博士学位论文.

[6] 张建伟. 法律经济学的现实主义文本——兼论中俄法律改革与秩序的治理 [D]. 2001年上海财经大学经济学博士学位论文.

[7] 李玉峰. 中国土地财产制度的法经济学研究 [D]. 2001年南开大学经济学博士学位论文.

[8] 王小卫. 宪政经济学：探索市场经济的游戏规则 [D]. 2002年复旦大学经

济学博士学位论文.

[9] 宋晓燕. 证券法律制度的经济分析［D］. 2002 年武汉大学法学博士学位论文.

[10] 马永平. 土地权利与登记制度选择［D］. 2002 年南京农业大学管理学博士学位论文.

[11] 应飞虎. 信息失灵的制度克服研究［D］. 2002 年西南政法大学法学博士学位论文.

[12] 冯玉军. 法经济学范式研究［D］. 2003 年中国人民大学法学博士学位论文.

[13] 于宁. 知识产权制度的分析与反思［D］. 2003 年吉林大学法学博士学位论文.

[14] 梁文永. 辩诉交易的制度逻辑——基于法经济学的研究范式［D］. 2004 年华南农业大学管理学博士学位论文.

[15] 贾敬华. 不完备合同的经济分析——论经济分析法学的理论模式［D］. 2004 年中国人民大学法学博士学位论文.

[16] 黄立君. 法经济学发展历史概论：斯密、马克思、康芒斯及波斯纳的比较研究［D］. 2004 年中国人民大学经济学博士学位论文.

[17] 沈满洪. 水权交易制度研究–中国的案例分析［D］. 2004 年浙江大学经济学博士学位论文.

[18] 栾天虹. 投资者法律保护的理论与实证研究［D］. 2005 年浙江大学经济学博士学位论文.

[19] 吴晓露. 产品责任的经济分析［D］. 2005 年浙江大学经济学博士学位论文.

国外文献

[1] 杰弗里·L. 哈里森（Jeffrey·L·Harrison）. 法与经济学［M］. 2 版. 北京：法律出版社.

[2] J. M. 奥利弗. 法律和经济［M］. 张崟青译，欧阳青校. 武汉：武汉大学出版社，1986.

[3] 理查德·A. 波斯纳. 法律的经济分析（上、下）［M］. 蒋兆康译，林毅夫校. 北京：中国大百科全书出版社，1997.

[4] 库恩. 必要的张力（中译本）［M］. 福州：福建人民出版社 1981.

[5] 马克斯·韦伯. 社会科学方法论［M］. 朱红文，等，译. 北京：中国人民大学出版社，1992.

[6] 理查德·A. 波斯纳. 法律的经济分析（第二版序言）［M］. 蒋兆廉译. 北

京：中国大百科全书出版社，1997.

[7] 罗宾·保罗·马劳伊（麦乐怡）. 法与经济学 ［M］. 杭州：浙江人民出版社，1999.

[8] 罗伯特·考特，托马斯·尤伦. 法和经济学 ［M］. 张军，等，译. 上海：上海三联书店，1991.

[9] 迈克尔·D. 贝勒斯. 法律的原则——一个规范的分析 ［M］. 北京：中国大百科全书出版社，1996.

[10] 夏普，雷吉斯特，格里米斯. 社会问题经济学 ［M］. 郭庆旺，等，译. 北京：中国人民大学出版社，2000.

[11] 大卫·D. 弗里德曼. 经济学语境下的法律规则 ［M］. 杨欣欣译，龙华编校. 北京：法律出版社，2004.

[12] 凯斯·R. 孙斯坦. 自由市场与社会正义 ［M］. 金朝武，等，译. 北京：中国政法大学出版社，2002.

[13] 哈耶克. 自由秩序原理 ［M］. 北京：三联书店，1997.

[14] 布坎南. 自由、市场与国家 ［M］. 平新乔，等，译. 上海：上海三联书店，1993.

[15] 道格拉斯·G. 拜尔，等. 法律的博弈分析 ［M］. 严旭阳，译. 北京：法律出版社，1999.

[16] 博登海默. 法理学——法哲学及其方法. ［M］. 北京：华夏出版社，1987.

[17] 约翰·罗尔斯. 正义论 ［M］. 何怀宏，等，译. 北京：中国社会科学出版社，1988.

[18] 马尔科姆·沃特斯. 现代社会学理论 ［M］. 杨善华，译. 北京：华夏出版社，2000.

[19] 拜尔，格特纳，皮克. 法律的博弈分析 ［M］. 北京：法律出版社，1999.

[20] E. 博登海默. 法理学———法律哲学及法律方法 ［M］. 邓正来，译. 北京：中国政法大学出版社，1999.

[21] 波斯纳. 法理学问题 ［M］. 苏力，译. 北京：中国政法大学出版社，1994.

[22] 罗宾·保罗·马洛伊. 法律和市场经济——法律经济学价值的重新诠释 ［M］. 钱弘道，朱素梅，译. 北京：法律出版社，2006.

[23] 美国《经济文献杂志》最新学科分类体系 ［J］. 经济研究资料，2002（2）.

[24] 威廉姆斯. 交易费用经济学讲座 ［J］. 经济工作者学习资料，1987（50）.

[25] 威廉姆森. 交易费用经济学讲座 ［J］. 经济工作者学习资料，1987（50）.

[26] 玛格丽特·玛斯特曼. 范式的本质 ［A］//批判与知识的增长（中译本）

［M］. 北京：华夏出版社，1987.

［27］卢宾·鲍·马劳伊. 法和经济学——理论与实践比较研究［A］//吕世伦主编. 现代西方法学流派（下册）　［M］. 北京：中国大百科全书出版社，2000.

［28］罗纳德·科斯. 社会成本问题［A］//R. 科斯，A. 阿尔钦，D. 诺斯，等. 财产权利与制度变迁——产权学派与新制度学派译文集［M］. 上海：上海三联书店，上海人民出版社，1994.

［29］关于哈特"作为社会规则的法"以及解读法的"内在"与"外在"两种观点的精彩评价［A］//［日］中山龙一. 二十世纪法理学范式的转换［J］. 外国法译评，2003（3）.